稅收籌劃
理論與實務

主　編　龍　敏、陳永智
副主編　馮世全、任郁南、褚德勇

財經錢線

前　言

稅收籌劃是市場經濟發展到一定階段的產物，是在對稅收制度和稅收政策充分研究的基礎上，通過對納稅人具體情況的分析，為納稅人提出合理納稅安排，以規避稅務風險、合法減輕納稅人稅收負擔的一門實踐性極強的課程。「稅收籌劃理論與實務」是應用型高等院校財經專業的一門核心課程。「稅收籌劃理論與實務」服務於財會專業人才培養目標，培養具有一定稅收籌劃知識的應用型人才。本課程堅持「理論與實務」相結合的原則，以稅收籌劃能力的培養為主線，直接為培養學生從事稅收籌劃工作應具備的基本知識、基本技能和操作能力服務。

本教材內容包括三篇。上篇包括稅收籌劃認知、稅收籌劃方法及其技術；中篇包括增值稅的稅收籌劃、消費稅稅收籌劃、企業所得稅稅收籌劃、個人所得稅稅收籌劃、關稅及其他稅種的稅收籌劃；下篇包括企業成長的稅收籌劃、企業財務管理的稅收籌劃、企業經營的稅收籌劃共11章，涉及97個稅收籌劃案例。為培養應用型的稅收籌劃人才，本教材從籌劃案例、工作要求、稅法依據、籌劃思路、籌劃過程、籌劃結論、籌劃點評7個方面對稅收籌劃案例進行分析，突出了稅收籌劃的實用性和應用性，有利於學生掌握稅收籌劃的基礎理論和提高學生的稅收籌劃應用能力。

本教材在借鑑大量優秀稅收籌劃成果的基礎上，結合作者對稅收籌劃理論的認知和多年以來實務工作的經驗而編寫的，具有以下特色：

（1）實用性、針對性、應用性強。

本教材在介紹稅收籌劃理論的基礎上，更加注重稅收籌劃的實用性、針對性、應用性。本教材涉及案例170多個，案例經典、豐富，讓學生能夠盡快掌握稅收籌劃的基本思想。

（2）適合稅收籌劃應用型人才的培養。

本教材強調「理論與實踐」相結合，突出實踐性和應用性，力求場景化教學。教材編寫的形式與內容適合稅收籌劃應用型人才的培養。每章開頭設置「能力培養目標」，讓學生懂得本章學習的基本目標；在每章學習之前，設置「案例導入」，激發學生的學習興趣；在對籌劃案例的講解過程中，按照「籌劃案例」「工作要求」「稅法依據」「籌劃思路」「籌劃過程」「籌劃結論」「籌劃點評」7個方面對稅收籌劃案例進行分析，讓學生盡快掌握有針對性的稅收籌劃思想；每章最後設置了「技能訓練」，有利於學生稅收籌劃能力的提高。

（3）時效性強。

本教材是在自 2016 年 5 月 1 日起全面推開「營改增」試點的背景下，即以最新稅法和會計準則為依據編寫的，除了傳統的稅收籌劃內容之外，融入了「營改增」相關內容的稅收籌劃，盡量使稅收籌劃理論與實務與時俱進。

本教材適合於財務管理、會計、財政、工商管理、審計、項目管理、稅務等專業的本科教學，也可以作為研究生教育的參考閱讀資料，對於從事稅務諮詢、稅收籌劃和企業財務管理的工作者也具有參考價值。本課程的先行課程是財務管理、財務會計、稅務會計、稅法等。本教材所依據的是中國現行稅收法規，若稅法有變，應當以新稅法為準。

本教材由龍敏、陳永智任主編，負責全書寫作大綱的擬定和編寫的組織工作。馮世全、任鬱楠、褚德勇任副主編，負責全書的修改定稿。編寫具體分工如下：第 1 章由陳永智執筆，第 2、3、10 章由龍敏執筆，第 4、5 章由馮世全執筆，第 6、9 章由任鬱楠執筆，第 11 章由褚德勇執筆，第 7 章由時君燕執筆，第 8 章由馮世全與褚德勇執筆。

本教材在編寫過程中，參閱了大量與本學科相關的著作、論文與教材，在此向其作者表示深深的謝意。由於編者能力和水準有限，加之中國稅法一直處在不斷改革和完善的進程中，本教材中定有不當之處，敬請廣大讀者批評指正。

編　者

目　錄

上篇　稅收籌劃概論

第 1 章　稅收籌劃概述 …………………………………………………… (3)
　1.1　稅收籌劃涵義 ……………………………………………………… (3)
　1.2　稅收籌劃的基本前提、原因和實施條件 ………………………… (11)
　1.3　稅收籌劃的目標與原則 …………………………………………… (15)
　1.4　稅收籌劃成本與效益分析 ………………………………………… (20)
　1.5　稅收籌劃的基本思路與步驟 ……………………………………… (22)
　1.6　稅收籌劃的風險及其防範 ………………………………………… (27)

第 2 章　稅收籌劃模型與技術 …………………………………………… (32)
　2.1　稅收籌劃模型 ……………………………………………………… (32)
　2.2　稅收籌劃技術 ……………………………………………………… (46)

中篇　國內稅種的籌劃

第 3 章　增值稅的稅收籌劃 ……………………………………………… (57)
　3.1　增值稅納稅人的稅收籌劃 ………………………………………… (57)
　3.2　增值稅銷項稅額的稅收籌劃 ……………………………………… (69)
　3.3　增值稅進項稅額的稅收籌劃 ……………………………………… (78)
　3.4　增值稅稅率的稅收籌劃 …………………………………………… (83)
　3.5　利用增值稅稅收優惠政策的稅收籌劃 …………………………… (87)

第 4 章　消費稅的稅收籌劃 ……………………………………… (93)

4.1　消費稅計稅依據的稅收籌劃 ……………………………… (93)
4.2　消費稅稅率的稅收籌劃 …………………………………… (98)
4.3　消費稅納稅時機或方式的稅收籌劃 ……………………… (102)

第 5 章　企業所得稅的稅收籌劃 ………………………………… (110)

5.1　企業所得稅納稅人的稅收籌劃 …………………………… (110)
5.2　企業所得稅計稅依據的稅收籌劃 ………………………… (113)
5.3　企業所得稅稅率的稅收籌劃 ……………………………… (121)
5.4　利用企業所得稅稅收優惠政策的稅收籌劃 ……………… (123)

第 6 章　個人所得稅的稅收籌劃 ………………………………… (131)

6.1　個人所得稅納稅人的稅收籌劃 …………………………… (131)
6.2　個人所得稅計稅依據的稅收籌劃 ………………………… (135)
6.3　個人所得稅稅率的稅收籌劃 ……………………………… (138)
6.4　個人所得稅應稅項目轉換的稅收籌劃 …………………… (141)
6.5　利用個人所得稅政策稅收優惠的稅收籌劃 ……………… (145)

第 7 章　關稅及其他稅種的稅收籌劃 …………………………… (150)

7.1　關稅的稅收籌劃 …………………………………………… (150)
7.2　城市維護建設稅的稅收籌劃 ……………………………… (155)
7.3　資源稅的稅收籌劃 ………………………………………… (157)
7.4　房產稅的稅收籌劃 ………………………………………… (159)
7.5　車船稅的稅收籌劃 ………………………………………… (163)
7.6　車輛購置稅的稅收籌劃 …………………………………… (166)
7.7　城鎮土地使用稅的稅收籌劃 ……………………………… (168)
7.8　印花稅的稅收籌劃 ………………………………………… (170)
7.9　契稅的稅收籌劃 …………………………………………… (174)
7.10　土地增值稅的稅收籌劃 ………………………………… (177)

目　錄

下篇　企業經濟活動中的稅收籌劃

第 8 章　企業成長的稅收籌劃 …………………………………（183）

　8.1　企業設立的稅收籌劃 ………………………………………（183）

　8.2　企業擴張的稅收籌劃 ………………………………………（185）

　8.3　企業重組的稅收籌劃 ………………………………………（189）

　8.4　企業清算的稅收籌劃 ………………………………………（198）

第 9 章　企業財務管理的稅收籌劃 ……………………………（203）

　9.1　企業籌資的稅收籌劃 ………………………………………（203）

　9.2　企業投資的稅收籌劃 ………………………………………（206）

　9.3　企業分配的稅收籌劃 ………………………………………（211）

　9.4　企業會計核算的稅收籌劃 …………………………………（213）

第 10 章　企業經營的稅收籌劃 …………………………………（220）

　10.1　企業採購活動的稅收籌劃 …………………………………（220）

　10.2　企業生產過程的稅收籌劃 …………………………………（225）

　10.3　企業銷售過程的稅收籌劃 …………………………………（228）

　10.4　企業非貨幣資產交換的稅收籌劃 …………………………（238）

第 11 章　企業財務成果的稅收籌劃 ……………………………（243）

　11.1　收入組織的稅收籌劃 ………………………………………（243）

　11.2　收益分配順序的稅收籌劃 …………………………………（245）

　11.3　保留盈餘的稅收籌劃 ………………………………………（248）

參考文獻 …………………………………………………………（251）

3

上篇 稅收籌劃概論

第 1 章
稅收籌劃概述

培養能力目標
（1）理解稅收籌劃的含義和特點；
（2）理解稅收籌劃產生的原因；
（3）掌握稅收籌劃的目標與原則；
（4）能進行稅收籌劃的成本與收益分析；
（5）懂得稅收籌劃的基本步驟；
（6）熟悉稅收籌劃的風險及其防範。

案例導入

稅收籌劃的案例認知

甲公司因生產經營困難，打算連同廠房、設備一起出租給乙公司，雙方談定廠房連同設備一年的租金是 1,000 萬元，然後雙方簽訂了租賃合同。公司的出租行為以及為此而簽訂的租賃合同都要產生納稅義務。

工作要求 請對上述業務進行稅收籌劃。
案例解析 見本章的 1.1。

1.1 稅收籌劃的內涵

1.1.1 稅收籌劃的概念

在經濟發達的西方國家流行著這樣一句富有哲理的名言：「世界上有兩件事是不可避免的，那就是死亡和稅收。」在中國，稅收已經滲透到社會經濟活動和人民日常生活的各個方面，發揮著越來越重要的作用，尤其與納稅人的自身經濟利益息息相關。任何納稅人都有著強烈的規避稅負的願望和動機，納稅人要求以最小的投入，獲得最大的產出，這是稅收籌劃的經濟基礎和現實客觀條件。

稅收籌劃、納稅籌劃、稅務籌劃都是根據英文「Tax Planning」翻譯而來，在此不做具體區分。為了統一，本書採用「稅收籌劃」一詞進行表述，下面是國內外一

些學者或辭典對稅收籌劃的解釋。

荷蘭國際財政文獻局（IBFD）編寫的《國家稅收詞彙》一書中認為：「稅收籌劃是通過對納稅人經營活動或個人事務活動的安排，實現繳納最低的稅收。」

美國加州大學W. B. 梅格斯博士在與他人合著的《會計學》一書中，對稅收籌劃的闡述是：「人們合理而又合法地安排自己的經營活動，使之繳納可能最低的稅收。他們使用的方法可能被稱為稅收籌劃……少繳稅和遞延納稅是稅收籌劃的目標所在。」另外還說：「在納稅發生之前，系統地對企業經營或投資行為做出事先安排，以達到盡量少繳所得稅的目的，這個過程就是稅收籌劃。」

印度稅務專家N. J. 雅薩斯威在《個人投資和稅收籌劃》一書中指出：「稅收籌劃時納稅人通過財務活動的安排，以充分利用稅收法規所提供的包括減免稅在內的一切優惠，從而獲得最大的稅收利益。」

以上三種解釋在國外較為權威，通過仔細分析，他們之間存在一些細微的差異。印度稅務專家N. J. 雅薩斯威的稅收籌劃定義實際上是建立在利用稅收優惠的基礎之上的，是嚴格意義上的節稅；荷蘭國際財政文獻局的定義過於強調繳納最低稅收，忽略了納稅人的整體利益；美國加州大學W. B. 梅格斯博士的定義較為全面，但著重強調稅負最低這一單一目標。

中國自改革開放以來，特別是20世紀90年代以來，學術界也對稅收籌劃概念進行了深入研究。比較有代表性的觀點主要有以下幾種：一種觀點認為，稅收籌劃時納稅人依據所涉及的現行稅法，在遵守稅法、尊重稅法的前提下，運用納稅人的權利，根據稅法中「允許」與「不允許」、「應該」與「不應該」以及「非不允許」與「非應該」的項目、內容等，對組建、經營、投資、籌資活動進行旨在減輕稅負的謀劃和對策。第二種觀點認為，稅收籌劃應包括一切採用合法和非違反手段進行的納稅方面的策劃和有利於納稅人的財務安排，主要包括節稅籌劃、避稅籌劃、轉嫁籌劃和實現涉稅零風險籌劃。第三種觀點認為，稅收籌劃是指納稅人在稅法規定許可的範圍內，通過對經營、投資、理財活動的事先籌劃和安排，盡可能地取得節約稅收成本的稅收利益。

【例1-1】導入案例解析

【稅法依據】房產出租的，房產稅採用從租計徵方式，以租金收入作為計稅依據，按12%稅率計徵。

【籌劃思路】在廠房、設備一起出租的情況下，應當將廠房與設備的租金分開核算，分開簽訂合同，從而可以降低房產稅從租計徵的計稅依據。

【籌劃過程】

方案1：廠房連同設備一年的租金是1,000萬元，統一簽訂合同。

甲公司應繳納的房產稅＝1,000×12%＝120（萬元）

方案2：將統一簽訂的合同改為兩個合同簽訂，即簽一份300萬元的廠房出租合同，同時簽一份700萬元的設備出租合同，總計租金仍為1,000萬元。

甲公司應繳納的房產稅＝300×12%＝36（萬元）

【籌劃結論】方案2比方案1少繳納房產稅84萬元（120-36＝84萬元），因此應當選擇方案2。

【籌劃點評】納稅人將廠房與設備及附屬設施一併出租收取租金時，應當就廠房與設備分開簽訂租賃合同。這樣，在一般情況下，可以降低房產稅的計稅依據，達到降低稅負的目的。但要注意應以事實為依據，注重合理性。

因此，結合中國實際情況，我們認為：稅收籌劃是指納稅人在納稅行為發生之前，在不違反國家稅收法律、法規及其相關法律、法規的前提下，通過對納稅人的經營活動或投資活動等涉稅事項進行事先的安排，以實現稅收利益即以經濟利益最大化為目標的一系列謀劃活動。

1.1.2 稅收籌劃的特點

從上文對稅收籌劃的含義可以看出，稅收籌劃具有以下主要特點。

1. 合法性

合法性是稅收籌劃最本質的特點，也是稅收籌劃區別於逃避稅行為的基本標誌。稅收籌劃的合法性是指納稅人根據國家稅收法律、法規和政策導向，通過對投資、融資、供應、生產、銷售和利潤分配等經營活動的合理安排，達到減輕或延遲納稅義務的一種合法行為，即只能在法律許可的範圍內進行。也就是說，對於納稅人而言，其行為不僅在形式上合法，在實質上也順應了政府的立法意圖；對於稅務機關而言，應該依法徵稅，保護和鼓勵稅收籌劃。

2. 遵從性

稅收籌劃應該在稅務機關認可的條件下進行。《中華人民共和國稅收徵收管理法》（以下簡稱《稅收徵管法》）規定：稅務機關依照法律、行政法規的規定徵收稅款，不得違反法律、行政法規的規定開徵、停徵、少徵、提前徵收、延緩徵收或者攤派稅款。其中，《稅收徵管法》第33條規定：納稅人可以依照法律、行政法規的規定書面申請減稅、免稅。減稅、免稅的申請需經法律、行政法規規定的減稅免稅審查機關審批。因此，任何納稅人的稅收籌劃都必須遵從三條原則：一、納稅人制定的稅收籌劃方案應得到稅務機關的認可，只有在稅務機關認定合法的前提下，才能付諸具體行動；二、要向稅務機關提出相應的書面申請，由稅務機關進行審查審批；三、特殊的稅收籌劃方式，應在與稅務機關達成共識後方可操作。

3. 超前性

超前性是指事先規劃、事先設計、事先安排的意思。在經濟生活中，納稅行為相對於納稅人的經濟行為而言，具有滯後的特點。納稅人在經濟行為發生之後，才產生納稅義務，納稅人在收益實現或分配之後，才計算繳納所得稅；納稅人在取得財產之後，才會繳納財產稅。因此，稅收籌劃應在納稅人的納稅義務發生之前，進行規劃設計，事先安排，測算出稅收籌劃的效果。若是在納稅人的納稅義務已經發

生或發生之後，再做所謂的籌劃，那就不是稅收籌劃，而是逃稅或避稅了。

4. 綜合性

稅收籌劃是一門很複雜的實踐藝術，納稅人在進行一種稅的籌劃時，還要考慮與之有關的其他稅種的稅負效應，進行整體籌劃、綜合衡量，以求整體稅負最輕、長期稅負最輕，防止顧此失彼、前輕後重。因為，有時稅收籌劃的節稅目標與企業整體理財目標也會出現矛盾。一是稅收支出與其他成本支出的矛盾。稅收支出少，但如果其他成本高，節稅就不能帶來資本總體收益的增加。二是節稅與現金流量的矛盾。如果一個納稅人的現金前鬆後緊，滯延納稅時間將不利於納稅人資金收支的管理，會加劇後期現金流動的緊張，造成納稅人資金運動困難。三是如果納稅人在實施稅收籌劃過程中片面地追求節稅及自身效益的提高，則會擾亂正常的經營理財秩序，導致納稅人內在經營機制的紊亂，並最終導致納稅人更大的潛在損失。這些情況的出現和發生都有違於稅收籌劃的初衷。因此，將稅收籌劃看作是一種單純的節稅行為是不可取的，應當進行綜合考慮。

5. 時效性

稅收法律、法規和相關的政策處在不斷的發展變化之中，尤其是目前中國正處在經濟發展較快的時期，一些稅收法律、法規、政策將會發生較大變動，這就使得稅收籌劃必須面對現實，及時把握稅收法律、法規和政策所發生的變化，使之更適應經濟和稅收工作的特點，適時籌劃方能獲得更大的經濟利益。否則，稅收法律、法規、政策變化後的溯及力很可能使預定的稅收籌劃策略失去原有的效用，「變質」避稅甚至逃稅，給納稅人帶來納稅風險。在利用稅收優惠政策籌劃時尤其要注意這一點。

6. 專業性

專業性是指稅收籌劃已經形成一項專門的服務，稅收籌劃涉及稅收學、管理學、財務學、會計學、法學等學科，這需要由專業人員來進行。面臨社會大生產，全球經濟日趨一體化，國際經貿業務日益頻繁，規模也越來越大，而各國稅制也越來越複雜，僅靠納稅人自身進行稅收籌劃已經顯得力不從心，作為第三產業的稅務代理、稅務諮詢便應運而生。現在世界各國，尤其是發達國家的會計師事務所、律師事務所紛紛開闢和發展有關稅收籌劃的諮詢業務，說明稅收籌劃向專業化發展的特點。

1.1.3 稅收籌劃的分類

稅收籌劃根據不同的標準，主要可以劃分為以下不同的類型。

1.1.3.1 根據稅收籌劃服務的對象不同分類

稅收籌劃服務的對象不同，可以分為法人稅收籌劃和自然人稅收籌劃兩大類。

法人稅收籌劃是把經濟運行主體——法人作為稅收籌劃對象，對法人的組建、分支機構的設立、籌資、投資、營運、核算、分配等方面進行稅收籌劃來達到經濟利益最大化的目標。本教材以法人作為稅收籌劃研究和實施的主要內容。

自然人稅收籌劃主要是在個人投資理財領域進行的。目前中國稅制模式決定了自然人不是稅收的主要繳納者，雖然涉及自然人的稅種不少，但納稅總量不大，因此自然人的稅收籌劃需求相對於法人（企業）的稅收籌劃要小一些。隨著經濟的發展、個人收入水準的提高以及個人收入渠道的增多，中國自然人的稅收籌劃需求也會相應增加。

1.1.3.2 根據稅收籌劃涉及的區域分類

根據稅收籌劃涉及的區域分類，稅收籌劃可以分為國內稅收籌劃和國際稅收籌劃兩大類。

國內稅收籌劃是指非跨國納稅人對在國內從事生產經營、投資理財活動進行的稅收籌劃。國內納稅人進行的國內稅收籌劃的主要依據是國內的稅收法律法規及其國內的相關政策。

國際稅收籌劃是指跨國納稅人利用國家（地區）與國家（地區）之間的稅收政策差異和國際稅收協定的條款進行的稅收籌劃。隨著中國對外開放的擴大，中國納稅人所涉及的國際稅收籌劃需求將會越來越多，目前主要是針對對外貿易和對外投資活動領域。可以預見，隨著中國「一帶一路」戰略的實施，中國將會出現更多真正的國際化企業，他們在境外從事的投資和貿易活動日益頻繁，會真正需要國際稅收籌劃，這將是稅務師事務所重要的業務領域。

1.1.3.3 根據稅收籌劃供給主體的不同分類

根據稅收籌劃供給主體的不同分類，稅收籌劃可以分為自行稅收籌劃和委託稅收籌劃兩大類。

自行稅收籌劃是指由稅收籌劃需求主體（納稅人）自身為實現稅收籌劃目標所進行的稅收籌劃。自行稅收籌劃要求需求主體擁有具備稅收籌劃的專業人員。對於企業而言，自行稅收籌劃的供給主體一般是以財務部門及財務人員為主。自行稅收籌劃的成本與風險是比較大的，而且成本與風險自行承擔，因此自行稅收籌劃的效果不是很理想，一般採用比較少，主要適用於較為簡單和可以直接運用稅收優惠的稅收籌劃項目。

委託稅收籌劃是指需求主體委託稅務代理人或者委託第三方進行的稅收籌劃。由於受託稅收籌劃的稅務代理人具有較強的專業知識和較強的稅收籌劃能力，制訂的稅收籌劃方案成功率相對較高。儘管需要支付一定的費用，承擔一定的風險，但成本與風險相對自行稅收籌劃要低一些。問題稅收籌劃主要適用於企業的大型稅收籌劃項目和業務發展、難度較大的稅收籌劃項目。在中國，受託提供稅收籌劃服務的主要是稅務師事務所、會計師事務所以及其他提供稅務代理服務的仲介機構。

1.1.3.4 根據所涉及的稅種不同分類

每一個稅種都有特定的徵稅對象，稅收按照不同的徵稅對象可以分為商品勞務稅、所得稅、財產稅、資源稅和行為稅等幾大類。與之相對應，稅收籌劃根據所涉及的稅種不同分類，可以分為商品勞務稅的稅收籌劃、所得稅的稅收籌劃、財產稅

的稅收籌劃、資源稅的稅收籌劃、行為稅的稅收籌劃等。中國目前稅制結構中的主體稅制為商品勞務稅制和所得稅制兩大類，因而，納稅人進行的稅收籌劃也主要針對這兩大類稅制。

商品勞務稅稅收籌劃主要是圍繞納稅人身分、銷售方式、貨款的結算方式、銷售額、適用稅率、稅收優惠等方面進行稅收籌劃。但由於商品勞務稅屬於間接稅，相對於所得稅而言彈性較小，因此稅收籌劃的空間相對於所得稅要小得多。

所得稅稅收籌劃主要是圍繞納稅人收入的實現、經營方式、成本核算、折舊方法、捐贈、籌資方式、投資方式、投資方向、設備購置等方面進行稅收籌劃。所得稅相對於商品勞務稅而言彈性較大，稅收籌劃的空間也相對較大，稅收籌劃的效果也比較明顯。

1.1.3.5　根據稅收籌劃適用的公司生產經營的不同階段分類

根據稅收籌劃適用公司的生產經營的不同階段來劃分，可以分為公司投資決策中的稅收籌劃、公司生產經營中的稅收籌劃、公司成本核算中的稅收籌劃和公司成果分配中的稅收籌劃。

公司投資決策中的稅收籌劃是指公司將稅收作為投資決策中的一個重要因素，在投資決策中全面考慮稅收的影響，從而選擇稅負最合理的投資方案的行為。投資影響因素的複雜多樣性決定了投資方案的多樣性，然而不同的投資方案的實施存在不同的納稅義務。因此，公司就得衡量不同投資方案的稅負水準，選擇最優的投資方案投資。

公司生產經營中的稅收籌劃是指公司在生產經營過程中全面考慮稅收因素，進而選擇有利於使自身稅負最輕的生產經營行為。公司生產經營中的稅收籌劃主要通過產品價格的確定、公司從事產業的選擇、生產經營方式的選擇來使公司生產經營處於理想狀態。對公司而言，應納稅額等於稅基與稅率的乘積，當稅率一定時，稅基越小，應納稅款越少；反之亦然。因而在進行生產經營稅收籌劃時，要仔細計算分析因產業方向的選擇、經營方式的選擇導致的稅率和稅基的變化而產生的稅負變化，再做出生產經營決策。

公司成本核算中的稅收籌劃是指公司對社會經濟形勢的預測及其他因素的綜合考慮，選擇恰當的會計處理方式以利於公司獲得最大經濟利益的行為。不同的會計處理方式對公司納稅是有影響的，比如固定資產折舊方法、存貨計價方法等。就公司固定資產折舊方法而言，有直線折舊方法和加速折舊法；就存貨計價方法而言，目前有先進先出法、加權平均法、個別計價法等。公司選擇不同的固定資產折舊方法和存貨不同的計價法會改變公司的稅基，進而影響納稅。

公司成果分配中的稅收籌劃是指公司在對經營成果分配時充分考慮各種分配方案的稅收影響，選擇稅負最輕的分配方案的行為。公司稅收籌劃主要是結合國家稅收政策，通過籌劃合理歸屬所得年度來進行。合理歸屬所得年度是指利用合理手段將所得歸屬在稅負最輕的年度裡，其途徑是合理提前所得年度或合理推遲所得年度，

從而起到減輕稅負或延遲納稅的作用。

1.1.4 稅收籌劃與偷稅、逃稅、騙稅、抗稅、避稅的區別

每個納稅人從主觀上講，都希望少繳納稅收，但使用的手段多種多樣。稅收籌劃的基本特徵之一是合法性，它與偷稅、騙稅、抗稅有著本質的區別。因此，納稅人要進行正確的稅收籌劃，一定要識別偷稅、騙稅、抗稅等違法行為，要認識其界定依據及其相關的處罰規定。

1. 稅收籌劃與偷稅

偷稅是在納稅人的納稅義務發生並且能夠確定的情況下，採用不正當或者不合法的手段逃避其納稅義務的行為。偷稅具有故意性、詐欺性，是一種違法行為，國家將嚴厲打擊。

中國修改前的《中華人民共和國刑法》第二百零一條規定：納稅人偽造、變造、隱匿、擅自銷毀帳簿、記帳憑證，或者在帳簿上多列支出或者不列、少列收入，或者經稅務機關通知申報而拒不申報或者進行虛假的納稅申報，不繳或者少繳應納稅款的，偷稅數額占應納稅額的10%以上不滿30%並且偷稅數額在1萬元以上不滿10萬元的，或者因偷稅被稅務機關給予二次行政處罰有偷稅的，處以3年以下有期徒刑或者拘役……而《稅收徵管法》第六十三條規定：納稅人偽造、變造、隱匿、擅自銷毀帳簿、記帳憑證，或者在帳簿上多列支出或者不列、少列收入，或者經稅務機關通知申報而拒不申報或者進行虛假的納稅申報，不繳或者少繳應納稅款的，是偷稅。對納稅人偷稅的，由稅務機關追繳其不繳或者少繳的稅款、滯納金，並處不繳或者少繳的稅款50%以上5倍以下的罰款；構成犯罪的，依法追究刑事責任。

需注意的是，2009年2月第十一屆全國人大常務委員會第七次會議表決通過了《中華人民共和國刑法修正案（七）》。修正後的刑法對第二百零一條關於不履行納稅義務的定罪量刑標準規定中的相關表述方式進行了修改，用「逃避繳納稅款」取代了「偷稅」。但目前《稅收徵管法》中還沒有做出相應的修改。

目前，納稅人在進行稅收籌劃時存在兩個誤區：一是不懂得避稅與偷稅的本質區別，把一些實為偷稅的手段誤認為是避稅；二是明知故犯，打著稅收籌劃的幌子實為偷稅。但在實踐當中，二者的區分的確很難把握，關鍵在於度的把控。有時，納稅人避稅力度過大，就成了不正當避稅，在法律上可能被認定為偷稅。

2. 稅收籌劃與逃稅

逃稅是許多國家常用的術語，一般是指納稅人採取漏報、謊報、隱瞞、欺騙等各種非法手段，不繳納或少繳納稅款以及妨礙稅務機關追繳欠繳稅款的稅務違法行為。對於逃稅行為，《稅收徵管法》規定，由稅務機關追繳欠繳的稅款、滯納金，並處欠繳稅款50%以上5倍以下的罰款；構成犯罪的，依法追究刑事責任。逃稅與稅收籌劃的區別在於：第一，性質不同。逃稅違法、不合理，而稅收籌劃合法、合理。第二，發生時間不同。逃稅往往發生在納稅義務之後，而稅收籌劃則發生在納

稅義務發生之前，具有超前性。第三，動機不同。逃稅的動機是為了減輕稅負而不顧及後果和影響，而稅收籌劃的動機是為了合法地實現公司價值最大化。第四，政府對此態度不同。政府對逃稅將會嚴厲打擊和懲罰，而對稅收籌劃將會保護、鼓勵和倡導。

3. 稅收籌劃與騙稅

騙稅是指採取弄虛作假和欺騙的手段，將本來沒有發生的應稅行為，將小額的應稅行為偽造成大額的應稅行為，即事先根本未向國家納稅或未足額納稅，卻聲稱為已經納稅，而從國庫中騙取退稅的行為。這是一種極其惡劣的行為，國家將會嚴厲打擊。

《稅收徵管法》第十六條規定，以假報出口或者其他欺騙手段，騙取國家出口退稅款的，由稅務機關追繳其騙取的退稅款，並處騙取稅款 1 倍以上 5 倍以下的罰款；構成犯罪的，依法追究刑事責任。對騙取國家出口退稅款的，稅務機關可以在規定期間內停止為其辦理出口退稅。

4. 稅收籌劃與抗稅

按照《稅收徵管法》的規定，抗稅是指以暴力、威脅方法拒不繳納稅款的違法行為。除由稅務機關追繳其拒繳的稅款、滯納金外，依法追究刑事責任。情節輕微，未構成犯罪的，由稅務機關追繳其拒繳的稅款、滯納金，並處拒繳稅款 1 倍以上 5 倍以下的罰款。抗稅與稅收籌劃的區別在於：第一，性質不同。抗稅極其惡劣，屬違法，嚴重的抗稅行為要被追究刑事責任，而稅收籌劃合法、合理。第二，實施的手段不同。抗稅採用暴力、威脅手段拒不繳納稅款，而稅收籌劃採用合法、合理的手段降低稅負。第三，目的不同。抗稅的目的是為了減輕稅負，不顧及後果和影響，而稅收籌劃的動機是為了合法地實現公司價值最大化。第四，政府對此態度不同。政府對抗稅將會嚴厲打擊和懲罰，而對稅收籌劃將會保護、鼓勵和倡導。

5. 稅收籌劃與避稅

中國對避稅的概念在法律上未作表述，在稅收政策文件和稅務官員的報告中有所論及，因此在稅收理論界對此存在較大的爭議。歸納起來，主要有兩種觀點。一種觀點認為：避稅的外延很廣，它包括正當的避稅和非正當的避稅。正當避稅是指稅收籌劃，是納稅人合法地利用稅收優惠政策來減輕稅負，不正當的避稅是指納稅人通過鑽稅法的漏洞來規避稅負，是對稅法的錯用或者濫用。另一種觀點認為：避稅的外延更廣泛，它包括三個內容：節稅籌劃、避稅籌劃和轉嫁籌劃。

我們認為，避稅和稅收籌劃是並行的，不存在包容關係的兩個概念。避稅與稅收籌劃的區別在於：第一，性質不同。避稅非違法、不合理，而稅收籌劃合法、合理。第二，發生的時間不同。避稅往往發生在納稅義務之中，而稅收籌劃則發生在納稅義務發生之前。第三，效果不同。避稅只能獲得短期的經濟利益，對微觀有利，對宏觀無利，而稅收籌劃能獲得長期經濟利益，對微觀、宏觀都有利。第四，政府對此態度不同。國家對避稅將會採用反避稅手段，對稅收籌劃將會保護、鼓勵和倡導。

1.1.5 稅收籌劃的意義

稅收籌劃不論從公司層面、政府層面還是學術層面上講，都有著積極而重要的意義。

從公司層面上講，稅收籌劃有助於公司降低稅收成本，增加稅後利潤，實現經濟利益最大化；有助於提高公司經營管理水準和財務管理水準，增強公司競爭能力。

從政府層面上講，稅收籌劃有利於減少逃稅、抗稅等違法行為，全面提高納稅人的納稅意識；有利於優化產業結構和社會資源的合理配置，最大限度地發揮稅收調節經濟的槓桿作用；有利於涵養稅源，促進國民經濟的穩定和持續發展；從長遠看，稅收籌劃有助於增加國家稅收。

從學術層面上講，稅收籌劃的研究拓展了中國稅收理論研究的深度與廣度；從稅收籌劃審視稅法，有利於稅收法律法規和政府稅收政策的不斷改進和完善。

1.2 稅收籌劃的基本前提、原因和實施條件

1.2.1 稅收籌劃的基本前提

1. 公司成為真正的市場主體

從根本上講，公司之所以進行稅收籌劃，首先出於對經濟利益的追逐。這是符合理性經濟人假設的，而這種假設的前提在於公司必須是真正的市場主體。在過去高度集中的計劃經濟體制下，個人吃公司大鍋飯，公司吃國家大鍋飯，公司不是真正的市場主體，社會的一切經營活動完全服務於國家指令性計劃，公司實現的利潤基本上都上繳財政，公司生產所需的資金全部靠國家財政撥款解決，公司幾乎沒有自身利益可言，公司不管經營效果怎樣，事實上享有大致相同的經濟利益。即使公司通過稅收籌劃減輕了稅負，也只不過是將稅收轉化成利潤上繳國家。因此，在計劃經濟條件下，公司的任何經營籌劃行為，既無存在的必要，也無實施的可能。

在市場經濟條件下，公司是真正的市場主體，具有自身的經濟利益、法定權利、義務，具有自我約束和自我激勵機制。競爭是市場經濟的特徵之一，公司為了在競爭中處於不敗之地，就必須對自己的生產經營進行全方位、多層次的考慮。由此可見，公司具有獨立的經濟利益，是公司進行稅收籌劃的利益機制；公司享有法定的權利和義務是公司實現稅收籌劃的保障機制。因此，市場經濟的土壤培育了公司稅收籌劃，公司稅收籌劃適用於市場經濟的真正主體。

2. 稅收制度的「非中性」和真空地帶的存在

所謂稅收中性包括兩方面的含義：其一，政府徵稅使社會付出的代價應以徵稅數額為限，除此之外，不應該讓納稅人或社會承擔其他的經濟犧牲或額外負擔；其二，政府徵稅應當避免對市場機制運行產生不良影響，特別是不能超越市場成為影

響資源配置和經濟決策的決定性力量。稅收中性只是稅制設計的一般性原則，在實踐中，國家在制定稅收制度時，為了實現不同的目標，都會有許多差異化的政策，比如差別稅率、差別稅收待遇，以及不同經濟事項差異化的處理方法。這使得稅收制度在執行過程中呈現「非中性」，公司經營活動面對稅收制度差異化必然會呈現差異化的反應，理性的公司必然會選擇符合自身利益最大化的方案，並有目的地進行事先安排和籌劃。由於社會經濟環境不斷變化，公司的實際情況多種多樣，交易事項形形色色，作為稅收政策的制定者不可能獲取完整信息來規避稅收制度的「非中性」和真空地帶，形成稅法空白。這樣，納稅人完全可以利用稅收制度的「非中性」和稅法的空白進行稅收籌劃。

3. 完善的稅收監管體系

由於徵納雙方對同一事項的信息不對稱性，尤其在會計信息的掌握方面，公司佔有優勢地位。然而，絕大多數稅收計量又是以會計信息為基礎的，政府為了彌補其在會計信息掌握方面的弱勢地位，必然對公司進行稅收監管，並對違法、違規行為進行處罰。稅收監管的存在增加了公司稅收詐欺的成本，在一定程度上會抑制公司利用稅收詐欺降低稅負的稅收籌劃行為。如果整個社會稅收監管水準較高，形成了良好的納稅風氣和稅收執法環境，納稅人要想獲得稅收利益，只能放棄違法行為而通過稅收籌劃方式進行。反之，如果稅收監管力度較差，執法彈性空間較大，納稅人採取風險和成本都比較低的稅收詐欺行為即可以實現公司目標，自然無需進行稅收籌劃。因此，完善的稅收監管體系是稅收籌劃的前提。但是，必須指出，由於監管人員的自身能力和有限理性以及監管成本可能過高，現實稅收的監管存在著期望差距，這種差距可能會使公司放棄稅收籌劃，鋌而走險地選擇違法方式或手段。

1.2.2 稅收籌劃的原因

主體利益的驅使是納稅人進行稅收籌劃的主觀原因，同時，國家稅制也是納稅人抑減稅負的客觀原因，正是這兩方面的原因使公司進行稅收籌劃成為可能。

1.2.2.1 稅收籌劃的主觀原因

主體利益的驅使是納稅人進行稅收籌劃的主觀原因，它主要體現為納稅人降低納稅風險和納稅成本的需求。

1. 納稅人降低納稅風險的需求

稅收具有「無償性」「強制性」和「固定性」的特點。對公司而言，納稅作為一種直接的現金支出，意味著當期既得的經濟利益的損失。雖然公司會因納稅而享受到國家徵稅後所提供的公共福利，但這些福利既非對等也不易量化，給講求「等價交換」的公司的感覺便是納稅「吃虧」，所納稅款越多，公司稅後利益越少。這種客觀存在的經濟利益刺激必然使公司想方設法進行稅收籌劃以減輕稅收負擔。

納稅風險主要包括以下三個方面：

(1) 投資扭曲風險。

現代稅收理論之一是稅收應當保持「中性」。但事實上卻不是這樣，一旦政府

對公司的某種投資行為進行課稅,就有可能使該公司放棄事先認為「最優」的項目,而選擇投資其他的「次優」項目。這種因國家課稅而使納稅人被迫改變投資行為而給公司帶來的機會損失,即為投資扭曲風險。可以說,稅收的「非中性」越強,投資扭曲風險程度越大,相應的扭曲成本越高。

(2) 經營損益風險。

政府課稅(尤其是企業所得稅)通常體現為對公司既得利益的分享,而不得承擔相應比例的經營損失風險。儘管中國稅法規定,公司本年的虧損可以在以後 5 年內的所得稅前彌補,但不得超過 5 年。使得政府在 5 年內從某種意義上將成為公司的合夥人,若公司贏利,政府通過徵稅獲取一部分利潤;若公司虧損,政府也因允許其遞延補虧而損失一部分稅款。然而當公司超過 5 年後還不能扭虧為盈時,一切經營損益風險就完全歸公司自己承擔。

(3) 納稅支付風險。

稅法規定,公司只要取得帳面收入和帳面利潤,就必須按期申報和納稅,不管這些帳面收入和帳面利潤是否變現或能否變現,這樣使得稅金具有一定預付性質,且必須全部付現,即使有特殊情況需延期,也得經稅務機關審批。現金是公司財務管理中最稀缺的資源,公司一旦出現既存現金匱乏而又無法獲得延期納稅的許可,便只能形成「欠稅」,產生相應的風險。

2. 納稅人降低納稅成本的需求

納稅意味著公司可支配的收入或利益減少,從主觀上講,期望降低納稅成本。納稅成本是指公司在履行其納稅義務時所支付的和潛在支付的各種資源的價值。一般包括三部分:所納稅款、納稅費用和風險成本。第一,所納稅款是指直接的現金支出,即稅款繳款書上所列的金額,又稱為「外顯成本」,是納稅成本中最主要的部分。第二,納稅費用又稱為「內涵成本」,是指公司履行納稅義務時所支付的除稅款之外的其他費用,一般包括公司辦理稅務登記的費用、時間耗費、填寫納稅申報的勞動耗費、稅務代理費用以及稅務人員稽查帶給公司的心理負擔等。第三,風險成本一般指因納稅給公司帶來或加重的風險程度,如前面所述,由於納稅引起的投資風險、經營損失風險和納稅支付風險。

1.2.2.2 稅收籌劃的客觀原因

1. 稅收政策導向性為稅收籌劃提供了客觀條件

國家稅制在稅負公平和稅收中性的一般原則下,總滲透著體現政府經濟政策的稅收優惠政策。如果不同產業、不同產品,其稅基寬窄、稅率的高低、免稅及退稅的政策不同,政府則會通過傾斜的稅收政策來誘導公司在追求自身利益最大化的同時,實現政府的目的和意圖。

2. 納稅義務履行的滯後性

稅收籌劃的一個重要特點就是超前性,即事先安排、設計、規劃。在經濟活動中,納稅人的納稅義務的履行通常具有滯後性,如公司的經營行為發生之後才繳納

流轉稅；收益實現之後，才繳納所得稅。這在客觀上提供了納稅人在事先根據需要安排自己的經營活動進行稅收籌劃的可能性。稅收籌劃的實質是運用稅法的指導通過安排生產經營活動來安排納稅義務的發生。

3. 稅收的國際化

經濟的國際化導致了稅收的國際化，出現了跨國納稅人和跨國徵稅對象。然而，現實的世界中還沒有一部統一的稅法。由於各國的經濟發展水準和經濟運行機制的不同，導致其各國的稅收制度也不同。各國稅制的差異為公司進行跨國稅收籌劃提供了客觀條件。

1.2.3 稅收籌劃的實施條件

納稅人都有著進行稅收籌劃的強烈願望，但是只具有強烈的稅收籌劃願望，並不意味著就能成功地實施稅收籌劃。納稅人成功地進行稅收籌劃必須具備特定的條件。

1. 納稅籌劃者應該嚴格遵守國家法律法規

合法性是稅收籌劃最本質的特點，也是稅收籌劃區別於逃避稅行為的基本標志。稅收籌劃只有在遵守國家法律法規，且國家利益得到保障的前提下進行，才能規避納稅風險。合格的納稅人總是在遵守國家法律法規的前提下，利用自己的專業知識，獲得公司利益的最大化。而不合格的納稅人，整天想著怎樣才能使自己的公司少繳稅和不交稅，往往弄巧成拙，既損害了國家利益，又由於在納稅過程中因違法而被稅務機關處罰，使得公司的經濟利益受到損失。

2. 納稅籌劃者應具備豐富的稅收專業知識

稅收籌劃是一項專業性很強的工作，需要紮實的理論知識和豐富的實踐經驗來支持。紮實的理論知識要求納稅人除了對法律、稅收政策和會計知識相當精通外，還應通曉工商、金融、保險、貿易等方面的知識；豐富的實踐經驗要求納稅人能在極短的時間內掌握公司的基本情況、涉稅事項、涉稅環節、籌劃意圖，在獲取真實、可靠、完整的籌劃資料的基礎上，選準策劃切入點，針對不同的情況做出最符合公司要求的有效籌劃方案。納稅人只有具備豐富的理論知識和實踐經驗，才能達到公司所要求的目標。如果一個納稅人具有非常強的稅收籌劃意識，但沒有豐富的實踐經驗作為基礎，稅收籌劃也只能是一廂情願。

3. 納稅人應該全面瞭解稅收法律、法規

中國的稅法在立法體制上有多個層次，有全國人大及其常務委員制定的稅收法律，有國務院制定的稅收行政法規，有財政部、國家稅務總局和海關制定的稅收規章等。具體的稅收法律法規變化頻繁，若稍不注意，使用的法律法規就有可能過時。加之稅收籌劃方案主要針對不同的投資、籌資、經營方式，所以，對與投資、籌資、經營活動相關的稅收法律法規的全面瞭解，就成了稅收籌劃的基礎環節。否則，真正的稅收籌劃是無法進行的。

4. 納稅籌劃者應當具備較強的溝通能力

一個成功的稅收籌劃者，不僅具備紮實的理論知識和豐富的實踐經驗，還應該是一個有效的溝通者。溝通具體表現在籌劃者與稅務機關的溝通和與公司領導人的溝通兩個方面。籌劃者如何將一個成功的籌劃方案通過自己的有效的溝通技巧獲得稅務機關的認可，是一個十分重要的問題，這就要求籌劃者具有良好的口才，能根據稅務機關針對籌劃方案提出的各種問題做出有理有據的解釋，從而得到稅務機關的認可。同時，也要與公司領導進行有效溝通，以得到領導的肯定和支持。

5. 納稅籌劃者應該具備良好的職業道德

職業道德是稅收籌劃者的精神面貌，它反應了納稅籌劃者的品德和修養。納稅籌劃者的職業道德具體體現在正確處理好國家利益和公司利益的相互關係上。合法是進行稅收籌劃的前提，但由於公司領導對於某些涉稅事項、涉稅環節分不清合法與非法的界限，往往會提出一些影響稅收籌劃合法性的要求，甚至一些違法要求。在這種情況下，稅收籌劃者應以國家利益為重，態度鮮明地維護稅法的權威性。絕不能因為一己私利而違背職業道德。

6. 納稅籌劃者應該注意稅收籌劃方案的針對性、可行性和可操作性

針對性是指稅收籌劃者在做具體的籌劃時，要針對公司不同的生產經營情況，做到有的放矢。不同的地區、行業、部門和生產經營規模，國家對其有著不同的稅收政策法規。因此，在具體的籌劃過程中，所形成的思路、看問題的角度以及採用的籌劃方式都不盡相同。可行性和可操作性是指稅收籌劃者要針對公司的具體情況量體裁衣，制訂出切實可行的稅收籌劃方案。

1.3 稅收籌劃的目標與原則

1.3.1 稅收籌劃的目標

稅收籌劃的目標，是指公司通過稅收籌劃所期望達到的結果，對稅收籌劃的目標進行準確定位，直接關係著稅收籌劃的成敗。根據中國的實際情況，稅收籌劃的目標可以分為三個層次：稅收籌劃的基礎目標、稅收籌劃的中間目標和稅收籌劃的最終目標。

1.3.1.1 稅收籌劃的基礎目標

（1）避免多納稅。

以下這些情況都會導致納稅人多納稅：由於納稅人對計稅公式不理解，出現錯誤，導致多申報；納稅人符合稅收優惠條件，沒有申報而不能享受；對於準予扣除的項目，因沒有報備而不能稅前扣除等。為了避免多納稅，納稅人必須通曉稅法和稅收政策。另外，稅務機關為了完成稅收任務或基於其他原因，可能造成多徵稅或徵收過頭稅，這就要求納稅人運用法律手段，維護自身的合法權益。

(2) 避免納稅風險。

避免納稅風險是指納稅人帳目清楚、納稅申報正確、繳納稅款及時、足額，不會出現任何關於稅收方面的處罰，即在稅收方面風險極小的可以忽略不計的一種狀態。因為這樣可以避免企業發生不必要的經濟損失和精神損失。

納稅人常見的誤區是：納稅人一方面逃稅，另一方面卻多納稅。當前，中國有些納稅人的稅法意識不強，多納稅與逃稅並存是客觀的事實。多納稅與逃稅是將納稅人繳納的稅款與稅法規定的稅款進行對比，判定是多繳還是逃稅。因此，納稅人進行稅收籌劃的初級目標是：不多納稅，也不逃稅；誠信納稅，不逃稅。也就是說，納稅人不繳納比稅法規定更多的稅收，也不繳納比稅法規定更少的稅收。

1.3.1.2 稅收籌劃的中間目標

(1) 納稅最小化。

納稅最小化，是指在遵守國家稅法的前提下，在稅法允許的範圍內，通過合理安排，選擇納稅最小的方案，從而減輕稅負。納稅最小化，不是少納稅，不是逃稅，而是遵守稅法，在多個納稅方案中選擇納稅最小的方案。然而，現實中稅收籌劃關於此存在的誤區是：一種稅少納了，其他稅卻增加了。納稅最小化，不是指個別稅負的高低，而是指公司整體稅負最低。

(2) 納稅最遲化。

納稅最遲化，是指在稅法允許的範圍內，通過合理安排，選擇納稅最遲的方案，盡量推遲繳納稅款。納稅最遲化，不是欠稅。欠稅是違反稅法規定的，而納稅最遲化的前提是遵守稅法。儘管這筆稅款遲早是要繳納的，但推遲了納稅，就相當於公司從政府部門獲得了一筆無息貸款，獲得了資金時間價值。

(3) 稅收籌劃收益大於稅收籌劃成本。

稅收籌劃收益是指通過稅收籌劃而合理減少的稅收，或者是指獲得的稅收利益。稅收籌劃成本是指為獲得稅收籌劃利益而產生的代價。稅收籌劃應當堅持成本效益原則，即稅收籌劃收益應該大於稅收籌劃成本。因此，納稅人在進行稅收籌劃時，要運用成本效益分析方法，只有在稅收籌劃收益大於稅收籌劃成本時，稅收籌劃才是可取的。

1.3.1.3 稅收籌劃的最終目標

避免多交稅和納稅風險、納稅最小化和最遲化、稅收籌劃收益大於稅收籌劃成本，總體來講都是實現稅收利益最大化。因此，稅收籌劃的基礎目標和中間目標可以歸納為稅收利益最大化。其實，作為公司來講，稅收利益只是經濟利益的一種。公司作為獨立經濟實體，其總體目標是經濟利益最大化。所以稅收籌劃目標最終應服務於公司總體目標。公司的經濟利益除了稅收利益之外，還包括非稅利益。用數學公式表示如下：

$$\text{經濟利益} = \text{非稅利益} + \text{稅收利益} \qquad (1.1)$$

經濟利益是扣除損失之後的經濟利益，即稅後利益。非稅利益是不考慮納稅而

獲得的經濟利益,即稅前利益;稅收利益只是考慮納稅而獲得的經濟利益,是負的稅收總額。因此上述公式也可以表示為:

$$稅後利益 = 稅前利益 - 稅收總額 \qquad (1.2)$$

而稅收總額與稅前利益之間又有相關性。納稅人在進行稅收籌劃時,在追求納稅最小化的過程中,可能出現下列幾種情況,如表1.1所示:

表1.1　　　　　　　　　　　稅收籌劃的可行性

序列	稅收利益	非稅利益	經濟利益	稅收籌劃
1	增加	增加	增加	可行
2	增加	不變	增加	可行
3	增加	稅收利益增加幅度大於非稅利益減少幅度	增加	可行
4	增加	稅收利益增加幅度等於非稅利益減少幅度	不變	沒必要
5	增加	稅收利益增加幅度小於非稅利益減少幅度	減少	不可行

稅收籌劃常見的誤區:只考慮納稅人的稅收利益,不考慮納稅人的非稅收利益,稅收減少了,但稅後利益也減少了。如果片面強調稅收利益,不重視非稅利益和整體經濟利益,當稅收總額減少的幅度小於稅前利益減少的幅度時,也會適得其反。

總之,稅收籌劃的最終目標是通過稅收利益的最大化進而實現公司經濟利益最大化,或者說通過納稅最小化實現稅後利益最大化。

1.3.2　稅收籌劃原則

管理工作的正常進行,都必須遵守相應的原則。稅收籌劃作為公司理財工作的重要組成部分,也應當遵守相應的原則。

1.3.2.1　法律原則

(1) 合法性原則。

稅收籌劃是納稅人根據國家稅收法律、法規和政策導向,通過對投資、融資、供應、生產、銷售和利潤分配等經營活動的合理安排,達到減輕或延遲納稅義務的一種合法行為。即稅收籌劃必須遵守國家法律法規和政策,尤其是稅收法律法規和政策,只有在這個前提下,才能確保所設計的籌劃方案為稅務機關所認可和接受,否則會受到相應的懲罰並承擔法律責任。

【例1-2】某商貿公司,經銷家電。公司既銷售家電,又負責家電的安裝維修,該公司按照稅法的規定,應按16%的稅率繳納增值稅。公司經理考慮到安裝維修部分抵扣的進項稅很少,按16%的稅率繳納增值稅稅負太重。公司財務人員分析稅法認為,把安裝維修業務獨立出來,獨立收取安裝維修費用,這部分收入可以按照建築服務繳納10%的增值稅,與繳納16%的增值稅相比,稅負要輕得多。於是,該公司按照上述思路成立了獨立核算的安裝維修公司,商貿公司在銷售家電產品時,與

購買方簽訂購銷合同，安裝維修公司再與購買方簽訂安裝維修合同，各收取各的費用。安裝維修公司在取得收入後按10%的稅率申報繳納增值稅。但這種做法沒有得到稅務機關認可。為什麼？應如何籌劃？

【稅法依據】維修收入應按《中華人民共和國增值稅暫行條例》和《關於調整增值稅稅率的通知》（〔2018〕32 號）規定的「修理修配收入」繳納 16%的增值稅。

【籌劃思路】該公司可以把安裝業務獨立出來，只就安裝收入繳納 10%的增值稅就符合稅法規定了。

【籌劃過程】該公司可以成立獨立核算的安裝公司（假設為一般納稅人），商貿公司在銷售家電產品時，與購買方簽訂購銷合同，安裝公司再與購買方簽訂安裝合同，各收取各的費用。安裝公司在取得收入後按 10%的稅率申報繳納增值稅。商貿公司銷售家電後按 16%的稅率申報繳納增值稅。

【籌劃結論】這樣，安裝公司收取的安裝費用以 10%的稅率申報繳納增值稅，肯定較以前按照 16%申報繳納增值稅稅負要輕得多。

【籌劃點評】公司的錯誤在於沒有準確理解「應稅收入」的含義。從國家對行業的分類來看，商業和建築業屬於不同行業，凡是對建築物等不動產的修理、裝飾屬於建築業，對貨物的修理屬於工業。修理收入是按 16%還是按 10%申報繳納增值稅，關鍵看修理對象。對貨物（動產）的修理屬於《中華人民共和國增值稅暫行條例》規定的「修理修配收入」，按規定申報繳納 16%的增值稅。當然，如果安裝公司為小規模納稅人，適用徵收率 3%。

（2）合理性原則。

稅收籌劃合理性原則就是以貫徹國家立法精神為宗旨。稅收籌劃的基礎是稅制要素中稅負彈性的存在，稅制中的各種稅收優惠政策和選擇時機都體現著國家的立法精神，體現了國家政策對社會經濟活動的引導和調整。因而，切實有效的稅收籌劃，應該以立法為依據，深刻理解稅法所體現的國家政策，從而有效貫徹國家稅法及其相關政策的立法精神，使之成為實現政府利用稅收槓桿進行宏觀經濟調控的必要環節。那些不符合國家政策精神的籌劃行為，比如鑽稅法的漏洞、空白的行為等，都是不符合稅收籌劃合理性原則的。

（3）規範性原則。

稅收籌劃不單單是稅務方面的問題，還涉及許多其他方面的問題，如財務、會計等各領域，及金融、製造業等各行業方面的問題。稅收籌劃要遵守各領域、各行業、各地區約定俗成或明文規定的各種制度的標準。比如，在稅收籌劃時，涉及財務、會計方面問題時要遵守財務、會計方面的各種規範制度，涉及行業方面的問題時要遵守各行業制定的規範制度，涉及地區方面問題時要遵守各地區的規範，納稅人應以規範的行為方式和方法來制定相應的稅收籌劃方案。

1.3.2.2 財務原則

（1）綜合衡量原則。

稅收籌劃的綜合衡量原則是指在進行稅收籌劃時，要考慮與之有關的其他稅種的稅負效應，進行總體籌劃、綜合衡量以求整體稅負最輕，防止顧此失彼。綜合衡量原則的內涵包括：①稅收籌劃應算大帳，不要算小帳，不能只關注個別稅種的稅負高低，也許一種稅少繳了，另一種稅卻多繳了，因而稅收籌劃要著眼於整體稅負最輕。②稅收負擔的降低並不等於資本總收益的增加，如果有多種選擇，則總收益最多，但納稅並不一定最少的方案應被視為最理想的方案。③在選擇和應用較有利的稅收籌劃策略時，要與其他措施相配合，因為實施這些措施所增加的各項支出也是籌劃成本。

（2）財務利益最大化原則。

稅收籌劃的最主要目的，歸根究柢是要使納稅人的可支配財務利益最大化，即稅後財務利益最大化。納稅人財務利益最大化除了要考慮節減稅收外，還要考慮納稅人的綜合經濟利益；不僅要考慮納稅人現在的財務利益，還要考慮納稅人未來的財務利益；不僅要考慮納稅人的短期利益，還要考慮納稅人的長期利益；不僅要考慮納稅人的所得增加，還要考慮納稅人的資本增值。

（3）穩健性原則。

在追求稅收籌劃目標時，還必須注意籌劃的穩健性原則。一般地講，納稅人的節稅收益越大，風險也越大。各種節減稅的方式和方法都有一定的風險，節稅收益與稅制變化風險、市場風險、利率風險、債務風險、匯率風險、通貨膨脹風險等是緊密相連的。稅收籌劃要盡量使風險最小化，要在節稅收益與節稅風險之間進行必要的權衡，以保證能夠真正安全地實現稅收籌劃目標。

1.3.2.3 籌劃管理原則

（1）時效性原則。

稅收籌劃的基本特點是不違法，究竟什麼是不違法，什麼是違法，這完全取決於一個國家的具體法律規定。隨著時間的推移，國家的法律法規也會發生相應的變化。公司面對的具體的國家法律法規的不同，其行為的性質也會不同。由此可見，任何一個稅收籌劃方案都是在一定的地區、一定的時間、一定的法律環境條件下，以一定的公司的經濟活動為背景制訂的，具有針對性和時效性。

（2）便利性原則。

稅收籌劃的便利性原則就是指納稅人在選擇稅收籌劃方案時，選擇的方案應是越容易操作越好，越簡單越好。作為納稅人可以選擇的節稅方式和方法很多，在此原則的導向下，凡是能夠用簡單方法的，就不要用複雜方法；凡是就近能解決的，就不要舍近求遠。

（3）節約性原則。

稅收籌劃無論是納稅人自己籌劃，還是借助「外腦」籌劃，在實現稅收籌劃目

標時，都是要耗費一定的人力、物力和財力的。所以，稅收籌劃與其他管理決策一樣，必須遵守成本效益原則，只有當稅收籌劃方案的所得大於支出時，該項稅收籌劃才是成功的。即在進行稅收籌劃時要注重節約成本。

1.4 稅收籌劃成本與收益分析

稅收籌劃成本與效益分析，是指在稅收籌劃方案的制定和執行過程中，要比較稅收籌劃方案帶來的收益與其耗費的成本，只有稅收籌劃方案的成本小於獲得的收益時，該稅收籌劃方案是可行的，反之，則不可行。

1.4.1 稅收籌劃成本

稅收籌劃成本是指因公司進行稅收籌劃而失去或放棄的資源，稅收籌劃成本包括以下幾個方面的內容：

（1）稅收籌劃直接成本。

稅收籌劃直接成本是指稅收籌劃方案在制定和執行過程中所產生的支出或代價，主要包括：收集和保存與稅收籌劃相關信息的耗費；籌劃人員因從事與稅收籌劃方案制定和執行工作相關的工資、薪金；對籌劃人員進行稅收籌劃培訓所產生的費用；委託稅務代理機構進行稅收籌劃的全部費用；因按照稅收籌劃方案來安排生產、經營等活動產生的成本，如改建成本、溝通協作成本、制定計劃成本、談判的成本和管理成本；稅收籌劃失敗產生的風險成本等。需要注意的是，在進行稅收籌劃時，應當在確保稅收籌劃目標實現的前提下，盡可能降低稅收籌劃的直接成本。

（2）稅收籌劃機會成本。

稅收籌劃機會成本是指由於公司選擇了某一籌劃方案而放棄的可以採用的其他籌劃方案的最大收益或潛在收益。在進行稅收籌劃時，機會成本是相關成本。儘管機會成本沒有實際發生且很難用數字進行準確計量，但它是公司進行稅收籌劃方案選擇時必須考慮的因素。因為公司的任何資源都具有稀缺性，公司必須使資源的收益最大化。

（3）稅收籌劃隱性成本。

稅收籌劃活動作為公司理財的重要組成部分，除了導致自身的利益損失外，還會對其他經濟活動的成本產生影響。基於公司關聯戰略的考慮的稅收籌劃目標在於提高公司的整體價值。有時稅收籌劃使稅負降低了，但可能使公司稅前收益率也降低了，降低的部分構成了稅收籌劃的隱性成本。因為，如果市場是均衡的，不同資產的稅後收益率是相同的，納稅較少的方案意味著稅前收益率較低。公司放棄的稅收籌劃方案由於需要抵減較高的稅負，其稅前收益也較高；公司選擇稅負較少的稅收籌劃方案的同時，也失去了較高的稅前利益。通常，稅收籌劃的隱性成本無法用

數字準確地計量，但是基於稅收籌劃的戰略高度需要也應當考慮，這樣才能使稅收籌劃的成本分析更加全面。

1.4.2 稅收籌劃收益

進行稅收籌劃的目的是為了追求稅收籌劃收益。稅收籌劃收益是指公司因進行稅收籌劃而獲得的各種利益。它由可以量化的經濟利益和難以量化的經濟效益構成。可以量化的經濟效益由節稅收益和時間價值收益構成，難以量化的經濟效益由協同效應收益和未來現金流入收益構成。

（1）節稅效益。

節稅效益是指由於實施稅收籌劃使公司的納稅額降低的數額，屬於絕對節稅。不同的稅收籌劃方案產生的節稅效益是有差別的，有的能大幅度降低納稅額；有的只能少量減少納稅額；有些出於長遠考慮的稅收籌劃方案還會使納稅增加，應視其為節稅效益的抵減。

（2）時間價值收益。

時間價值收益是指公司採用的稅收籌劃方案，雖然沒有減少應納的稅款，但可以推遲納稅，當期的稅款在以後期間繳納，形成了公司的流動資金，可以彌補公司自身流動資金的短缺，將其投入生產經營活動或進行短期盈利性投資，都會給公司帶來相應的收益。這部分時間的價值收益可以通過財務理論計算貨幣時間價值來計量。

（3）協同效應收益。

公司的稅收籌劃是在公司戰略目標下進行的，全面考慮了公司各方面的經濟活動，進而使得稅收籌劃與公司其他經濟活動或管理活動相互促進，形成協同效應，產生的收益大於公司只進行單項活動產生收益的總和。協同效應收益體現在稅收籌劃和其他經濟活動同時進行的收益中，無法分離出稅收籌劃的那一部分。比如公司進行稅收籌劃時，啟用高素質的財稅人才，規範了公司的財務會計處理、財務管理、內部納稅控制和納稅申報，提高了公司的管理水準和核算水準，從而為公司帶來相應的收益。

（4）未來現金流入收益。

稅收籌劃注重戰略的考慮，不僅關心公司短期的收益，而且更加關注公司的長遠發展，能給公司帶來長期的經濟利益流入。公司通過稅收籌劃，實現涉稅零風險，有利於公司形成較好的納稅信譽，樹立良好的形象，進而增強公司的長遠發展能力，獲得長遠的現金流入。客觀地講，稅收籌劃給公司帶來的未來現金流入收益存在著不確定性，很難可靠計量。

1.4.3 稅收籌劃成本與收益分析法的基本步驟

成本與收益分析法是公司財務管理中普遍運用的一種決策分析方法。在此，我

們也可以將此方法運用到稅收籌劃中去。稅收籌劃成本與收益分析法，是指在稅收籌劃方案的制訂和執行過程中，將方案的預期成本與預期收益進行分析比較，只有稅收籌劃方案的預期成本小於預期收益時，方案才可行，反之，則不可行。

借鑑財務管理中投資決策的分析方法，在進行稅收籌劃成本與效益分析時，可以把能夠量化的納稅成本和收益進行折算，然後進行比較，其基本步驟如下：

（1）確定比較期限。稅收籌劃一般是立足於公司的長遠發展，因而稅收籌劃的成本與收益不僅僅是局限於某個納稅年度。公司應根據自身的實際，確定比較的年限，假設為 n 年。

（2）將比較期限內的稅收籌劃成本折現。即把 n 年內的所有稅收籌劃成本按照發生的時間先後順序折現到籌劃方案的執行的起始日，並求和得出 C。

（3）將比較期限內的稅收籌劃收益折現。即把 n 年內的所有稅收籌劃收益按照發生的時間先後順序折現到籌劃方案的執行的起始日，並求和得出 R。

（4）比較稅收籌劃成本與稅收籌劃收益的大小。如果 R>C，則此稅收籌劃方案可行；如果 R<C，則此稅收籌劃方案不可行。

上述步驟中的（2）、（3）的計算公式如下：

$$C = \sum_{t=1}^{n} C_t \times (P/F, i, t) \qquad (1.3)$$

$$R = \sum_{t=1}^{n} R_t \times (P/F, i, t) \qquad (1.4)$$

式（1.3）、式（1.4）中，C 是總的稅收籌劃成本，C_t 是第 t 年的稅收籌劃成本；R 是總的稅收籌劃收益，R_t 是第 t 年的稅收籌劃收益；$(P/F, i, t)$ 是第 t 年的複利現值系數；i 是折現率；n 是比較期限（年）。

1.5 稅收籌劃的思路與步驟

1.5.1 稅收籌劃思路

隨著社會的不斷發展，稅收籌劃模型日趨複雜，稅收籌劃技術不斷創新。我們在稅收籌劃的學習和工作中，可能會感到千頭萬緒，不知道從何入手，其主要原因在於稅收籌劃思路沒有理清。稅收籌劃思路是連接稅收籌劃理念與實務的橋樑。稅收籌劃人員，在稅收籌劃過程中一定要保持清醒的稅收籌劃思路，才能進行有效的稅收籌劃，避免陷入稅收籌劃的誤區，實現稅收籌劃的目標。我們認為稅收籌劃的思路主要包括兩個方面，即稅收籌劃總體思路與稅收籌劃具體思路。

1.5.1.1 稅收籌劃總體思路

稅法告訴我們，引起稅收法律關係的前提條件是稅法；稅收法律關係產生、變更或消失的決定因素是稅收法律事實，即納稅人的經濟活動行為。因此，稅收籌劃

的主體思路是：悉心研究稅法，精心安排經濟活動，並且將經濟活動與稅法有機結合，最終實現稅收籌劃目標。

（1）悉心研究稅法。

如果沒有稅法，就不可能產生稅收法律關係，也就不存在繳納稅款之說；有了稅法才能產生稅收法律關係和繳納稅款的需要；稅法的修改會引起稅收法律關係的變更和繳納稅種、稅款的改變；稅法的廢止會使稅收法律關係消滅，並使人們不需要繳納稅款。因此，繳納稅款與稅法密切相關。不精通稅法，就不能進行有效的稅收籌劃。稅收體系由貨勞稅、所得稅、財產稅和其他稅種構成，進行稅收籌劃必須對相應的稅法進行悉心研究。

（2）精心安排經濟活動。

如果沒有經濟活動，就不可能產生稅收法律關係，就不需要繳納稅款；有經濟活動才可能產生稅收法律關係，才需要繳納稅款；經濟活動的改變會引起稅收法律關係的變更和繳納稅種、稅款的改變；經濟活動的撤銷會引起稅收法律關係的消失且不需要繳納稅款。可見，繳納稅款與經濟活動密切相關，公司的經濟活動總體來講包括三個層次，即成長階段和生命流層次、財務循環和資金流層次、經營流程和存貨流層次。進行稅收籌劃必須深入到納稅人的經濟活動中去，對納稅人的成長活動、財務活動和經營活動進行精心安排。因此，經濟活動稅收籌劃思路應包括：公司成長稅收籌劃、公司財務稅收籌劃和公司經營稅收籌劃三方面。

（3）將經濟活動與稅法有機結合。

只有稅法，而納稅人沒有發生經濟活動，就無須納稅；只有納稅人的經濟活動而沒有稅法，納稅人也無須納稅；既有稅法又有經濟活動，才會納稅。因此，繳納稅款與稅法、經濟活動是不可分開的。稅收籌劃應將納稅人經濟活動與稅法有機結合起來。納稅人進行稅收籌劃，減輕稅負只有兩條途徑：一是改變稅法，使稅法適應自己，從而減輕稅負；二是改變自身的經濟活動，使自身經濟活動適應稅法，從而減輕稅負。但是，納稅人改變稅法較為困難，而改變自身的經濟活動較為容易。納稅人只有改變自身經營活動，適應稅法，才能改變納稅額，減輕稅負。特殊利益集團（如某些產業、某些地域或者某些大型公司），通過遊說，爭取對自己有利的稅收政策和稅收優惠，使稅法適應自己，從而改變納稅額，減輕稅負。產業稅收籌劃和地域稅收籌劃均涉及多個稅種和諸多經濟活動，是綜合性稅收籌劃。因此，將經濟活動與稅法有機結合的綜合稅收籌劃思路包括產業稅收籌劃和地域稅收籌劃。

【例1-3】2017年，張某作為個體戶經營熱水器銷售和安裝業務，由其妻李某負責門店經營，張某負責安裝熱水器，同時承接一些熱水器的維修業務，預計每年銷售熱水器的應稅所得額為4萬元，安裝兼修理熱水器的應稅所得額為5萬元。

【工作要求】請對上述業務進行稅收籌劃。

【稅法依據】從2000年1月1日起，中國對個人獨資企業、合夥企業停徵企業所得稅，個人獨資企業、合夥企業投資者的投資所得，比照個體工商戶的生產、經

營所得徵收個人所得稅，適用五級超額累進稅率。

【籌劃思路】張某和妻子李某可以成立兩個個人獨資企業，妻子李某只負責門店銷售熱水器；張某負責熱水器安裝和熱水器維修業務。

【籌劃過程】

籌劃前，張某經營所得屬於個體工商戶生產經營所得，全年應納個人所得稅＝90,000×30%－9,750＝17,250（元）

籌劃後，由於是兩個個人獨資企業，所以：

張某應納個人所得稅＝50,000×20%－3,750＝6,250（元）

妻子李某應稅個人所得稅＝40,000×20%－3,750＝4,250（元）

張某和妻子李某共繳納個人所得稅＝6,250＋4,250＝10,500（元）

【籌劃結論】籌劃後，張某每年可以少繳納個人所得稅為17,250－10,500＝6,750元。

【籌劃點評】稅法不是納稅人所能控制的。但是，納稅人可以改變自身的經營活動去順應稅法，從而達到節稅。在本案例中，張某改變自身的納稅身分，由一個個體工商戶改變成為兩個個人獨資企業，從而達到減輕稅負的目的。但這種改變需要支付一定的工商登記費用和手續費。

1.5.1.2 稅收籌劃具體思路

稅收籌劃必須針對具體稅種、具體的經濟活動和具體的產業與地域。因此，涉及相應的具體稅收籌劃思路。

(1) 稅種籌劃思路。

稅收體系由多稅種構成，不同稅種有不同的特點，其稅收籌劃的方法也不相同。稅種籌劃思路就是：根據不同稅種的特點，採用不同的稅收籌劃方法。中國現行的稅收體系是由貨勞稅類、所得稅類、財產稅類和其他稅類構成的複合稅體系。

貨勞稅是以貨物或勞務為徵稅對象的一類稅。中國現行貨勞稅包括：增值稅、消費稅和關稅。因此，貨勞稅籌劃包括增值稅籌劃、消費稅籌劃和關稅籌劃。這些內容將在以後有關章節具體講解。

所得稅是以所得作為徵稅對象的一類稅。中國現行所得稅包括：企業所得稅和個人所得稅。因此，所得稅籌劃包括企業所得稅籌劃和個人所得稅籌劃。這些內容將在以後的有關章節中具體講解。

財產稅是以財產為徵稅對象的一類稅。財產稅分為靜態財產稅和動態財產稅，也可以分為一般財產稅和個別財產稅（中國現行財產稅為個別財產稅）。個別財產稅又包括動產稅和不動產稅。中國現行涉及不動產的稅種有：耕地占用稅（準財產稅、動態財產稅），城鎮土地使用稅（準財產稅、靜態財產稅），房產稅（靜態財產稅），土地增值稅（準財產稅、動態財產稅），契稅（準財產稅、動態財產稅）。中國現行涉及動產的稅種有：車輛購置稅（動態財產稅）、車船稅（靜態財產稅）、船舶噸稅（靜態財產稅）。中國現行的其他稅種有：資源稅、菸葉稅（2006年開徵）、

印花稅、城市維護建設稅及其教育費附加（視同稅金）。因此，財產稅、其他稅籌劃包括：財產稅籌劃、其他稅種籌劃和稅種綜合籌劃。這些內容將在以後的有關章節具體講解。

（2）經濟活動稅收籌劃思路。

納稅義務產生於公司的經濟活動。不同的經濟活動徵稅不同，不同的經濟活動繳納的稅種不同，不同的經濟活動繳納的稅額不同。因此，經濟活動稅收籌劃的思路是：全面考慮不同經濟活動的稅負差異並對經濟活動進行精心安排。稅收籌劃不僅要貫穿所有的經濟活動，還要貫穿經濟活動的始終。

公司的經濟活動，從公司成長階段和生命流層次看，有設立、擴張、重組和清算等活動；從財務循環和資金流層次看，有籌資、投資、分配等活動；從經營流程和存貨流層次看，有採購、生產、銷售、非貨幣性資產交換等活動。公司經濟活動稅收籌劃包括公司成長稅收籌劃、公司財務稅收籌劃和公司經營稅收籌劃，這些內容將在以後的有關章節中具體講解。

（3）產業與地域稅收籌劃思路。

不同的產業和行業，具有不同的特徵，其稅收待遇也不同。因此，產業稅收籌劃的思路是：應針對不同產業的特徵進行，不同的產業其稅收優惠內容和程度不同，公司進行稅收籌劃應充分利用不同產業的稅收優惠，結合國家的產業稅收傾斜政策，考慮公司的具體情況，選擇並確定要投資的產業；在選定的產業範圍內，公司應充分利用稅收優惠政策，使自身的經營範圍盡可能地享受稅收優惠政策，實現整體稅負最低。

不同的地域，其稅收負擔往往存在差異。因此，地域稅收籌劃的思路是：根據國內不同地域、不同國家（或地區）的稅負差異，統籌安排國內或跨國經濟活動並充分利用不同地域的稅收優惠。地域稅收籌劃包括國內地域稅收籌劃和國際地域稅收籌劃。

1.5.2　稅收籌劃基本步驟

要搞好稅收籌劃工作，實現稅收籌劃目標，除了遵守正確的稅收籌劃原則外，還必須要求稅收籌劃工作遵循一定的工作流程，即稅收籌劃基本步驟。

（1）收集稅收籌劃的必要信息。

①分析公司涉稅情況與需求。不同公司基本情況及納稅是存在差異的，在實施稅收籌劃活動時，要全面瞭解公司的這些基本情況：公司的組織形式、經營情況、財務狀況、投資意圖、管理層面對風險的態度、公司需求、公司經營目標和籌劃主體的意圖等。其中，籌劃主體的意圖是稅收籌劃中最基本的部分，是稅收籌劃活動的出發點。

②分析公司相關的稅收政策與面臨的環境。在設計稅收籌劃方案之前，應對公司相關的稅收政策和法規採用有效途徑或方法進行收集、整理和歸類。全面瞭解與

公司相關行業、部門的稅收政策，理解和掌握國家稅收政策及其精神，爭取得到稅務機關的幫助並與其合作，這對於成功實施稅收籌劃極其重要。同時，也要分析稅收籌劃主體所面臨的環境，因為稅收籌劃要有效整合和利用納稅主體的環境資源。

③確定稅收籌劃的具體目標。前面已講述，稅收籌劃的最終目標是通過稅收籌劃實現公司經濟利益最大化，或者通過稅收籌劃實現稅後利益最大化。對上面收集的公司涉稅信息進行分析整理後，便可以確定稅收籌劃的各個具體目標，並以此為基準來涉及稅收籌劃方案。稅收籌劃的具體目標主要包括：實現稅負最小化、實現稅後利潤最大化、獲取資金時間價值最大化和實現納稅風險最小化。

（2）設計備選的稅收籌劃方案。

在確定了稅收籌劃的具體目標之後，稅收籌劃者可以著手設計稅收籌劃的具體方案。由於關注角度不同，具體的稅收籌劃方案可能存在差異，因此稅收籌劃者應將籌劃方案逐一列出，以利於擇優選擇。

稅收籌劃方案的設計一般按以下步驟進行：首先，對納稅人的涉稅問題進行認定，即對涉稅項目的性質、涉及哪些稅種的認定等；其次，對涉稅問題進行分析，即對涉稅項目的發展態勢、引發後果、納稅籌劃空間大小、需要解決的關鍵問題進行分析等；最後，設計多種備選方案，即針對涉稅問題，設計若干個可選方案，包括涉及的經營活動、財務運作和會計處理等。

（3）分析、評價並選擇稅收籌劃方案。

稅收籌劃方案是多種籌劃技術的組合運用，同時要考慮風險因素。稅收籌劃方案設計出來以後，必須逐一進行以下分析。

①合法性分析。

稅收籌劃的首要原則是合法性原則，任何稅收籌劃方案都必須在不違法的前提下進行，不能超越法律、法規。因此，要分析稅收籌劃的思路、具體步驟、方法、注意事項及其所依據的法律、法規。進行合法性分析，有助於規避法律風險。

②可行性分析。

稅收籌劃的實施，需要多方面的條件，公司必須對籌劃方案的可行性進行評估，包括實施時間的選擇、地點的選擇、人員素質以及趨勢預測等。

③目標分析。

每一個稅收籌劃方案都會產生不同的納稅後果，這種納稅後果是否符合公司既定的目標，是稅收籌劃方案選擇的基本依據。因此，必須對稅收籌劃方案目標進行分析，擇優選取最佳方案。目標分析還包括評價稅收籌劃的合理性、防止稅收籌劃的片面性。

（3）實施稅收籌劃方案。

稅收籌劃方案確定之後，經管理層批准後，即進入實施階段。公司應當按照選定的稅收籌劃方案，對納稅人的納稅身分、組織形式、註冊地點、所從事的產業和經濟活動以及會計處理等做出相應的處理或改變，同時記錄稅收籌劃方案的收益。

（4）對稅收籌劃方案進行監控、評估和改進。

在稅收籌劃方案的實施過程中，應及時監控出現的問題，例如國家稅收政策的改變或調整、相關人員操作不當、稅收籌劃方案出現漏洞等。再運用反饋的信息，對稅收籌劃方案的效果進行評價，考核其經濟效益與最終結果是否實現了稅收籌劃目標。在實施稅收籌劃方案的過程中，可能因執行偏差、環境的改變或者原有方案的設計存在缺陷，從而與預期結果產生差異，這些差異要及時反饋給稅收籌劃的決策者，並對方案進行改進。

1.6　稅收籌劃的風險及其防範

1.6.1　稅收籌劃風險的含義及特徵

1.6.1.1　稅收籌劃風險的含義

對於風險的內涵，目前還沒有統一和權威的定義，後來，人們對風險深入研究以後，對風險的內涵歸納主要從廣義和狹義兩個層面體現。廣義的風險可以定義為：由於事件的不確定性而導致損失或收益產生的可能性。狹義的風險可以定義為：由於事件的不確定性而導致損失產生的可能性。

一般情況下，從狹義的角度來理解風險更有意義。因此，在對稅收籌劃風險管理進行探討時，把重點往往放在「損失」上。所以，我們認為稅收籌劃風險是指納稅人在進行稅收籌劃時因各種不確定因素的存在，導致稅收籌劃方案失敗、稅收籌劃目標落空、逃稅等違法行為認定等而發生的各種損失的可能性。

1.6.1.2　稅收籌劃風險特徵

（1）稅收籌劃風險的客觀性。

稅收籌劃風險是客觀存在的，是不以人們意志為轉移的。稅收籌劃風險的客觀性基於兩個方面。一方面是因為缺乏信息。稅收籌劃者在籌劃時，由於取得信息的成本過高，或者因為有些信息根本無法取得，致使籌劃者對一些情況不瞭解，從而導致籌劃風險的產生；另一方面，稅收籌劃者不能控制事物的未來情況。例如，國家宏觀經濟政策的變化、市場供求關係的變化以及納稅人和納稅人的客戶違約等，這些因素的存在客觀上使風險不可避免。

（2）稅收籌劃風險的複雜性。

稅收籌劃風險的複雜性主要體現在，稅收籌劃風險的形成原因、形成過程、表現形式、影響程度都具有多樣性。

（3）稅收籌劃風險的潛在性。

一方面，由於稅收籌劃風險是客觀存在的，不易做出精確的判斷，稅收籌劃人員能在思想上認識到它的存在，但必須依賴知識和經驗做出專業判斷；另一方面，稅收籌劃風險可能造成的損失要有一個顯著化的過程，這一過程的長短因稅收籌劃

風險的內容、公司的經濟環境、法律環境以及納稅人對風險的認識程度而異。

(4) 稅收籌劃風險的可評估性。

稅收籌劃風險的可評估性是指稅收籌劃風險是可度量的。雖然稅收籌劃具有複雜性，但是稅收籌劃風險可能造成的損失的大小和損失發生的可能性可以參照經驗數據，借助於數理技術加以分析估算，並在此基礎上採取相應的策略加以應對。

1.6.2 稅收籌劃風險產生原因及其防範

1.6.2.1 稅收籌劃風險產生的原因

稅收籌劃風險產生的原因主要有以下幾個方面：

(1) 政策風險。

政策風險是指稅收籌劃者利用國家政策進行稅務籌劃活動以達到減輕稅負目的的過程中存在的不確定性。總體上看，政策風險可分為政策選擇風險和政策變化風險。第一，政策選擇風險。政策選擇風險，即錯誤選擇政策的風險。企業自認為所做出的籌劃決策符合一個地方或一個國家的政策或法規，但實際上可能會由於政策的差異或認識的偏差受到相關的限制或打擊。由於稅務籌劃的合法性、合理性具有明顯的時空特點，因此稅務籌劃人員首先必須瞭解和把握好尺度。第二，政策變化風險。國家政策不僅具有時空性，且隨著經濟環境的變化，其時效性也日益顯現出來。

(2) 不依法納稅的風險。

選擇納稅核算方法是進行稅收籌劃的重要手段，有時納稅核算方法從表面或局部的角度看是按規定去操作的，但是由於對有關稅收政策的精神把握不準，造成事實上的逃稅、漏稅等，從而受到稅務機關的處罰。

(3) 籌劃方案不被稅務機關認同的風險。

進行稅收籌劃，由於許多活動是在法律的邊界運作，稅收籌劃人員很難準確地把握其確切的界限，有些問題在概念的界定上本來就很模糊，比如稅收籌劃與避稅的區別等，況且各地具體的稅收徵管方式有所不同，稅收執法部門擁有較大的自由裁量權，這可能導致納稅人實施的稅務籌劃方案不被稅務機關認同的風險產生。

(4) 投資扭曲風險。

建立現代稅制的一項主要原則應是稅收的中立性，即中性原則，納稅人不應因國家徵稅而改變其既定的投資方向。但事實上卻並非如此，納稅人往往因稅收因素放棄最優的方案而改為次優的其他方案。這種因課稅而使納稅人被迫改變投資行為給企業帶來機會損失的可能性，即為投資扭曲風險。這種風險源於稅收的非中立性，可以說，稅收非中立性越強，投資扭曲風險越大，相應的扭曲成本也就越高。

1.6.2.2 稅收籌劃風險的防範

(1) 牢固樹立稅務籌劃的風險意識。

確立法制觀念，避免籌劃手段選擇上的風險。稅收籌劃的規則決定了依法籌劃是稅收籌劃工作的基礎，嚴格遵守相關稅收法規是進行籌劃工作的前提。一項違法

的稅收籌劃，無論其成果如何顯著，注定是要失敗的。這就要求公司自身應做到依法誠信納稅，辦理稅務登記，建立健全內部會計核算系統，完整、真實和及時地對經濟活動進行反應，準確計算稅金、按時申報、足額繳納稅款，樹立風險意識。

（2）提高稅收籌劃人員素質。

稅收政策是隨著經濟的發展而不斷變化的，因此進行稅收籌劃就是要不斷研究經濟發展的特點，及時關注稅收政策的變化趨勢。這也要求不斷增強籌劃人員的素質，使他們對稅收政策有很好的瞭解，同時也可避免具體執行上的風險，這就要求籌劃的決策者和執行者必須夠「專心」，一方面要提高籌劃工作的專業化水準，根據公司的經營規模和具體需求，專心培養使用或聘用專業化的籌劃團隊，優化籌劃隊伍的素質結構，使其能力得以充分發揮；另一方面要給予籌劃隊伍足夠的信任，盡量減少對籌劃具體操作的人為干擾，使籌劃人員能專心開展工作，從而將籌劃執行過程中的風險降至最低。

（3）加強公司的稅務管理。

稅收籌劃風險要在公司的整個業務過程中防範。公司應當樹立正確的稅務管理理念，擯棄以往把稅務管理工作只看作是財務部門工作的陳舊觀念，要認識到不規範的業務過程才是稅收籌劃風險的根源，積極理解、支持財務部門的工作。在公司內部要大力宣傳稅法知識，提高公司員工對稅法的瞭解，樹立全員參與、全員控制的新思維。各個業務部門要與財務部門相互配合，相互協作，從經濟合同的簽訂到經濟業務的完成整個過程都必須充分考慮稅收因素，真正做到稅前控制、稅中控制，只有這樣，公司才能規範納稅行為，減少稅務風險。

（4）加強與稅務機關的溝通，處理稅收徵納關係。

公司應當加強與稅務機關的溝通與交流，處理好稅收徵納關係。主動適應稅務機關的管理，及時爭取稅務機關的指導，努力尋求稅務機關的支持與幫助，樹立良好的納稅信譽和形象，甚至在實施每項新的稅收籌劃方案時，誠心地向稅務機關諮詢，獲得稅務機關的批准和認可，降低稅收籌劃風險，實現公司與稅務機關雙贏。

（5）加強稅收籌劃風險的自查。

公司不能在稅務機關檢查時才「臨時抱佛腳」。為了防範稅收籌劃風險，在平時的工作中，公司應當加強稅務風險的自查，及時發現稅務風險，將稅務風險消滅在萌芽狀態中。自查時，稅收籌劃人員應對稅收籌劃方案的思路、具體步驟、方法、注意事項及其所依據的法律、法規進行合法性分析，發現問題應及時糾正，有助於規避稅收籌劃的法律風險。

【例1-4】ABC公司為某名牌服裝的代理商。2017年代理的商品購銷價格受到產品的生產廠家的控制，毛利率偏低。近期，一方面集中購入產品，導致進項稅額急遽上升；另一方面前期庫存商品的市場價格下跌，導致銷項稅額下降，已經連續3個月增值稅應納稅額為零申報。2017年1至3月份的銷項稅額分別為100萬元、120萬元、80萬元，認證通過可抵扣的進項稅額分別為110萬元、140萬元、100萬

元。這樣，到 2017 年 4 月份仍有 50 萬元的進項稅留抵。2017 年 4 月份銷項稅額為 70 萬元，購入產品取得增值稅專用發票 30 萬元。

【工作要求】請對上述業務的納稅風險進行防範。

【稅法依據】國稅函〔2009〕617 號規定：增值稅一般納稅人取得 2010 年 1 月 1 日以後開具的增值稅專用發票應在開具之日起 180 天內到稅務機關辦理認證，並在通過的次月申報期內，向主管稅務機關申報抵扣進項稅額。

【籌劃思路】公司對增值稅的納稅申報，如果在一定時期內均為零申報，則可能被主管稅務機關作為異常戶進行管理。公司將被稅務機關約談，要求說明納稅申報異常的原因，甚至有可能接受稅務機關的調查和檢查。為了避免上述麻煩，公司可以在 180 天的認證期內適當推遲認證抵扣增值稅進項稅額的時間，以避免長期零申報，從而避免不必要的麻煩。

【籌劃過程】

方案 1：2017 年 4 月，將 30 萬元增值稅專用發票認證，則

本月應納增值稅 = 70-30-50 = -10（萬元）

即本月仍是零申報，且有 10 萬元進項稅留抵。可能導致的後果是，公司將被稅務機關約談，要求說明納稅申報異常的原因，甚至有可能接受稅務機關的調查和檢查。

方案 2：公司對本月 30 萬元的增值稅專用發票暫不向稅務機關申請認證抵扣，則本月產生適當的應交增值稅稅額 = 70-50 = 20（萬元），從而避免了因增值稅零申報帶來的諸多麻煩。

【籌劃結論】方案 1 與方案 2 相比，會避免公司稅收風險，因此，應當選擇方案 2。

【籌劃點評】稅收籌劃的目的不僅僅是為了節稅，更重要的是防範稅收風險，為公司營造一個安全穩定的經營環境。

本章小結：

稅收籌劃是指納稅人在納稅行為發生之前，在不違反國家稅收法律、法規及其相關法律、法規的前提下，通過對納稅人的經營活動或投資活動等涉稅事項進行事先的安排，以實現稅收利益及經濟利益最大化為目標的一系列謀劃活動。稅收籌劃已具有相當長的歷史，但在中國處於起步發展階段。

稅收籌劃具有合法性、遵從性、超前性、綜合性、時效性、專業性等重要特點。

為了方便研究，需要根據不同的標準對稅收籌劃進行適當的分類，稅收籌劃與偷稅、逃稅、騙稅、抗稅有著本質的區別，避稅與稅收籌劃的區別越來越難以割分。

稅收籌劃不論從公司層面、政府層面還是學術層面上講，都有著積極而重要的意義。

公司成為真正的市場主體。稅收制度的「非中性」和真空地帶的存在、完善的

稅收監管體系是稅收籌劃的基本前提。主體利益的驅使是納稅人進行稅收籌劃的主觀原因，同時，國家稅制也存在著納稅人抑減稅負的客觀原因，正是這兩方面的原因使公司進行稅收籌劃成為可能，納稅人都有著進行稅收籌劃的強烈願望，但是只具有強烈的稅收籌劃願望，並不意味著就能成功地實施稅收籌劃。納稅人成功地進行稅收籌劃必須具備特定的條件。

根據中國的實際情況，稅收籌劃目標可以分為三個層次：稅收籌劃基本目標、稅收籌劃中間目標和稅收籌劃最終目標，同時進行稅收籌劃必須遵循一定原則。

稅收籌劃成本與效益分析，是指在稅收籌劃方案的制定和執行過程中，要比較稅收籌劃方案帶來的收益與其耗費的成本，只有稅收籌劃方案的成本小於獲得的收益時，該稅收籌劃方案是可行的，反之，則不可行。

稅收籌劃一定要具有正確的籌劃思路和實施步驟，稅收籌劃具有一定的風險性，因此要加強對稅收籌劃的風險防範。

關鍵術語：

稅收籌劃	國內稅收籌劃	國際稅收籌劃	自行稅收籌劃	委託稅收籌劃
逃稅	騙稅	抗稅	避稅	納稅風險
稅收籌劃目標	納稅最小化	納稅最遲化	稅收籌劃收益	稅收籌劃成本
協同效應收益	稅收籌劃風險	稅收中性	稅收籌劃的機會成本	

思考題

1. 簡述稅收籌劃的特點。
2. 簡述稅收籌劃與偷稅、逃稅、騙稅、抗稅、避稅的區別。
3. 簡述稅收籌劃的意義。
4. 簡述稅收籌劃的基本前提、原因和實施條件。
5. 簡述稅收籌劃目標。
6. 簡述稅收籌劃的原則。
7. 簡述稅收籌劃的成本。
8. 簡述稅收籌劃收益的構成。
9. 簡述稅收籌劃的思路。
10. 簡述稅收籌劃的基本步驟。
11. 簡述稅收籌劃風險的基本特徵。
12. 簡述稅收籌劃風險產生的原因。
13. 簡述稅收籌劃風險的防範。

第 2 章
稅收籌劃模型與技術

培養能力目標
（1）理解稅收籌劃模型的基本含義；
（2）熟悉稅收籌劃模型的適用範圍；
（3）熟悉稅收籌劃基本技術的含義及其特點；
（4）掌握稅收籌劃技術運用要點。

案例導入

如何實現納稅最小化

某生產企業生產應稅消費品，2017 年 5 月生產甲型號消費品的成本為 36 萬元，對外銷售不含增值稅價格為 80 萬元。當月生產乙型號消費品的成本為 14 萬元，發給公司職工。該消費品的消費稅稅率為 10%，全國平均成本利潤率為 10%。

對外銷售應納消費稅 = 360,000×10% = 36,000（元）
自產自用應納消費稅 = 140,000×(1+10%)/(1-10%)×10% = 16,333.33（元）
增值稅銷項稅額 = 140,000×(1+10%)/(1-10%)×17% = 27,766.67（元）

工作要求　請對上述業務進行稅收籌劃，以降低公司消費稅和增值稅。
案例解析　見本章的 2.1。

2.1　稅收籌劃模型

稅收籌劃模型是連接稅收籌劃目標與稅收籌劃技術的紐帶。稅收籌劃者在對納稅方案進行決策的過程中，總是要運用簡單或者複雜的數學模型。稅收籌劃模型按照適用範圍可以分為一般模型、類別模型和個別模型。稅收籌劃一般模型在稅收籌劃中普遍適用。稅收籌劃類別模型適用於某一類情況的稅收籌劃模型。本節根據稅收籌劃目標建立稅收籌劃一般模型，即稅後利益最大化模型和納稅最小化模型；然後用稅收籌劃一般模型和稅收原理推導三個稅收籌劃類別模型，即相機抉擇模型、納稅禁區模型和統一調度模型。

2.1.1 稅後利益最大化模型

2.1.1.1 稅後利益最大化模型的概念

稅收籌劃的最終目標是稅後利益最大化。稅後利益最大化模型是設計可供選擇的納稅方案，計算出各個納稅方案的稅前利益和稅收總額，比較各個納稅方案的稅後利益，選擇最優納稅方案的數學模型。

2.1.1.2 稅後利益最大化模型的步驟

（1）確定可供選擇的納稅方案。

這一步是最關鍵的一步，也是最重要的一步。完成納稅方案的設計，人們往往認為只有一條路可走，或者說只發現一套納稅方案。因此，我們應當熟悉納稅人的經濟活動，動腦筋想辦法，運用發散思維，尋找並設計多種納稅方案。

（2）計算並比較各種納稅方案的稅收總額或稅後利益。

這一步要運用稅法基本知識計算與比較各納稅方案的稅收總額，運用財務與會計專業知識計算與比較各個納稅方案的稅前利益與稅後利益。

（3）選擇最優納稅方案。

這一步應當根據稅收籌劃目標，運用聚合思維，選擇稅後利益最大的納稅方案，實施有效的稅收籌劃。

2.1.1.3 稅後利益最大化模型的參數

設稅前利益為 B，稅收總額為 T，稅後利益為 A，則：

$$A = B - T \tag{2.1}$$

稅後利益可根據具體情況，採用權責發生制，有稅後利潤、每股收益或淨資產收益率等指標；也可以採用現值標準，有稅後淨現值、每股稅後淨現值或內含報酬率等標準。稅收總額可以是所得稅，也可以是包括增值稅在內的所有稅收。

2.1.1.4 稅後利益最大化模型的通用模型

假設有兩個納稅方案：$A_1 = B_1 - T_1$ 和 $A_2 = B_2 - T_2$。

當 $A_1 > A_2$ 時，選擇方案1；當 $A_1 < A_2$ 時，選擇方案2。

因此，為實現稅收籌劃最終目標，應該選擇稅後利益最大的方案。該模型告訴我們，在選擇最優納稅方案的時候，不能就稅收談稅收，只比較方案的稅收，不考慮方案的稅前利益和稅後利益，會陷入稅收籌劃的誤區。

2.1.1.5 稅後利益最大化模型的增量模型

假設有兩個納稅方案：$B_2 = B_1 + \Delta B$ 和 $T_2 = T_1 + \Delta T$，稍加變化可得：

$A_2 = B_2 - T_2 = (B_1 + \Delta B) - (T_1 + \Delta T) = A_1 + (\Delta B - \Delta T)$

當 $\Delta B < \Delta T$，則恆有 $A_1 > A_2$ 時，選擇方案1；當 $\Delta B > \Delta T$，則恆有 $A_1 < A_2$ 時，選擇方案2。

因此，方案2與方案1相比，只有稅前利益增加的幅度超過稅收增加的幅度，才能實現稅後利益的增加，才是可行的；同樣道理，方案2與方案1相比，只有稅

前利益減少的幅度小於稅收減少的幅度，才能實現稅後利益的增加，才是可行的。

稅後利益最大化模型在分析不同納稅方案時，只分析它們有區別的部分，可以不分析其相同部分，甚至可以忽略雖然不相同但並不重要的部分。該模型無須計算總量指標，忽略不重要指標，只對重要增量指標進行計算、比較，以選擇最優方案，從而可以節省大量的時間和精力。

【例2-1】某乳品廠於2017年8月開業，該乳品廠內設有牧場和乳品加工廠兩個分部，牧場飼養奶牛生產的原奶經乳品加工分廠加工成花色奶後出售。該廠為工業生產企業，牧場所需草料為向農民收購和牧場自產的，每月需向當地農民收購草料500噸，每噸單價2,000元。該乳品廠每月購入水電、修理備用件可以抵扣的進項稅額為3萬元，生產的花色奶對外銷售收入為150萬元。當地的附加稅費率為10%。

該乳品廠每月應納增值稅=150×17%-500×0.2×11%-3=11.5（萬元）

每月應納城建稅及教育費附加=11.5×10%=1.15（萬元）

增值稅稅負率=11.5÷150=7.67%

【工作要求】該乳品廠增值稅稅負率高達7.67%，根據稅務部門統計的數據，食品飲料企業增值稅稅負率一般為4.5%左右。請分析其中的原因並提出籌劃方案。

【稅法依據】根據《中華人民共和國增值稅暫行條例》《中華人民共和國增值稅暫行條例實施細則》《農業產品徵稅範圍註釋》以及《關於簡並增值稅稅率有關政策的通知》（財稅〔2017〕37號）。

【籌劃思路】該廠為工業生產企業，因而其加工出售的產品不享受農業生產者自產自銷的免稅待遇，可以抵扣的進項稅額主要是向當地農民收購的草料，扣除收購額11%的進項稅，以及水電和修理備用件的6萬元進項稅。但該企業生產的產品花色奶，適用17%的基本稅率，全額按17%稅率計算銷項稅額，加之外購草料價格是很低的，外購草料抵扣的進項稅是很少的，所以造成該乳品廠增值稅稅負率偏高。因此，拆分業務或者分散業務可以降低增值稅稅負。

【籌劃過程】

即將乳品廠拆分為兩個經營主體（納稅人），成立集團企業，包含牧場和乳品加工廠。業務重新構建為：牧場生產的初級奶賣給乳品加工廠，乳品廠生產的花色奶外銷。

假設牧場收購草料500噸，每噸單價為2,000元，生產出初級奶（為免稅農產品）銷售給乳品加工廠的價格為140萬元，乳品廠按150萬元價格外銷。牧場不繳納增值稅。

乳品廠每月應納增值稅=150×17%-140×11%-3=7.1（萬元）

乳品廠每月應納城建稅及教育費附加=7.1×10%=0.71（萬元）

乳品廠增值稅稅負率=7.1÷150=4.73%

【籌劃結論】增值稅稅負率降低，即整個集團繳納增值稅減少，同時減少城建

稅及其附加費，增加集團利潤總額。

【籌劃點評】當然，拆分業務建立新的業務流程需要反思一些費用，但是該集團是長期經營的，這些費用會慢慢被分攤。同時，牧場銷售的初級奶的價格要符合非關聯定價。因此，該籌劃不僅考慮了增值稅，也考慮了其他稅種，不僅考慮了稅收利益，也考慮了非稅利益，不僅考慮了單個公司的利益，也考慮了公司集團的整體利益，能有效地實現稅收籌劃目標。

2.1.2 納稅最小化模型

2.1.2.1 納稅最小化模型的概念

稅收籌劃的目標可以歸納為通過納稅最小化實現稅後利益最大化。納稅最小化模型是指各個納稅方案的稅前利益相等，通過計算和比較各個納稅方案的稅收，選擇納稅最小化的方案，從而實現稅收籌劃目標的數學模型。

2.1.2.2 納稅最小化模型的推導

設稅前利益為 B，稅收總額為 T，稅後利益為 A。假設有兩個納稅方案，且 $B_1 = B_2$。

當 $T_1 < T_2$，則恒有 $A_1 > A_2$ 時，選擇方案1；當 $T_1 > T_2$，則恒有 $A_1 < A_2$ 時，選擇方案2。

因此，在稅前利益相等的情況下，選擇納稅最小的方案，就能實現稅後利益的最大化。該模型可以使計算得以大大簡化，在稅收籌劃中廣泛使用。

要實現納稅最小化，我們必須知道稅額是如何計算的。

設 T_0 為應納稅額，b 為稅基，t 為稅率，c 為稅額抵扣（或簡稱抵扣），則有：

$$T_0 = b \times t - c \qquad (2.2)$$

設 i 為應稅收入，d 為稅收扣除，一般地：

$$B = i - d \qquad (2.3)$$

$$T_0 = (i - d) \times t - c \qquad (2.4)$$

設 T 為實繳稅額，r 為稅額抵免（或簡稱減免），則有：

$$T = T_0 - r \qquad (2.5)$$

$$T = (i - d) \times t - c - r \qquad (2.6)$$

式（2.5）與式（2.6）是稅額計算通用公式。

每個稅種的具體計算公式都是通用公式的具體運用，比如：

$$增值稅 = 銷售額 \times 稅率 - 進項稅額 \qquad (2.7)$$

$$企業所得稅 = （應稅收入 - 稅收扣除）\times 稅率 - 稅額抵扣 - 稅額減免 \qquad (2.8)$$

$$個人所得稅 = （應稅收入 - 稅收扣除）\times 稅率 - 速算扣除數 \qquad (2.9)$$

$$土地增值稅 = （應稅收入 - 稅收扣除）\times 稅率 - 速算扣除率 \times 稅收扣除 \qquad (2.10)$$

從稅額計算通用公式可以得知，稅額的計算與稅基（應稅收入、稅收扣除）、稅率稅額抵扣、稅額減免密切相關。稅額與稅基、稅率呈正相關，與稅收扣除、稅

額抵扣、稅額減免呈負相關。納稅人進行稅收籌劃要實現納稅最小化，應盡量降低稅基、應稅收入和稅率，盡量增加稅收扣除、稅額抵免和稅額減免。

【例2-2】 案例導入解析

【稅法依據】《中華人民共和國消費稅暫行條例》規定：銷售額為納稅人銷售應稅消費品向購買方收取的全部價款和價外費。納稅人自產自用的應稅消費品，凡用於其他方面的，按照納稅人生產的同類消費品的銷售價格計算納稅；沒有同類消費品銷售價格的，按照組成計稅價格計算納稅。組成計稅價格的計算公式為：組成計稅價格=（成本+利潤）÷（1-消費稅稅率），公式中的成本是指應稅消費品的產品生產成本。

【籌劃思路】 由於成本是計算組成計稅價格的重要因素，成本高低直接影響組成計稅價格的高低，進而影響消費稅和增值稅的高低。所以，在成本分配時，應盡量減少乙型號消費品的成本，增加甲型號消費品的成本。

【籌劃過程】 將乙型號消費品的成本轉移4萬元到甲型號消費品，則甲型號消費品的成本為40萬元，乙型號消費品的成本為10萬元。則：

對外銷售應納消費稅=360,000×10%=36,000（元）

自產自用應納消費稅=100,000×（1+10%）/（1-10%）×10%=11,666.67（元）

增值稅銷項稅額=100,000×（1+10%）/（1-10%）×17%=19,833.33（元）

節省增值稅和消費稅=16,333.33+27,766.67-11,666.67-19,833.33=12,600（元）

【籌劃結論】 經過籌劃，節省增值稅和消費稅12,600元。

【籌劃點評】 因為產品成本是通過公司自身的會計核算計算出來的，按照會計準則的核算要求，很多間接費用如製造費用要通過一定的分配方式在各步驟的在產品、半成品及產成品中間進行分配，最後計算出產成品、半成品的成本。可見，只要將自用產品應負擔的間接費用合理地少留一部分，而將更多的費用分配給其他產品，這樣就好降低用來計算組成計稅價格的成本，進而使計算出來的組成計稅價格降低，降低稅基，使自用產品應負擔的消費稅相應地減少。

2.1.3 相機抉擇模型

2.1.3.1 相機抉擇模型的概念

相機抉擇模型，也可稱為無差別點模型，它是先計算兩個或兩個以上的納稅方案的稅收及其稅後利益的無差別點，再根據納稅人的實際情況，對納稅方案進行相機抉擇的數學模型。相機抉擇模型包括納稅無差別點模型和稅後利益無差別點模型。

2.1.3.2 納稅無差別點模型

（1）模型基本假設。

假設有兩個納稅方案且 $B_1 = B_2$，$T_1 = b_1 \times t_1$，$T_2 = b_2 \times t_2$。其中，t_1、t_2 為常量，b_1、b_2 為變量；$t_1 < t_2$，$b_1 > b_2$。

(2) 模型推導。
令 $T_1 = T_2$，則 $b_2/b_1 = t_1/t_2$。
設 $X = b_2/b_1$。
當 $X = b_2/b_1 = t_1/t_2$ 時，$T_1 = T_2$。
當 $X = b_2/b_1 < t_1/t_2$ 時，$T_1 > T_2$。
當 $X = b_2/b_1 > t_1/t_2$ 時，$T_1 < T_2$。
納稅無差別點模型如圖 2.1 所示。

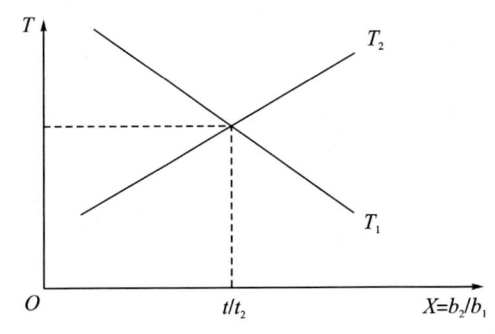

圖 2.1 納稅無差別點模型

(3) 總結。
納稅無差別點模型由納稅最小化模型推導而來。在兩個方案稅前利益相等的前提下：
① 當變量 X 處於無差別點時，兩個方案可以任意選擇；
② 當變量 X 大於無差別點時，應選擇稅額與變量 X 呈負相關的方案；
③ 當變量 X 小於無差別點時，應選擇稅額與變量 X 呈正相關的方案。
(4) 納稅無差別點模型適用範圍。
納稅無差別點模型適用於在稅前利益相等的前提下。兩個納稅方案的納稅計算主要有兩個方面的差異，從一個因素看，方案 1 優於方案 2，從另一個因素看，方案 2 優於方案 1。

在房產稅中，房產自用與出租、計稅方法不同。房產稅自用按照房產餘值與 1.2%的稅率計算房產稅，房產出租按照租金收入與 12%的稅率計算房產稅。納稅人可以運用納稅無差別點模型進行籌劃，對房產出租或者自用進行相機抉擇。

在增值稅中，納稅人兼營免稅項目，不單獨核算免稅產品的進項稅額，並且無法準確劃分不得抵扣的進項稅額的，則不得抵扣的進項稅額＝全部進項稅額×免稅銷售額/全部銷售額，即可以抵扣的進項稅額＝全部進項稅額×（1－免稅銷售額/全部銷售額）。如果，納稅人單獨核算免稅產品的進項稅額，能準確劃分應稅項目與免稅項目進項稅額的，則可以抵扣的進項稅額＝應稅項目進項稅額。納稅人可以運用納稅無差別點模型進行籌劃，選擇是否單獨核算免稅產品的進項稅額。

在增值稅中，一般納稅人銷售貨物，採用購進扣稅法計稅，則應納增值稅＝增值額×稅率；小規模納稅人銷售貨物，採用簡易計稅方法，則應納稅額＝銷售額×徵收率。納稅人可以運用納稅無差別點模型進行籌劃，選擇不同的納稅身分。

在增值稅中，對於混合銷售，一般納稅人的主業適用16%或10%或6%的稅率時，納稅人可以運用納稅無差別點模型進行籌劃，調整業務內容與比重，選擇不同的增值稅稅率。

【例2-3】某公司（一般納稅人）有4間房屋，帳面價值為10萬元，出租給其他公司使用，租金為24,000元。當地稅務部門規定公司自用房產按照房產原值減除30%後的餘值計稅，附加稅費扣除率為10%。因此：

公司應納房產稅＝24,000×12%＝2,880（元）

【工作要求】如何籌劃進而降低公司房產稅。

【稅法依據】根據《中華人民共和國房產稅暫行條例》規定，房產稅從價計徵按照房產餘值的1.2%計徵，從租計徵按照租金收入的12%計稅；根據《中華人民共和國增值稅暫行條例》和「營改增」的有關規定，不動產租賃服務適用的增值稅稅率為11%，現代服務業適用的增值稅稅率為6%。

【籌劃思路】由於房產稅的計稅方法有從租計徵和從價計徵兩種，從租計徵按照租金收入的12%計稅，從價計徵按照房產餘值的1.2%計徵。因此我們可以選擇房產稅的計稅方法進而降低房產稅；對於增值稅，由於稅率有16%、10%、6%，我們可以事前規劃選擇適用稅率，進而降低增值稅及其附加。

【籌劃過程】我們可以改變公司的經營模式，將4間房屋由出租改為倉儲業務。由於改變了房屋用途，進而房屋應納房產稅的計徵方法會隨之改變。

公司應納房產稅＝100,000×（1−30%）×1.2%＝840（元）

【籌劃結論】經過籌劃，即改變房屋的用途，節省房產稅2,040元（2,880−840＝2,040元）。

【籌劃點評】由於改變了房屋的用途，進而改變了房產稅的計稅方法。

2.1.3.3 稅後無差別點模型

（1）模型基本假設。

A_1、A_2分別為方案1和方案2的稅後利益。

$A_1 = B_1(1-t_1)$，$A_2 = B_2(1-t_2)$；t_1、t_2為常量，B_1、B_2為變量；$t_1 < t_2$，$B_1 > B_2$。

（2）模型推導。

令$A_1 = A_2$，則$B_2/B_1 = (1-t_1)/(1-t_2)$。

設$X = B_2/B_1$。

當$X = B_2/B_1 = (1-t_1)/(1-t_2)$時，則$A_1 = A_2$。

當$X = B_2/B_1 < (1-t_1)/(1-t_2)$時，則$A_1 > A_2$；

當$X = B_2/B_1 > (1-t_1)/(1-t_2)$時，則$A_1 < A_2$。

稅後利益無差別點模型如圖 2.2 所示：

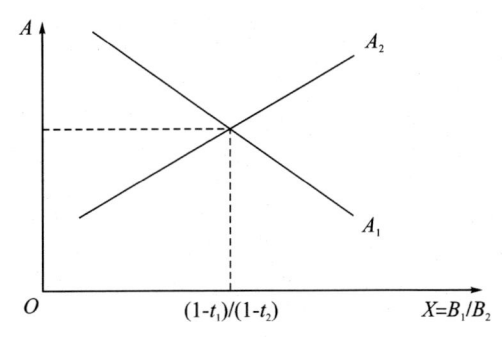

圖 2.2　稅後利益無差別點模型

（3）總結。
稅後利益無差別點模型由稅後利益最大化模型推導而來。
① 當變量 X 處於無差別點時，兩個方案可以任意選擇；
② 當變量 X 小於無差別點時，應選擇稅後利益與變量 X 呈負相關的方案；
③ 當變量 X 大於無差別點時，應選擇稅後利益與變量 X 呈正相關的方案。
（4）稅後無差別點模型的適用範圍。

稅後無差別點模型適用於兩個納稅方案的稅後利益存在兩個方面的差異，從一個因素看，方案 1 優於方案 2，從另一個因素看，方案 2 優於方案 1。

就債券而言，債券有免稅債券和應稅債券之分，投資免稅債券的稅前利率和稅率均小於投資應稅債券，在不同的公司和個人所得稅率下，可以運用稅後利益無差別點模型，分別計算出應稅債券與免稅債券稅前利率之比的無差別點，進行稅收籌劃。

就增值稅而言，增值稅一般納稅人進行材料採購時，選擇不同的供貨方，其購進貨物的抵扣率不同，主要有 16%、10%、6% 等，其含稅價格也不同，一般抵扣率越高，其含稅購進價格也越高，納稅人可以運用稅後利益無差別點模型進行稅收籌劃。

2.1.4　納稅禁區模型

2.1.4.1　納稅禁區模型的概念

根據中國現行稅制可以知道，在起徵點或者臨界點附近，稅前利益的少量增加，會導致稅額的跳躍上升，得不償失，是納稅誤區；全額累進稅率的每一個臨界點產生一個向上的稅收調控缺口，並且對應一個納稅禁區。因此，納稅禁區模型（或稱臨界點模型）是先求出稅前利益的納稅禁區，當稅前利益處於納稅禁區之內，應通過降低稅前利益，使稅前利益擺脫納稅禁區的數學模型。

2.1.4.2 納稅禁區模型的推導

（1）模型假設。

$A = B \times (1 - t)$，B、t 均為變量。

當 $B \leq B_0$(變量) 時，$t = t_1$(常量)。

當 $B > B_0$(常量) 時，$t = t_2$(常量)。

$0 \leq t_1 < t_2$。

（2）模型推導。

當 $B < B_0$ 時，$T = B \times t_1$，$A = B \times (1 - t_1)$。

當 $B = B_0$ 時，$T = B_0 \times t_1$，$A = B_0 \times (1 - t_1)$。

當 $B > B_0$ 時，$T = B \times t_2$，$A = B \times (1 - t_2)$。

當 $B \to B_0^{*}$ 時，$T = \lim_{B \to B_0^+} B \times t_2 = B_0 \times t_2$，$A = B_0 \times (1 - t_2)$。

又因為 $B_0 \times t_2 > B_0 \times t_1$，$B_0 \times (1 - t_2) < B_1 \times (1 - t_1)$。

所以，當 $B \to B_0^{*}$ 時，稅後利益反而要小於當 $B = B_0$ 時的稅後利益。

這就是說，在臨界點附近，稅前利益（銷售額、增值額或者利潤額）的少量增加，導致稅額跳躍式增加，稅後利益（銷售額、增值額或者利潤額）反而減少，得不償失，是納稅禁區，還不如將稅前利益控制在臨界點以下。

設稅前利益 B_1 處於納稅禁區。

則 $B_0 < B_1$，且 $A_0 > A_1$，即 $B_0 \times (1 - t_1) > B_1 \times (1 - t_2)$，解得 $B_0 < B_1 < B_0 \times (1 - t_1) / (B_1 - t_2)$。

因此，稅前利益 B 的禁區為 $[B_0, B_0 \times (1 - t_1)/(1 - t_2)]$。

在臨界點之上，只有當稅前利益（銷售額、增值額或者利潤額）增加的幅度大於或者等於稅額增長的幅度才是合算的，即當 $B \geq B_0 \times (1 - t_1)/(1 - t_2)$ 時，才能擺脫納稅禁區（見表 2.1）。

表 2.1　　　　　　　　稅前利益的納稅禁區

區間	稅前利益 B	是否納稅禁區
1	$0 \sim B_0$	否
2	$B_0 \sim B_0 \times (1 - t_1)/(1 - t_2)$	是
3	$B_0 \times (1 - t_1)/(1 - t_2) \sim +\infty$	否

由表 2.1 可以知道，在第二個區間，稅前利益 B 大於 B_0，但其稅後利益 A 反而小於 A_0，因此第二個區間是稅前利益 B 的禁區。其原因在於稅前利益的小量增加，卻導致稅額的跳躍式上升，得不償失。表述如圖 2.3、圖 2.4（S 為斜率）。

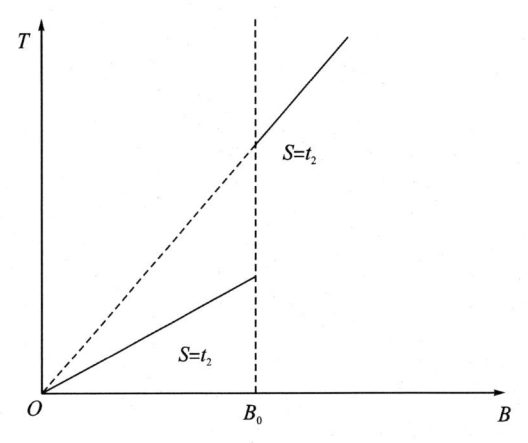

圖 2.3 臨界點附近稅收變化

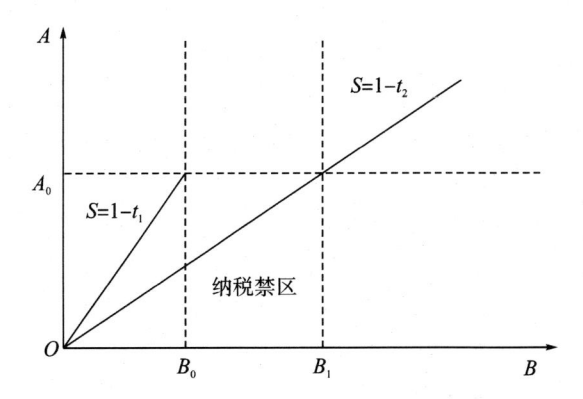

圖 2.4 臨界點附近稅後利益變化與納稅禁區

（3）總結。

納稅禁區模型由稅後利益最大化模型推導而來。納稅人在進行納稅決策的時候，應當避免進入納稅禁區。稅前利益如果在納稅禁區之內，應當減少稅前利益，比如通過降低收入、增加扣除等非常規方式，使稅前利益控制在臨界點以下。而在納稅禁區之外，應當採取常規方式增加稅前利益，稅前利益越大越好。

2.1.4.3 納稅禁區模型的適用範圍

納稅禁區模型適用於稅法中有起徵點、臨界點或者全額累進稅率的情況，包括銷售額、扣除額、增長率、所得額的起徵點或臨界點。

增值稅有起徵點的規定，納稅人可以運用納稅禁區模型進行稅收籌劃。

2006 年 4 月，消費稅新增了高檔手錶稅目，高檔手錶是指銷售價格（不含增值稅）每只在 10,000 元（含）以上的各類手錶，高檔手錶的消費稅率為 20%，銷售價格 10,000 元成為了手錶的起徵點。

消費稅中，每條卷菸標準調撥價格為 70 元（含）以上，比例稅率為 56%；調撥價格在 70 元以下，比例稅率為 36%。這在事實上構成了兩級全額累進稅率。

消費稅中，啤酒每噸出廠價格在 3,000 元（含）以上，定額稅率為 250 元/噸；每噸出廠價格在 3,000 元以下，定額稅率為 220 元/噸。這在事實上構成了兩級全額累進稅率。

消費稅中，乘用汽車根據汽缸容量（排氣量）的大小分別適用 1%、3%、5%、9%、12%、25%、40%的稅率。這在事實上構成了 7 級全額累進稅率。

企業所得稅中，居民企業、非居民常設機構所得適用稅率為 25%，符合條件的小型微利企業減按 20%的稅率徵收企業所得稅。這在事實上構成了兩級全額累進稅率。

個人所得稅中，行政機關、企事業單位向其雇員發放的全年一次性獎金單獨作為一個月工資、薪金所得計算納稅，具體操作為：將雇員當月內取得的全年一次性獎金除以 12 個月，按其商數確定其使用稅率和速算扣除數。該規定改變了工資薪金超額累進稅率的規則，從而使年終獎也存在納稅禁區，納稅人可以運用納稅禁區模型進行稅收籌劃。

【例 2-4】 某服務公司資產總額為 800 萬元，從業人員為 60 人，預計 2017 年利潤總額為 31 萬元，無納稅調整事項，適用稅率為 25%。

應納企業所得稅 = 310,000×25% = 77,500（元）

稅後利潤 = 310,000 − 77,500 = 232,500（元）

【工作要求】 如何籌劃進而增加公司稅後利潤。

【稅法依據】《中華人民共和國企業所得稅法》及其實施條例規定：居民企業、非居民常設機構所得適用稅率為 25%，符合條件的小型微利企業減按 20%的稅率徵收企業所得稅。符合條件的小微企業是指從事國家非限制和禁止的行業，年度應納稅所得額不超過 30 萬元，並且符合下列條件的企業：

（1）工業企業，年度應納稅所得額不超過 30 萬元，從業人數不超過 100 人，資產總額不超過 3,000 萬元；

（2）其他企業，年度應納稅所得額不超過 30 萬元，從業人數不超過 80 人，資產總額不超過 1,000 萬元。

【籌劃思路】 把公司應納稅所得控制在 30 萬元以內，適用小微企業 20%的稅率。

【籌劃過程】 該公司的應納稅所得額僅超過小微企業臨界點 1 萬元，適用高一檔稅率很不合算。應當減少應納稅所得額，減少應納稅所得額的辦法有四個：一是推遲應稅收入的實現，二是減少應稅收入，三是提前實現費用或損失，四是增加費用或損失，比如該公司可以通過公益性社會團體向災區捐贈 1 萬元。

捐贈後利潤總額 = 31,000 − 10,000 = 300,000（元）

捐贈扣除限額 = 300,000×12% = 36,000（元）

公益性捐贈未超過準予扣除的限額，無須進行納稅調整。

公司應納企業所得稅＝300,000×20%＝60,000（元）
稅後利潤＝300,000-60,000＝240,000（元）
【籌劃結論】籌劃後稅後利潤增加＝240,000-232,500＝7,500（元）
推而廣之：當應納稅所得額為300,000元時，並且符合小微企業的條件，適用稅率為20%。
應納所得稅額＝300,000×20%＝60,000（元）
設應納稅所得額增加到X元，$X>300,000$元，適用稅率為25%。
應納所得稅額＝$X \times 25\%$
年應納稅所得額增加的金額小於應納所得稅額增加的金額，得不償失，為納稅禁區：

$$X - 300,000 < X \times 25\% - 60,000$$

解之得：$300,000 < X < 320,000$
因此：年應納稅所得額處於300,000～320,000為納稅禁區。
可得年應納稅所得額的納稅禁區如表2.2所示：

表2.2　　　　　　小型微利企業年應納稅所得額的納稅禁區

區間	年應納稅所得額（元）	是否納稅禁區
1	0～300,000	否
2	300,000～320,000	是
3	320,000以上	否

【籌劃點評】企業所得稅正常稅率為25%，符合條件的小型微利企業稅率為20%，事實上構成了兩級全額累進稅率，30萬元就是企業所得稅稅率變化的臨界點，在臨界點附近，應納稅所得額增加的金額小於所得稅增加的金額，得不償失，是納稅禁區。當小型微利企業預計年應納稅所得額處於納稅禁區時，可以採用減少收入或者增加扣除等辦法，使年應納稅所得額脫離納稅禁區，從而實現經濟利益最大化。

2.1.5　統一調度模型

2.1.5.1　統一調度模型概念

在中國現行稅制中，由於不同稅種之間存在稅率差異，不同地區之間存在稅率差異，不同納稅人之間存在稅率差異，不同徵稅對象之間存在稅率差異。納稅人可以對整體稅前利益（收益或者利潤）進行統一安排（調度），以實現納稅最小化。

統一調度模型，是指在納稅人整體利益不變的前提下，將稅前利益在納稅人的不同成員（或項目、時間）之間進行統一調度，按照先低稅率後高稅率的順序進行安排，從而實現納稅最小化及稅後利益最大化的數學模型。

需要特別說明的是，統一調度模型的稅收籌劃目標不是集團中單個成員公司、單個項目等的納稅最小化及稅後利益最大化，而是整個公司集團整體納稅最小化及

稅後利益最大化。

2.1.5.2 比例稅率下統一調度模型的推導

(1) 模型假設。

納稅人兩個成員公司（或者兩個項目、兩個時間段）適用不同的稅率，且 $0 \leq t_1 < t_2$。

納稅人整體稅前利益 B 為正的常量，$B_1 + B_2 = B$（正的常量）；

$T_1 = B_1 \times t_1$（當 $B_1 \geq 0$），$T_1 = 0$（當 $B_1 < 0$）；

$T_2 = B_2 \times t_2$（當 $B_2 \geq 0$），$T_2 = 0$（當 $B_2 < 0$）；

納稅人的整體稅收 $T = T_1 + T_2$。

納稅人整體稅後利益 $A = B - T$。

(2) 模型推導。

當 $B_1 = B$ 或者 $B_2 = 0$ 時，T 取得最小值 $\min T = B \times t_1$，A 取得最大值 $\max A = B \times (1 - t_1)$。

比例稅率下統一調度模型如圖 2.5、圖 2.6 所示：

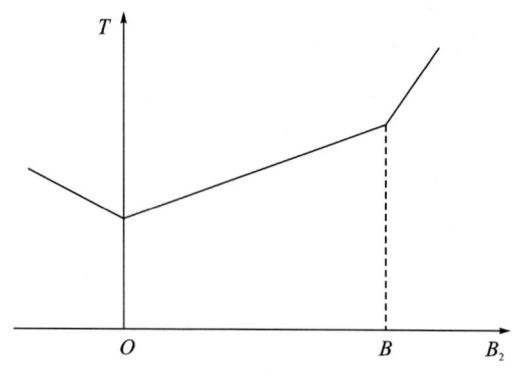

圖 2.5　比例稅率下整體稅收

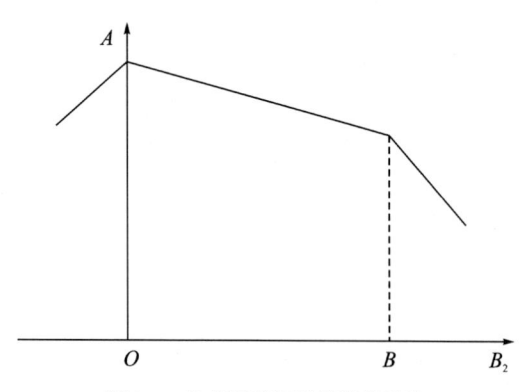

圖 2.6　比例稅率下整體稅後利益

(3) 總結。

統一調度模型由納稅最小化模型推導而來。在比例稅率下，當納稅人的不同公司、不同項目或者不同時間段的適用稅率不相同時，納稅人應將稅前利益盡量安排給適用稅率低的公司（或項目、時間段），將適用稅率高的公司（或項目、時間段）的稅前利益轉移到適用稅率低的公司（或項目、時間段），從而減少納稅人的整體稅收，進而獲得最大的稅後利益。

(4) 比例稅率下統一調度模型的適用範圍。

統一調度模型可以適用於企業所得稅，既可以在國內稅收籌劃中運用，也可以在國際稅收籌劃中運用；由於集團內部各個成員公司所處產業或地域不同，其適用的所得稅稅率可能不同，成員公司可以安排交易，適度提高或壓低售價或費用，將利潤從高稅率公司轉移到低稅率公司，進而降低集團所得稅。

統一調度模型可以適用於消費稅。消費稅實行一次課徵制，一般選擇在初始環節徵收，以後不再徵收。在稅收籌劃上，只要做到該環節不納稅或者少納稅，就可以減輕納稅人的消費稅稅負。因此，生產應稅消費品的廠家，一般將其銷售部門設為獨立核算的銷售公司，進而降低應稅環節的銷售額，最終減少消費稅。另外，消費稅法規定有些中間消費品不能抵扣，關聯公司可以採用轉讓定價的方法，減輕中間消費品的消費稅負擔。

統一調度模型可以適用於關稅。由於關稅是在進口環節納稅，進口以後就不再繳納關稅。因此，進口商可以在進口國設立關聯公司，進行適度的轉讓定價，進而節約關稅或者推遲消費稅的繳納。

統一調度模型可以適用於增值稅。對於一個既從事農業初級產品的生產，又對農業初級產品進行加工的公司，當農業初級產品達到一定規模時，應分設農場與農產品加工兩個具有獨立法人資格的公司，並進行合理轉讓定價，以增加抵扣進項稅，從而減少增值稅。

2.1.5.3 累進稅率下統一調度模型的推導

(1) 模型假設。

納稅人包括兩個成員公司，納稅人整體稅前利益 B 為正的常量，$B_1 + B_2 = B$；兩個成員公司的適用稅率均為超額累進稅率，如表2.3所示：

表2.3　　　　兩個成員公司適用的超額累進稅率表

順序	B_1	t_1	B_2	t_2
1	$0 \sim B_{11}$	t_{11}	$0 \sim B_{21}$	t_{21}
2	$B_{11} \sim B_{12}$	t_{12}	$B_{21} \sim B_{22}$	t_{22}
……	……	……	……	……

$t_{11} < t_{21} < t_{12} < t_{22}$；納稅人整體稅收 $T = T_1 + T_2$；納稅人整體稅後利益 $A = B - T$。

(2) 模型推導。

① 當 $B \leq B_{11}$ 時，

$\min T = B \times t_{11}$，此時 $B_1 = B$ 和或 $B_2 = 0$。

② 當 $B_{11} < B \leq B_{11} + B_{21}$ 時，

$\min T = B_{11} \times t_{11} + (B - B_{11}) \times t_{21}$，此時 $B_1 = B_{11}$ 或 $B_2 = B - B_{11}$。

③ 當 $B_{11} + B_{21} < B \leq B_{11} + B_{21} + B_{12}$ 時，

$\min T = B_{11} \times t_{11} + B_{21} \times t_{21} + (B - B_{11} - B_{21}) \times t_{12}$，此時 $B_1 = B - B_{21}$ 或 $B_2 = B_{21}$。

④ 當 $B_{11} + B_{21} + B_{12} < B \leq B_{11} + B_{21} + B_{12} + B_{22}$ 時，

$\min T = B_{11} \times t_{11} + B_{21} \times t_{21} + B_{12} \times t_{12} + (B - B_{11} - B_{21} - B_{12}) \times t_{22}$。

此時 $B_1 = B_{11} + B_{12}$ 或 $B_2 = B - B_{11} - B_{12}$。

……

(3) 總結。

在不同成員公司均實現累進稅率的情況下，由於不同成員公司有多檔稅率，稅收籌劃是較為複雜的。總而言之，應將稅前利益安排在適用稅率最低的成員公司，然後將稅前利益安排給適用稅率較高的成員公司，直到安排完畢。這樣可以最大限度地減少納稅人的整體稅收，實現納稅人整體稅後利益最大化。

(4) 累進稅率下統一調度模型的適用範圍。

累進稅率一般是在所得稅中採用，因此該模型主要適用於所得稅。

該模型適用於企業所得稅。當關聯公司分別位於均採用累進稅率的不同國家（或者地區），可進行轉讓定價，合理轉移利潤，從而減輕集團所得稅，實現集團稅後利益最大化。

該模型可以運用於個人所得稅。年薪包括每月工資和年終獎兩個項目，其稅負存在差異，納稅人應將年薪在每月工資和年終獎兩個項目上進行合理分配，從而節省個人所得稅。

2.2 稅收籌劃技術

稅收籌劃技術是指合法、合理地使納稅人繳納盡量少的稅收的技巧。稅收籌劃中廣泛採用的稅收籌劃技術主要包括：免稅技術、減稅技術、稅率差異技術、分劈技術、扣除技術、抵免技術、延期納稅技術和退稅技術。這些技術可以單獨使用，也可以同時使用。但是，如果同時採用兩種或兩種以上的稅收籌劃技術時，必須要注意各種稅收籌劃技術之間的相互影響。

2.2.1 免稅技術

(1) 免稅技術的含義。

免稅技術是指在合法、合理的情況下，使納稅人成為免稅人，或使納稅人從事

免稅活動，或使徵稅對象成為免稅對象而免納稅收的稅收籌劃技術。

一般來講，稅收是不可避免的。但是納稅人可以成為免徵（納）稅收的納稅人——免稅人。比如，國家所得稅法規定從事工商經營活動的公司都是納稅人，但在工業開發區從事工商經營活動的公司可以免徵 5 年的企業所得稅，那麼一個設在工業開發區從事工商經營活動的公司在 5 年內就是一個免徵稅收的納稅人。所以，通過稅收籌劃並合法、合理地利用免稅政策規定，可以節減稅收。

（2）免稅技術的特點。

① 絕對節稅。免稅技術運用的是絕對節稅原理，直接免除納稅人的稅收絕對額，屬於絕對節稅型稅收籌劃技術。

② 技術簡單。免稅技術不需要利用複雜的數理、統計、財務管理等專業知識進行稅收籌劃，用不著通過複雜的計算，有的甚至用不著計算，不用比較，就能知道是否可以節減稅收，技術非常簡單。

③ 適用範圍較窄。免稅是針對特定的納稅人、徵稅對象、特定行業、特定地區等情況的減免。這說明免稅必須要滿足一些前置條件，而這些不是所有納稅人都能夠或者都願意做到的。因此，免稅技術往往不能普遍使用，適用範圍較窄。

④ 具有一定的風險性。納稅人在進行投資、經營時，往往存在一些投資收益率高因而風險也高的地區、行業、項目、行為。比如投資高科技行業可以享受免稅待遇，還可能得到超過社會平均利潤水準的投資收益，並且也可能具有高成長性，但是風險也極高，非常有可能因風險高而導致投資失敗，使免稅變得毫無意義。

（3）免稅技術的運用要點。

① 應盡量爭取更多的免稅待遇。在合法、合理的情況下，應盡量爭取免稅待遇，爭取盡可能多的項目，獲得免稅待遇。因為，獲得的免稅項目越多，節稅的效果就越大。

② 應盡量使免稅期最長化。許多免稅都有明確的期限規定。因此，納稅人應在合法、合理的情況下，盡量使免稅期最長化，免稅期越長，節約的稅收就越多。比如一個國家對一般公司按普通稅率徵收企業所得稅，對在 A 經濟開發區企業制定了從開始經營之日起 3 年內的免稅規定，對 B 經濟開發區企業制定了從開始經營之日起 5 年內的免稅規定。那麼在外部條件基本相似的情況下，一個公司完全應該達到 B 經濟開發區的企業的水準，以獲得更長期限的免稅待遇，從而在合法、合理的情況下節稅更多。

③ 應注意避開免稅誤區。在一些特定的情況下，納稅人享受免稅不但不能獲取節稅效益，反而有可能增加稅負。例如，在增值稅中，公司處於中間環節，購入應稅產品，生產免稅產品（公司自己承擔了增值稅的進項稅），且在所得稅中，在免稅期中加速折舊等。所以運用免稅技術一定要避開免稅誤區。

2.2.2 減稅技術

（1）減稅技術的含義。

減稅技術是指在合法、合理的情況下，使納稅人減少應納稅而直接節稅的稅收籌劃技術。就一般情況而言，減稅實質上是相對於財政補貼，減稅主要有兩種情況：一種是稅收照顧目的的減稅，比如國家對民政福利企業的減稅。另一種是稅收獎勵目的的減稅，比如產品出口企業、高科技企業等的減稅。

（2）減稅技術的特點。

① 絕對節稅。減稅技術運用的是絕對節稅原理，直接減少納稅人的稅收絕對額，屬於絕對節稅型稅收籌劃技術。

② 技術簡單。減稅技術不需要利用複雜的數理、統計、財務管理等專業知識進行稅收籌劃，用不著通過複雜的計算，有的甚至用不著計算，不用比較，就能知道是否可以減少稅收，技術非常簡單。

③ 適用範圍較窄。減稅是針對特定的納稅人、徵稅對象、特定行業、特定地區等情況進行的減稅。這說明減稅必須要滿足一些前置條件，而這些不是所有納稅人都能夠滿足的。因此，減稅技術往往不能普遍使用，適用範圍較窄。

④ 具有一定的風險性。納稅人在進行投資、經營時，往往存在一些投資收益率難以預測同時風險也高的地區、行業、項目。從事這類投資、經營或個人活動具有一定的風險性。比如投資利用「三廢」進行循環再生產的企業就有一定的風險，其投資收益難以預測。

（3）減少技術的要點。

①應盡量爭取更多的減稅待遇。在合法、合理的情況下，應盡量爭取減稅待遇，爭取盡可能多的稅種獲得減稅待遇，爭取減徵更多的稅收。與納稅人繳納稅款相比，減徵的稅收就是節減的稅收，獲得的減稅待遇的稅種越多，節稅的效果就越大。

② 應盡量使減稅期最長化。許多減稅都有明確的期限規定。因此，納稅人應在合法、合理的情況下，應盡量使減稅期最長化，減稅期越長，節約的稅收就越多。比如一個國家對一般公司按普通稅率徵收企業所得稅，對在 A 經濟開發區企業制定從開始經營之日起 3 年內的減稅規定，對 B 經濟開發區企業制定從開始經營之日起 5 年內的減稅規定，那麼在外部條件基本相似的情況下，一個公司完全應該達到 B 經濟開發區的企業的水準，以獲得更長期限的減稅待遇，從而在合法、合理的情況下節稅更多。

③ 應注意避開減稅誤區。在一些特定的情況下，納稅人享受減稅不但不能獲取節稅效益，反而有可能增加稅負。例如，在企業所得稅中，在減稅期內加速折舊等情況。所以運用減稅技術一定要避開減稅誤區。

2.2.3 稅率差異技術

（1）稅率差異技術的含義。

稅率差異技術是指在合法、合理的情況下，利用稅率的差異而直接節減稅收的

稅收籌劃技術。稅率越低，節減的稅額就越多。

總體而言，稅率差異是普遍存在的，可能因不同納稅人、不同行業、不同地區、不同徵稅對象等情況而存在，只要不是出於避稅的目的，而是出於真正的商業理由，在市場經濟條件下，一個公司完全可以根據國家有關法律和政策自主決定公司的組織形式、投資規模和投資方向等，利用稅率差異少繳納稅收；同樣道理，一個自然人也可以選擇自身的投資規模、投資方向和居住國，利用稅率差異少繳納稅收。

（2）稅率差異技術的特點。

① 絕對節稅。減稅技術運用的是絕對節稅原理，直接減少納稅人的稅收絕對額，屬於絕對節稅型稅收籌劃技術。

② 技術較為複雜。採用稅率差異技術節減稅收，要受不同稅率差異的影響，也要受不同的計稅基數差異的影響，計稅基數的確定較為複雜，計算出來的結果要按照一定的方法進行比較，才能確定節稅的效果，所以稅率差異技術的運用較為複雜。

③ 適用範圍大。在中國及全世界，稅率差異是普遍存在的，每一個納稅人都有一定的選擇範圍，所以稅率差異技術是一種能夠普遍運用、適用範圍較為廣泛的稅收籌劃技術。

④ 具有相對確定性。稅率差異是客觀存在的，並且在相當長的一段時期內是保持不變的（相對穩定的）。因此，稅率差異技術的運用具有相對確定性。

（3）稅率差異技術的要點。

① 應當建立尋求稅率最低化。因為納稅人納稅多少與稅率成正比。因此，對於納稅人而言，按高低稅率納稅有所不同，它們之間的差異，就是節減的稅收。所以，納稅人應在合法、合理的前提下，盡量尋求適用稅率最低化。

② 應盡量尋求稅率差異的穩定性與長期性。任何稅收籌劃都是有成本的，稅率差異的不穩定性與長期性將給稅收籌劃帶來更大的風險成本。因此，就納稅人而言，利用差異技術籌劃時，應在合法、合理的前提下盡量尋求稅率差異的穩定性與長期性，進而減少稅收籌劃的風險成本。

③ 應盡量實現累進稅率下的稅負最小化。在累進稅率下，納稅人的所得稅負差異是很大的，因而納稅人可以在合法、合理的條件下，通過對納稅人的收入與費用發生時間的安排、獲利年度的確認、融資的不同方式等方面的選擇，使納稅人選擇較低的稅率，進而使稅負由重到輕發生轉換。

2.2.4 分劈技術

（1）分劈技術的含義。

分劈是指把一個自然人（法人）的應稅所得或應稅財產分成多個自然人（法人）的應稅所得或應稅財產。分劈技術是指在合法、合理的情況下，使所得、財產在兩個或兩個以上的納稅人之間進行分劈而直接節稅的稅收籌劃技術。

例如，在英國，英國遺產稅稅率為40%，每人有23.1萬英鎊的免稅額。一個英

國人名下有40萬英鎊的財產，要立遺囑先留給妻子（英國稅法規定丈夫留給妻子的遺產可享受免稅）。然後，妻子去世後再將財產留給兒子。後經稅務諮詢籌劃為：生前將40萬英鎊先分劈為兩部分。自留23.1萬英鎊，死後留給兒子，分給妻子16.9萬英鎊，妻死後留給兒子。這樣籌劃後可以節減6.76萬英鎊的遺產稅。

（2）分劈技術的特點。

① 絕對節稅。分劈技術運用的是絕對節稅原理，直接減少納稅人的稅收絕對額，屬於絕對節稅型稅收籌劃技術。

② 適用範圍較窄。一些公司往往通過分立為多個公司，以適用較低稅率，這種行為往往被許多國家認定為是一種避稅行為。一些國家為了防止公司利用小公司稅收待遇避稅，制定了許多反避稅條款。另外，分立成為多個公司後，需要發生更多的管理成本和維持費用，有時得不償失。所以分劈技術一般適用於自然人的稅收籌劃，即或是自然人分劈的項目是有限的，分劈的條件極為苛刻。因此，分劈技術的適用範圍較窄。

③ 技術較為複雜。採用分劈技術節稅不但要受到損失條件的限制，還要受到很多非稅收因素的影響。不同的分劈方法，涉及的稅收多少要按照一定的方法計算並進行比較，才能確定節稅的效果，所以分劈技術運用較為複雜。

（3）分劈技術的要點。

① 分劈應盡量合理化。分劈技術的使用，除了要合法，還特別要注意的是對分劈對象分劈的合理性，因為不同的分劈方法，其稅收負擔是不同的。作為納稅人，其稅收籌劃的基本目標是實現稅後利益最大化。因此，納稅人應嚴格稅收政策以最大限度地合理化地分劈所得和財產，以減輕稅負。

② 節稅最大化。對於分劈技術而言，不同的分劈方法，其納稅人的稅收負擔是不同的。因此，納稅人應在合法、合理的前提下，盡量尋求通過分劈使節稅最大化。

2.2.5 扣除技術

（1）扣除技術的含義。

從稅收角度講，扣除的是指從原數額中減除一部分，它有廣義與狹義之分。稅收中的狹義扣除是指從計稅金額中減去一部分以求出應稅金額，如中國企業所得稅的應納稅所得就是納稅人每一個納稅年度的收入總額減去準予扣除項目後的金額。扣除技術的扣除是指狹義扣除。因此，扣除技術是指在合法、合理的情況下，使扣除額增加而直接節稅，或調整各個計稅期的扣除額而相對節稅的稅收籌劃技術。對於納稅人而言，在收入相同的情況下，各項扣除額越大，其稅基越小，節稅效果越大。

（2）扣除技術的特點。

① 可以用於絕對節稅和相對節稅。通過扣除技術，使納稅人稅基絕對減少，從而使絕對納稅額減少；通過扣除技術，通過合法、合理地分配各個計稅期間的費用

和虧損的衝減，增加納稅人的現金流量，起到延期納稅的目的，實現相對節稅。

② 節稅較為複雜。各個國家的稅法關於扣除、衝減等的規定是複雜、繁瑣的，並且變化最多、最快的。因此，扣除技術必須要隨時跟進稅法，將不同扣除方法的稅收結果進行比較，所以扣除技術難把握、要求高，運用起來較為複雜。

③ 適用範圍較大，具有相對確定性。稅收扣除適用所有納稅人，納稅人可以根據自身的情況採用此技術。因此，扣除技術是一種普遍運用的適用範圍較大的稅收籌劃技術。同時，稅收扣除在規定時期內是相對穩定的，這說明採用扣除技術進行稅收籌劃具有相對的確定性。

（3）扣除技術的要點。

① 扣除項目最多化。因為在其他條件相同的情況下，扣除項目越多，計稅基數就越小，節減稅款就越多。所以，納稅人應在合法、合理的前提下，盡量尋求使更多的項目得到扣除，進而獲得最大的節稅效益。

② 扣除金額最大化。因為在其他條件相同的情況下，扣除金額越大，計稅基數就越小，節減稅款就越多。所以，納稅人應在合法、合理的前提下，盡量使各項目扣除金額最大化，進而實現節稅最大化。

③ 扣除最早化。因為在其他條件相同的情況下，扣除越早，前期繳納的稅收就越少，前期的現金淨流量就越大，對公司而言，可運用的資金就越多，將帶來更多的收益，相對節減的稅收就越多。所以，納稅人應在合法、合理的前提下，盡量使各允許扣除的項目在最早的計稅期得到扣除，進而實現節稅效果最大化。

2.2.6 抵免技術

（1）抵免技術的含義。

稅收抵免是指從納稅人應納稅額中扣除的稅收抵免額。在國家徵稅機關方面，納稅人的應納稅款實際上是徵稅機關的債權，表示為有關帳戶的借方；納稅人的已納稅款是納稅人已支付的債務，表示為有關帳戶的貸方。稅收抵免的原意是納稅人在匯算清繳時可以用貸方已納稅款衝減其借方應納稅額。

稅收籌劃抵免技術所涉及的稅收抵免，主要是利用國家為貫徹其政策意圖而制定的稅收優惠性或獎勵性稅收抵免和基本扣除性抵免。其稅收優惠性抵免包括諸如投資抵免、研究開發抵免等。其基本扣除性抵免包括個人生計抵免等。

抵免技術是指在合法、合理的情況下，使稅收抵免額增加，實現絕對節稅的稅收籌劃技術。稅收抵免額越大，衝減應納稅額的數額就越大，應納稅額越小，節減的稅額就越大。

（2）抵免技術的特點。

① 絕對節稅。抵免技術運用的是絕對節稅原理，直接減少納稅人的稅收絕對額，屬於絕對節稅型稅收籌劃技術。

② 技術簡單。抵免技術不需要利用複雜的數理、統計、財務管理等專業知識進

行稅收籌劃，由於各國規定的稅收優惠性或基本扣除性抵免一般種類有限，用不著通過複雜的計算，所以抵免技術較簡單。

③適用範圍較大。由於各國規定了稅收優惠性或基本扣除性抵免，稅收抵免是普遍存在的，所以，抵免普遍適用於所有納稅人，因此抵免技術是一種能夠普遍運用、適用範圍較為廣泛的稅收籌劃技術。

④具有相對確定性。稅收抵免在一定時期內相對穩定，風險較小，因此納稅人採用抵免技術進行稅收籌劃具有相對的確定性。

(3) 抵免技術的要點。

①抵免項目最多化。在合法與合理的前提下，應盡量爭取更多的抵免項目。在其他條件相同的情況下，抵免的項目越多，衝減應納稅額的項目越多，應納稅款就越少，因而節減的稅收也就越多，從而使抵免項目最多化，可以實現節稅的最大化。

②抵免金額最大化。在合法與合理的前提下，應盡量使各抵免項目的抵免金額最大化。在其他條件相同的情況下，抵免項目金額越大，衝減應納稅額的金額越大，應納稅額就越小，因而節減的稅收也就越多，從而使抵免金額最大化，可以實現節稅的最大化。

2.2.7 延期納稅技術

(1) 延期納稅節稅的含義。

延期納稅是指延緩一定時期後再繳納稅收。狹義的延期納稅指納稅人按照國家有關延期納稅規定進行的延期納稅；廣義的延期納稅還包括納稅人按照國家其他規定可以達到延期納稅目的的納稅安排。例如，按照折舊制度、水準存貨制度等規定來達到延期納稅目的的納稅安排。

延期納稅是指在合法、合理的情況下，使納稅人延期繳納稅收而相對節稅的稅收籌劃技術。納稅人延期繳納本期稅收並不能減少納稅人的納稅絕對總額，但相對於得到了國家的一筆無息貸款，可以增加納稅人本期的現金流量，使納稅人在本期有多餘的資金來擴大流動資本，用於投資，從而相對節稅。

(2) 延期納稅的特點。

①相對節稅。延期納稅技術運用的是相對節稅原理，一定時期的納稅絕對額並沒有減少，只是利用了貨幣的時間價值因素節減稅收，屬於相對節稅型的稅收籌劃技術。

②技術複雜。大多數延期納稅技術涉及財務制度各個方面的許許多多規定和其他一些技術，同時涉及財務管理的各個方面，需要運用一定的數學、統計和財務管理知識。各種延期納稅節稅方案要通過較為複雜的財務計算才能比較，才能知道相對節減稅收的多少，技術複雜。

③適用範圍大。延期納稅技術幾乎適用於所有納稅人，適用範圍較廣。

(3) 延期納稅技術的要點。

①延期納稅項目最多化。在合法與合理的前提下，應盡量爭取更多的項目延期

納稅。在其他條件相同的情況下，延期納稅項目越多，本期繳納的稅收就越少，現金流量就越大，可以增加本期流動資本進而增加本期投資，將來的收益也就越多，因而相對節減的稅收越多。如果使延期納稅項目最多化，可以實現節稅的最大化。

②延長期最長化。在合法與合理的前提下，應盡量爭取納稅延長期最長化。在其他條件相同的情況下，納稅延長期越長，因延期納稅增加的現金流量產生的收益也將越多，因而相對節減的稅收也越多。如果使納稅延長期最長化，也可以實現節稅的最大化。

2.2.8 退稅技術

（1）退稅技術的含義。

退稅是指稅務機關按照規定，對納稅人已徵稅款進行退還。稅務機關向納稅人退稅的情況一般包括：稅務機關誤徵或多徵的稅款，如稅務機關不應徵收或錯誤多徵收的稅款、納稅人多繳納的稅款；如納稅人源泉扣繳的預提稅款或分期預繳的稅款超過納稅人應納稅額的稅款；符合國家退稅獎勵條件的已納稅款。

退稅技術涉及的退稅主要是指稅務機關退還納稅人符合國家退稅條件的已納稅款。例如，中國對外商投資企業的符合稅法規定的再投資，允許退還企業所得稅的40%，就是一種獎勵性退稅。

退稅技術是指在合法、合理的情況下，使稅務機關退還納稅人已納稅款而直接節稅的稅收籌劃技術。

（2）退稅技術的特點。

① 絕對節稅。退稅技術運用的是絕對節稅原理，直接減少納稅人的稅收絕對額，屬於絕對節稅型稅收籌劃技術。

② 技術較為簡單。退稅技術不需要利用數理、統計、財務管理等專業知識進行稅收籌劃，一般通過簡單的退稅公式就能計算出來，一些國家同時還給出了簡化的計算公式，簡化了退稅額的計算，因此，退稅技術較為簡單。

③ 適用範圍較小。退稅不適用於所有納稅人，一般適用於某些特定行為的納稅人，要滿足國家特定的退稅條件，因此，退稅技術適用的範圍較小。

④ 具有一定的風險性。國家之所以用退稅來鼓勵納稅人的某種特定行為，比如投資某個特定的行業，往往是因為納稅人投資該行業具有一定的風險性，進而說明採用退稅技術的稅收籌劃是具有一定風險性的。

（3）退稅技術的要點。

① 應盡量爭取退稅項目最多化。在合法與合理的前提下，應盡量爭取更多的退稅待遇。因為，在其他條件相同的情況下，退稅項目越多，退還已納的稅款就越多，因而節減的稅收就越多，可以實現節稅最大化。

② 應盡量使退稅額最大化。在合法與合理的前提下，應盡量爭取使各項退稅額最大化。因為，在其他條件相同的情況下，各項退稅額越大，退還已納的稅款就越

多，因而節減的稅收就越多，即退稅額最大化，就可以實現節稅最大化。

本章小結：

  稅收籌劃模型是連接稅收籌劃目標與稅收籌劃技術的紐帶。稅收籌劃者在對納稅方案進行決策的過程中，總是要運用簡單或者複雜的數學模型。稅收籌劃模型按照適用範圍可以分為：一般模型、類別模型和個別模型。

  稅收籌劃技術是指合法和合理地使納稅人繳納盡量少的稅收的技巧。稅收籌劃中廣泛採用的稅收籌劃技術主要包括：免稅技術、減稅技術、稅率差異技術、分劈技術、扣除技術、抵免技術、延期納稅技術、退稅技術。這些技術可以單獨使用，也可以同時使用。但是，如果同時採用兩種或兩種以上的稅收籌劃技術時，必須要注意各種稅收籌劃技術之間的相互影響。

關鍵術語：

稅後利益最大化模型	納稅最小化模型	相機抉擇模型	納稅禁區模型
統一調度模型	稅收籌劃技術	免稅技術	減稅技術
稅率差異技術	分劈技術	扣除技術	抵免技術
延期納稅技術	退稅技術	稅收抵免	延期納稅
免稅	退稅		

思考題

1. 簡述實施稅後利益最大化模型的步驟。
2. 簡述比例稅率下統一調度模型的適用範圍。
3. 簡述累進稅率下統一調度模型的適用範圍
4. 簡述免稅技術含義、特點以及運用要點。
5. 簡述減稅技術含義、特點以及運用要點。
6. 簡述稅率差異技術含義、特點以及運用要點。
7. 簡述分劈技術含義、特點以及運用要點。
8. 扣除技術含義、特點以及運用要點。
9. 簡述抵免技術含義、特點以及運用要點。
10. 簡述延期納稅技術含義、特點以及運用要點。
11. 簡述退稅技術含義、特點以及運用要點。

中篇　國內稅種的籌劃

第 3 章
增值稅的稅收籌劃

培養能力目標
（1）理解並運用增值稅納稅人的身分進行納稅籌劃；
（2）掌握增值稅銷項稅與進項稅額的納稅籌劃；
（3）掌握增值稅稅率和納稅方式的納稅籌劃；
（4）熟悉全面「營改增」的增值稅稅收籌劃；
（5）掌握增值稅稅收優惠政策的稅收籌劃。

案例導入

促銷方式選擇的納稅籌劃

某市某服裝零售企業（一般納稅人），在當地有一定的知名度。20×8年國慶節很快就要到了，公司在此期間準備開展一次促銷活動。欲採用三種促銷方式：一是讓利（折扣）20%銷售商品，即企業將1,000元的商品以800元的價格銷售，或者企業銷售價格仍為1,000元，但在同一張發票上反應的折扣額為200元。二是贈送20%的購物券，即企業在銷售1,000元商品的同時，另外再贈200元的購物券，持券人可以憑購物券購買商品。三是返還20%的現金，即企業在銷售1,000元商品的同時，向購貨人贈送200元現金。另外，參與這次活動的商品的購進成本為含稅價600元。經測算，公司每銷售1,000元的商品可以在企業所得稅前扣除工資和其他費用60元（暫不考慮城建稅和教育費附加）。

工作要求 請對上述業務進行稅收籌劃，公司應選擇何種促銷方式。
案例解析 見本章的3.2。

3.1 增值稅納稅人的稅收籌劃

根據增值稅納稅人的會計核算是否健全、是否能夠提供準確的稅務資料以及企業經營規模的大小（一般以年銷售額為依據），將增值稅納稅人劃分為增值稅一般納稅人和小規模納稅人，不同身分的納稅人其納稅義務與稅收優惠政策不同。

3.1.1 增值稅納稅人的管理

3.1.1.1 小規模納稅人的管理

增值稅小規模納稅人是指年銷售額在規定標準以下，且會計核算不健全，不能按照規定報送有關稅務資料的增值稅納稅人。根據《中華人民共和國增值稅暫行條例》及其實施細則以及《關於統一增值稅小規模納稅人標準的通知》（財稅〔2018〕33號）的規定，小規模納稅人標準是：增值稅小規模納稅人標準為年應徵增值稅銷售額500萬元以下。小規模納稅人實行簡易辦法徵收增值稅，一般不得使用增值稅專用發票。

3.1.1.2 一般納稅人的管理

增值稅一般納稅人是指年應稅（增值稅）銷售額，超過財政部、國家稅務總局規定的小規模納稅人標準的企業和企業性單位。年應稅銷售額，是指納稅人在連續不超過12個月的經營期內累計應徵的增值稅銷售額，包括納稅申報銷售額、稽查查補銷售額、納稅評估調整銷售額、稅務機關代開發票銷售額和免稅銷售額。

按照《國務院關於取消和調整一批行政審批項目等事項的決定》（國發〔2015〕11號）精神，國家稅務總局對增值稅一般納稅人管理有關事項進行了調整。增值稅一般納稅人資格實行登記制，即增值稅納稅人的年應稅銷售額超過財政部、國家稅務總局規定的小規模納稅人標準的，除另有規定外，應當向主管稅務機關申請一般納稅人資格登記，除國家稅務總局另有規定外，一經登記為一般納稅人，不得轉為小規模納稅人，並且納稅人自選擇一般納稅人資格之日起，按照增值稅一般納稅人的計稅方法計算應納稅款並按規定領用增值稅專用發票。

3.1.2 選擇增值稅身分應考慮的因素

從增值稅一般納稅人和小規模納稅人管理規定可以看出，在增值稅納稅人身分的選擇上應考慮以下因素。

3.1.2.1 成本因素

（1）受增長率影響的納稅成本的高低。

對於一般納稅人而言，當期應交稅金＝當期銷項稅－當期進項稅。納稅人銷售的貨物（服務）增長率越大，可抵扣的進項稅相對越少，納稅負擔就越重；納稅人銷售的貨物（服務）增長率越小，可抵扣的進項稅相對越多，納稅負擔就越輕。

對於小規模納稅人而言，當期應交稅金＝當期銷售額（不含稅）×徵收率。納稅成本與銷售額成正比，與增長率成反比，增長率越高，稅負越輕。

（2）額外成本。

在暫時無法擴大經營規模的前提下實現由小規模納稅人向一般納稅人的轉變必然要增加會計成本。例如，增設會計帳簿，培養或聘請會計人員等。如果小規模納稅人轉為一般納稅人而減少的稅負尚不足以抵扣這些成本的支出，對企業來說是不

利的，此時企業最好保持小規模納稅人的身分。

3.1.2.2 限制因素

（1）如果產品主要銷售給一般納稅人，且購貨方需要增值稅專用發票抵扣進項稅，則應選擇一般納稅人。

（2）個人、非企業性單位、不經常發生增值稅應稅行為的企業不得辦理一般納稅人登記，只能選擇小規模納稅人。

（3）除國家稅務總局另有規定外，一經登記為一般納稅人，不得轉為小規模納稅人。

3.1.3 增值稅一般納稅人和小規模納稅人稅負平衡點的定量分析方法

在一般情況下，小規模納稅人的稅負重於一般納稅人，但並不是在所有情況下都是如此。增值稅納稅人類別的選擇可以通過稅負平衡點方法進行分析，即通過分析納稅人的銷售額增值率是否有稅負平衡點來決定。現在就納稅人銷售的貨物（服務）做以下的假設和分析。

假定理論增值率平衡點為 V，實際增值率為 V_1，一般納稅人適用的稅率為 X_1，小規模納稅人適用的徵收率為 X_2，則有：

$$增值率（V）=（銷項稅-進項稅）\div 銷項稅$$

一般納稅人應納增值稅稅額＝當期銷項稅額-當期進項稅額

$$=銷售收入 \times X_1-銷售收入 \times X_1 \times（1-V）$$

$$=銷售收入 \times X_1 \times V$$

小規模納稅人應納增值稅額＝銷售收入 $\times X_2$

當兩者應納稅額相等時，增值率計算如下：

$$銷售收入 \times X_1 \times V=銷售收入 \times X_2$$

$$增值率（V）=\frac{X_2}{X_1} \times 100\%$$

說明：若實際增值率（V_1）＝理論增值率（V），兩種納稅人的稅負相同。

若實際增值率（V_1）＞理論增值率（V），一般納稅人的稅負重於小規模納稅人；

若實際增值率（V_1）＜理論增值率（V），一般納稅人的稅負輕於小規模納稅人；

通過以上分析可以看出，企業在設立時，納稅人可以依據上述指標，選擇有利於自己的納稅人身分。但是，納稅人要有長遠的眼光，在身分確認前就要好好做好稅收籌劃，以便能夠真正達到節稅的目的，因為，增值稅納稅人一經登記為一般納稅人，不得轉為小規模納稅人。

供增值稅納稅人稅收籌劃參考的一般納稅人平衡點一般有兩種：一般納稅人不含稅銷售額增值率平衡點和一般納稅人含稅銷售額增值率平衡點。

3.1.3.1 一般納稅人不含稅銷售額增值率平衡點

我們假定納稅人不含稅銷售額增值率平衡點為 V，不含稅的銷售額為 S，適用

的增值稅稅率為 T_1，不含稅可抵扣的購進額為 P，適用的增值稅稅率為 T_2。具體計算分析如下：

(1) 不含稅銷售額增值率 V 的計算。

$$V = (不含稅的銷售額 - 不含稅可抵扣的購進額) \div 不含稅銷售額$$
$$= (S - P) \div S$$

(2) 納稅人應納稅額的計算。

$$一般納稅人應納稅額 = S \times T_1 - P \times T_2 \qquad (3.1)$$
$$小規模納稅人應納稅額 = S \times 3\% \qquad (3.2)$$

(3) 計算不含稅銷售額增值率平衡點 V。

令式 (3.1) 等於式 (3.2)，得：

$$S \times T_1 - P \times T_2 = S \times 3\%$$
$$V = \frac{S - P}{S} = 1 - \frac{T_1 - 3\%}{T_2} \qquad (3.3)$$

令 $T_1 = 16\%$，$T_2 = 16\%$，得

$$V = \frac{S - P}{S} = 1 - \frac{16\% - 3\%}{16\%} = 18.75\%$$

即 18.75% 為不含稅銷售額增值率平衡點，通過對納稅人不含稅銷售額增值率的分析，就可以比較不同類別納稅人的稅負：

當實際增值率等於不含稅增值率平衡點 18.75% 時，兩種納稅人的稅負相同；

當實際增值率大於不含稅增值率平衡點 18.75% 時，一般納稅人的稅負重於小規模納稅人，即作為小規模納稅人可以節稅；

當實際增值率小於不含稅增值率平衡點 18.75% 時，一般納稅人的稅負輕於小規模納稅人，即作為一般納稅人可以節稅。

將徵收率 3%、增值稅率 16% 和 10% 分別代入上式 (3.3)，計算出各種無差別平衡點，如表 3-1 所示。

表 3-1　　　　　　　　無差別平衡點不含稅增值率

一般納稅人銷貨稅率	一般納稅人購貨稅率	小規模納稅人徵收率	無差別平衡點不含稅增值率
16%	16%	3%	18.75%
16%	10%	3%	-30%
10%	10%	3%	30%
10%	16%	3%	56.25%

【例 3-1】A 公司為商業企業，屬於小規模納稅人，年應稅銷售額為 280 萬元（不含稅），該企業年進貨金額為 260 萬元（不含稅）。另有 B 公司也為商業企業，年應稅銷售額為 240 萬元（不含稅），該企業年進貨金額為 220 萬元（不含稅）。此

時，假設 A 公司有機會合併 B 公司，且是否合併對 A、B 公司自身經營沒有什麼影響，該貨物適用的增值稅稅率為 16%。

【工作要求】請對上述業務進行納稅籌劃。

【稅法依據】根據增值稅法的有關規定：增值稅一般納稅人應納增值稅稅額＝當期銷項稅－當期進項稅；小規模納稅人應納增值稅稅額＝銷售額（不含稅）×徵收率。

【籌劃思路】由於一般納稅人可以抵扣進項稅，小規模納稅人則只能按照簡易的徵稅辦法計算稅款。上述業務中，如果納稅人銷售貨物不含稅的增值率低於無差別平衡點增值率，作為一般納稅人，其納稅較輕，則可以考慮合併 A、B 公司業務，登記成為一般納稅人；如果納稅人銷售貨物不含稅的增值率高於無差別平衡點增值率，作為小規模納稅人，其納稅較輕，則維持現有的小規模納稅人身分；如果納稅人銷售貨物不含稅的增值率等於無差別平衡點增值率，儘管兩種身分納稅無差別，但從實際情況看應選擇一般納稅人身分，因為可以領購使用增值稅專用發票，這有助於納稅人業務的展開。

【籌劃過程】

A 公司銷售貨物的增值率＝$\dfrac{280-260}{280} \times 100\% = 7.14\%$

B 公司銷售貨物的增值率＝$\dfrac{240-220}{240} \times 100\% = 8.33\%$

A、B 公司合併業務，合併成為新公司 C，則

新公司 C 銷售貨物的增值率＝$\dfrac{280+240-260-220}{280+240} \times 100\% = 7.69\%$

由於 A、B 公司銷售貨物的增值率均小於無差別平衡點增值率 18.75%（來自於表 2-1），合併後的新公司 C 銷售貨物的增值率也小於無差別平衡點增值率 18.75%（來自於表 2-1）。故，應當選擇合併 A、B 公司為新公司 C。

合併前，A、B 公司應納增值稅為：

A 公司應納增值稅＝280×3%＝8.4（萬元）

A 公司應納增值稅＝240×3%＝7.2（萬元）

A、B 公司共計納稅＝8.4＋7.7＝15.6（萬元）

合併成為新公司 C，即 A、B 公司合併業務，合併成為新公司 C，並向稅務機關登記成為一般納稅人，則：

合併後的新公司 C 應納增值稅＝(280+240)×16%－(260+220)×16%＝6.4（萬元）

【籌劃結論】合併為增值稅一般納稅比 A、B 公司各自作為小規模納稅人少繳納增值稅 9.2 萬元（15.6－6.4＝9.2 萬元）。因此應選擇 A、B 公司合併業務，合併成為新公司 C。

【籌劃點評】小規模納稅通過合併業務登記成為一般納稅人後，就不能再恢復成小規模納稅人。如果公司將來銷售貨物的實際增值率大於無差別平衡點增值率18.75%（來自於表2-1），則企業不適合作為一般納稅人。

3.1.3.2 一般納稅人含稅銷售額增值率平衡點

如果納稅人提供的資料是含稅銷售額，實際上納稅人每次都是將含稅銷售額倒算出不含稅銷售額進而計算應納稅款的。在這種情況下，我們也可以提供納稅人的含稅銷售額增值率平衡點來分析、判斷不同類別納稅人的增值稅稅負。

我們假定納稅人含稅銷售額增值率平衡點為 V，含稅的銷售額為 S，適用的增值稅稅率為 T_1，含稅可抵扣的購進額為 P，適用的增值稅稅率為 T_2。具體計算分析如下：

(1) 含稅銷售額增值率 V 的計算。

$$V = （含稅的銷售額 - 含稅可抵扣的購進額）\div 含稅銷售額$$
$$= (S - P) \div S$$

(2) 納稅人應納稅額的計算。

$$一般納稅人應納稅額 = \frac{S}{1+T_1} \times T_1 - \frac{P}{1+T_2} \times T_2 \quad (3.4)$$

$$小規模納稅人應納稅額 = \frac{S}{1+3\%} \times 3\% \quad (3.5)$$

(3) 計算不含稅銷售額增值率平衡點 V。

令式 (3.4) 等於式 (3.5)，得：

$$\frac{S}{1+T_1} \times T_1 - \frac{P}{1+T_2} \times T_2 = \frac{S}{1+3\%} \times 3\%$$

$$V = \frac{S-P}{S} = 1 - \frac{P}{S} = 1 - \frac{T_1 \div (1+T_2) - 3\% \div (1+3\%)}{T_2 \div (1+T_2)} \quad (3.6)$$

令 $T_1 = 16\%$，$T_2 = 16\%$，得：

$$V = \frac{S-P}{S} = 1 - \frac{P}{S} = 1 - \frac{16\% \div (1+16\%) - 3\% \div (1+3\%)}{16\% \div (1+16\%)} = 21.11\%$$

即 21.11% 為不含稅銷售額增值率平衡點，通過對納稅人不含稅銷售額增值率的分析，就可以比較不同類別納稅人的稅負。

當實際增值率等於含稅增值率平衡點 21.11% 時，兩種納稅人的稅負相同；當實際增值率大於含稅增值率平衡點 21.11% 時，一般納稅人的稅負重於小規模納稅人，即作為小規模納稅人可以節稅；當實際增值率小於含稅增值率平衡點 20.04% 時，一般納稅人的稅負輕於小規模納稅人，即作為一般納稅人可以節稅。

將徵收率 3%、增值稅率 16% 和 10% 分別代入上式 (3.6)，計算出各種無差別平衡點如表 3-2 所示。

表 3-2　　　　　　　　　　無差別平衡點含稅增值率

一般納稅人 銷貨稅率	一般納稅人 購貨稅率	小規模納稅人 徵收率	無差別平衡點 含稅增值率
16%	16%	3%	21.11%
16%	10%	3%	-27.96%
10%	10%	3%	32%
10%	16%	3%	58.62%

【例 3-2】ABC 公司是一家商業企業，屬於小規模納稅人，年應稅銷售額為 80 萬元（含稅），該企業年進貨金額為 50 萬元（含稅）。如果是一般納稅人，ABC 公司產品的適用稅率是 16%；如果是小規模納稅人，徵收率則為 3%。該公司會計核算健全，有條件登記成為一般納稅人。

【工作要求】請對該公司納稅人類別進行納稅籌劃。

【稅法依據】根據《中華人民共和國增值稅暫行條例》及其實施細則以及《關於統一增值稅小規模納稅人標準的通知》（財稅〔2018〕33 號）的規定，小規模納稅人的標準是：增值稅小規模納稅人標準為年應徵增值稅銷售額 500 萬元及以下；小規模納稅人實行簡易辦法徵收增值稅，一般不得使用增值稅專用發票。年應稅銷售額未超過規定標準的納稅人，會計核算健全，能夠提供準確稅務資料的，可以向主管稅務機關申請一般納稅人資格登記，成為一般納稅人。

【籌劃思路】由於一般納稅人可以抵扣進項稅，小規模納稅人則只能按照簡易的徵稅辦法計算稅款。上述企業，如果納稅人銷售貨物的含稅增值率低於無差別平衡點的含稅增值率，作為一般納稅人其納稅較輕，則公司可登記成為一般納稅人；如果納稅人銷售貨物的含稅增值率高於無差別平衡點的含稅增值率，作為小規模納稅人，其納稅較輕，則以小規模納稅人身分納稅更劃算；如果納稅人銷售貨物的含稅增值率等於於無差別平衡點的含稅增值率，儘管兩種身分納稅無差別，但從實際情況看應選擇一般納稅人身分，因為可以領購並使用增值稅專用發票，同時有助於納稅人將來的業務展開。

【籌劃過程】

該公司的含稅銷售額增值率為：$\dfrac{80-50}{80} \times 100\% = 37.5\%$。

說明公司含稅銷售額的增值率大於無差別平衡點含稅增值率 21.11%（見表 3-2）。因此，該公司維持小規模納稅人的身分更為有利，成為一般納稅人後的增值稅負會重於小規模納稅人。

一般納稅人應納增值稅額 $= \dfrac{80}{1+16\%} \times 16\% - \dfrac{50}{1+16\%} \times 16\% = 4.14$（萬元）

小規模納稅人應納增值稅額 $= \dfrac{80}{1+3\%} \times 3\% = 2.33$（萬元）

【籌劃結論】維持小規模納稅人身分較登記成為一般納稅人節稅 1.81 萬元 (4.14-2.33=1.81 萬元)。

【籌劃點評】在選擇增值稅納稅人身分時，除了比較稅收負擔之外，還要考慮一般納稅人經營規模往往比小規模納稅人大，一般納稅人的信譽往往要比小規模納稅人信譽好。從一般納稅人處購貨的可抵扣稅額要比從小規模納稅人那裡購貨多，會使一般納稅人有更多的顧客。但是一般納稅人要有健全的會計核算制度，要建立健全帳簿，培養或聘用會計人員，將增加會計成本；一般納稅人的增值稅徵收管理制度複雜，需要投入的財力、物力和人力也會更多，會增加納稅成本等。

3.1.4 增值稅一般納稅人與小規模納稅人之間業務往來方式的籌劃

增值稅一般納稅人與小規模納稅人之間的業務往來受到增值稅專用發票和稅率差異的限制，進而影響他們之間業務活動的正常展開，但是在一定條件下可以通過改變他們之間的業務往來方式來避開相應的限制。

3.1.4.1 增值稅一般納稅人委託小規模納稅人代購

納稅人發生代購貨物行為，同時具備以下條件的不按照銷售貨物繳納增值稅，應按照現代服務業計算繳納增值稅；不同時具備以下條件的，無論會計制度規定如何核算，均要按照銷售貨物繳納增值稅，具體如下：

（1）受託方不墊付資金；

（2）銷貨方將發票開具給委託方，並由受託方將該發票轉交給委託方；

（3）受託方按照銷貨方實際收取的銷售額和增值稅額與委託方結算貨款，並另開發票收取手續費。

所以，一般納稅人可以將從小規模納稅人那裡直接購進轉為委託小規模納稅人代購。

【例3-3】某鎮某菸草站是一家專門從事批發、零售卷菸的小型商業企業，因其年應稅銷售額達不到 500 萬元而不能登記成為一般納稅人，所以在當地銷售卷菸的對象就只能瞄準部分個體戶和周圍一些零散消費者。但在菸草站附近的供銷社是一般納稅人，其經營網點多且面廣，除本場鎮外，還延伸到全鎮所屬的各個管理區和村組，擁有較多的固定消費群體，全年卷菸銷售額可達 500 萬元左右。但是供銷社無法從菸草站那裡進貨，原因很簡單，供銷社是一般納稅人，菸草站是小規模納稅人，前者採購卷菸必須索取合格的增值稅專用發票後，才能申報抵扣進項稅，以降低稅負，增加盈利。後者雖然有前者所需的卷菸出售，但不能出具增值稅專用發票，即使到當地國稅部門代開專用發票，也只能是註明 3% 的進項稅額，與 16% 相比還是使供銷社少抵扣了 13% 的進項稅。因此，供銷社只能舍近求遠，到百里之外的縣菸草公司（一般納稅人）那裡進貨，採購運雜費居高不下，供銷社花了不小的代價。

【工作要求】請對上述菸草站和供銷社就卷菸銷售業務進行稅收籌劃。

【稅法依據】中國現行稅法規定：所謂代購，是指受託方按照委託協議或委託

方的要求從事商品的購買,並按發票購進價格與委託方結算(原票轉交委託方)。納稅人發生代購貨物行為,同時具備以下條件的不按照銷售貨物繳納增值稅,應按照現代服務業計算繳納增值稅;不同時具備以下條件的,無論會計制度規定如何核算,均要按照銷售貨物繳納增值稅,具體如下:

(1)受託方不墊付資金;

(2)銷貨方將發票開具給委託方,並由受託方將該發票轉交給委託方;

(3)受託方按照銷貨方實際收取的銷售額和增值稅額與委託方結算貨款,並另開發票收取手續費。

【籌劃思路】一般納稅人不願意與小規模納稅人打交道,原因是後者不能按照要求向前者開具增值稅專用發票,即使後者到主管國稅機關代開,也只能按小規模納稅人的3%徵收率抵扣。因此,我們可以重新構建他們之間的合作模式,即一般納稅人可以放棄直接去縣菸草公司購進卷菸的行為,轉為委託小規模納稅人代購卷菸,並支付一定的代購手續費。

【籌劃過程】

(1)菸草站主動與供銷社進行友好協商,然後菸草站與供銷社之間簽訂一份菸草訂購協議。協議上應約定:供銷社委託菸草站代購(菸草站供貨來源也是縣菸草公司)某某品牌的卷菸多少箱,供銷社應支付菸草站代購業務有多少手續費等。

(2)供銷社按縣菸草公司的供應價(含稅)計算,將購貨款預付給菸草站,使菸草站不能墊付購貨資金。

(3)縣菸草公司憑菸草站與供銷社之間簽訂的代購協議,將增值稅專用發票開具給供銷社(此票交與菸草站)。菸草站將增值稅專用發票原票轉交供銷社。

(4)菸草站另開具普通發票向供銷社收取約定的代購手續費。

【籌劃結論】就供銷社而言:供銷社獲得增值稅專用發票用以抵扣,滿足了抵扣的要求,同時減少了遠距離的高額採購雜費,降低了供銷社的經營成本;就菸草站而言:因為自身要去縣菸草公司進貨,順便為供銷社代購卷菸,掙得了一筆不小的代購手續費,增加了自身的收入。這樣,菸草站與供銷社雙方互贏。

【籌劃點評】以上籌劃過程中,必須區分為每一筆購銷業務,進行分別操作,不能搞多筆代購業務或匯總一月、一個季度或一年操作一次。變經銷為代銷後,菸草站找到了一個大客戶,賺得了一筆客觀的代購手續費收入。供銷社雖然支付了一筆代購手續費,但與原來高額的運雜費用相比,還是減少了不小的支出,同時能獲得可以抵扣的增值稅專用發票,真正做到了「稅額照抵,運費大降」。

3.1.4.2 增值稅一般納稅人租賃場地給小規模納稅人

小規模納稅人銷售自己生產的商品給一般納稅人,一般納稅人再銷售出去,對於一般納稅人來講,購入時無法抵扣進項稅(即使小規模納稅人到當地國稅部門代開專用發票,也只能是註明3%的進項稅額),銷售時卻要按照10%或者16%的稅率計算銷項稅,稅負較重,這樣妨礙了一般納稅人向小規模納稅人採購。但在某些情

况下，小規模納稅人可以向一般納稅人租賃場地自己銷售，向一般納稅人繳納場租和管理費用。而一般納稅人就場地租金可以按照10%稅率繳納增值稅，收取的管理費用可以按照現代服務業6%的稅率繳納增值稅，進而降低增值稅稅負。

【例3-4】某小規模納稅人製作竹雕工藝品，該工藝品是用農村竹子加工而成，是很受歡迎的旅遊紀念品。但該竹雕工藝品廠在向旅遊紀念品商店（一般納稅人）供貨時遇到了困難。因為竹雕工藝品廠是小規模納稅人，不能提供增值稅專用發票，而旅遊紀念品商店為一般納稅人，覺得自己稅負太重，不願意從竹雕工藝品廠進貨。

【工作要求】請對上述業務進行稅收籌劃。

【稅法依據】中國現行稅法規定：納稅人銷售或者進口貨物，除列舉的外，稅率為16%；提供加工、修理修配勞務的稅率也為16%；動產租賃服務稅率為16%；納稅人銷售或者進口糧食、食用植物油（含橄欖油）、鮮奶、自來水、暖氣、冷氣、熱水、煤氣、石油液化氣、天然氣、沼氣、居民用煤炭製品、圖書、報紙、雜誌、飼料、化肥、農藥、農機（整機，不含農機零件）、農膜、農產品、音像製品、電子出版物和二甲醚的稅率為10%；納稅人提供交通運輸服務、郵政服務、基礎電信服務、建築、不動產租賃服務，銷售不動產，轉讓土地使用權，稅率為10%；納稅人提供現代服務業服務（不動產租賃除外）、生活服務、增值電信服務、金融業服務以及銷售無形資產（轉讓土地使用權除外），稅率為6%。

【籌劃思路】旅遊品商店（一般納稅人）不願意從竹雕工藝品廠（小規模納稅人）進貨，原因是後者不能按照要求向前者開具增值稅專用發票，即使後者到主管國稅機關代開，也只能按小規模納稅人的3%的徵收率抵扣。因此，我們可以重新構建他們之間的合作模式，由小規模納稅人與旅遊品商店簽訂租賃合同，租賃其中一個櫃臺自己經營。然後向旅遊品商店繳納租金和管理費。

【籌劃過程】

（1）竹雕工藝品廠與旅遊品商店簽訂租賃合同，旅遊品商店將其中一個櫃臺租賃給竹雕工藝品廠，銷售經營均由竹雕工藝品廠自己進行；

（2）經營中如果需要開具發票，由竹雕工藝品廠提供普通發票；

（3）竹雕工藝品廠將旅遊品商店原來從自己處的進銷差價分別作為租金和管理費支付給旅遊品商店。

【籌劃結論】就竹雕廠工藝品而言：銷售竹雕工藝品仍然按照小規模納稅人標準（徵收率3%）申報繳納增值稅，增加了銷售額；就旅遊品商店而言：只要將收取的租金和管理費分別核算，租金按照10%計算增值稅（不動產租賃），管理費按照6%計算增值稅（現代服務業），降低了增值稅稅負，解決了不願意從竹雕工藝品廠進貨的矛盾。

【籌劃點評】上述籌劃過程需要注意的是：竹雕工藝品廠與旅遊品商店簽訂合同後，其經營必須由竹雕工藝品廠自己進行；旅遊品商店收取的租金和管理費用必須分開核算。

3.1.4.3 增值稅一般納稅人委託小規模納稅人代為加工農產品

增值稅一般納稅人向農業生產者、小規模納稅人購買農產品，可以按10%抵扣率抵扣進項稅，但農產品必須是《農產品徵稅範圍註釋》規定範圍內的農產品。如果小規模納稅人（農業生產者）將自己生產的農產品加工後再賣給一般納稅人，其加工後的產品有可能不再符合農產品的定義，即使是一般納稅人購入，也無法抵扣進項稅額。在這種情況下，一般納稅人可以採取委託加工的方式。

【例3-5】某木板廠（一般納稅人）使用的原材料是從附近的木材加工店（小規模納稅人）那裡購進木片。木片由木材加工店加工而成，不屬於農產品範圍。木板廠由於無法抵扣進項稅額而稅負過重，這些問題一直困擾著木板廠。

【工作要求】請對上述業務進行稅收籌劃。

【稅法依據】中國現行稅法規定：「委託加工業務」是指委託方提供原料和主要材料，受託方只收取加工費並代墊部分輔助材料加工業務。由受託方提供原材料或其他情形的，一律不能視同委託加工。

【籌劃思路】木板廠從林木場購入原木，再將購進的原木委託給木材加工店加工成木片，木板廠向木材加工店支付加工費。

【籌劃過程】

(1) 木板廠直接從林木場購進原木；

(2) 木板廠與木材加工店簽訂委託加工合同，將購進的原木交給木材加工店加工成木片並支付相應的加工費。

【籌劃結論】木材加工店收取額的加工費應按照所提供的加工勞務（依據徵收率3%）計算繳納增值稅，對於木材加工店增值稅稅負有所下降，因為計稅依據減少。對於木材廠的增值稅進項稅抵扣可以按照10%的抵扣率抵扣進項稅，降低了增值稅稅負。

【籌劃點評】木材廠從林木場購進原木可以按照10%的抵扣率抵扣進項稅額，解決了稅負過重的問題。但要注意的問題是，委託加工業務是委託方提供原材料及主要材料，受託方按照委託方的要求製造貨物並收取加工費的業務。因此，木板廠如果從木材加工店購進原木後再委託其加工就不符合委託加工條件了。

3.1.5 利用辦事處的不同身分進行稅收籌劃

根據中國稅收法規以及辦事處靈活多變的特點，固定業戶外設辦事處的方式及其涉稅處理包括以下情況：

(1) 辦事處作為固定業戶外出經營活動的辦事機構。

辦事處作為固定業戶外出經營活動的辦事機構，向其機構所在地主管稅務機關申請開具「外出經營活動稅收管理證明」，持稅務登記證副本及「外出經營活動稅收管理證明」第二、三、四聯，連同運抵貨物或交易項目，一併向銷售地稅務機關申請報驗。銷售地稅務機關對其運抵的貨物對應「外出經營活動稅收管理證明」載明的起運貨物進行查驗、核對。納稅人在批准有效期結束後，應向銷售地稅務機關

報告。銷售地稅務機關查明銷售情況後，填明銷售經營情況的有關欄次，並將報驗聯留存。辦事處向銷售地稅務機關申請領購發票，並按月向銷售地稅務機關辦理申報手續，最後由辦事處憑「外出經營活動稅收管理證明」向機構所在地主管稅務機關申報納稅。

（2）辦事處作為常設分支機構。

辦事處作為常設分支機構向經營地工商管理部門辦理營業執照，向經營地稅務機關辦理稅務登記（登記成為一般納稅人），按規定在經營地申請領購發票，在經營地申報納稅，銷售收入全額計繳總機構。

（3）辦事處作為獨立核算機構。

辦事處作為獨立核算機構，在經營地工商管理部門辦理營業執照，向經營地主管稅務機關申請辦理稅務登記（登記成為一般納稅人），自主經營，實行獨立核算，獨立處理全部涉稅及其有關經濟事宜。

【例3-6】某服裝銷售公司（增值稅一般納稅人），打算於20×8年在外地設立辦事處。預計20×8年1至6月接到總公司撥來的服裝一批，不含稅的撥入價為320萬元，取得不含稅的銷售額為400萬元；預計該辦事處在經營地就地採購服裝一批，不含稅的進價為900萬元，取得不含稅的銷售額為1,000萬元；預計該辦事處20×8年1至6月盈利100萬元（註：銷售公司20×7年度會計核算虧損200萬元）。

【工作要求】請為服裝銷售公司進行稅收籌劃。

【稅法依據】根據中國現行稅法對固定業戶外設辦事處涉稅處理的有關規定。

【籌劃思路】利用辦事處靈活多變以及不同身分的辦事處所承擔的納稅義務是不同的特點，分別將辦事處作為固定業戶外出經營活動的辦事機構、辦事處作為常設分支機構、辦事處作為獨立核算機構的所納稅款進行比較，進而確定納稅身分。

【籌劃過程】

（1）作為辦事機構納稅。

總機構撥來貨物有合法經營手續，應回總機構（服裝銷售公司）所在地納稅；辦事處在經營地採購的貨物超出了「外出經營活動稅收管理證明」的範圍，應在經營地納稅。有關計算如下：

回總公司所在地繳納增值稅額＝（400-320）×16%＝12.8（萬元）

在經營地繳納增值稅額＝1,000×3%＝30（萬元）

共計繳納增值稅額＝12.8+30＝42.8（萬元）

（2）作為分支機構納稅。

在經營地繳納增值稅額＝［(1,000-900)+(400-320)］×16%＝28.8（萬元）

根據《中華人民共和國企業所得稅稅法》的規定，辦事處所得的100萬元利潤可以彌補總公司（服裝銷售公司）上一年度虧損的100萬元（100-200＝-100萬元），因此不繳納企業所得稅。

(3) 作為獨立核算的子公司納稅。

應納增值稅額=[(1,000-900)+(400-320)]×16%=28.8（萬元）

應納企業所得稅額=100×25%=25（萬元）

共計納稅額=28.8+25=53.8（萬元）

【籌劃結論】由此可以看出，以上三種方案納稅是不一樣的，第二種方案是最好的。所以銷售公司外設辦事處的身分應選擇分支機構。

【籌劃點評】納稅人可以利用辦事處靈活多變以及不同身分的辦事處所承擔的納稅義務不同的特點，分別計算辦事處作為固定業戶外出經營活動的辦事機構、辦事處作為常設分支機構、辦事處作為獨立核算機構的所納稅款。就上例而言，如果總機構不存在上年度虧損，第二種方案和第三種方案繳納的稅收是相同的。

3.2　增值稅銷項稅額的稅收籌劃

納稅人可以合理利用銷售方式、結算方式、經濟合同、市場定價自主權、計稅方法對增值稅銷項稅進行籌劃。

3.2.1　銷售方式的稅收籌劃

銷售方式是指納稅人用什麼樣的方式將貨物銷售出去。貨物的銷售方式多種多樣，而且隨著經濟多元化的發展，貨物的銷售方式會越來越多。在貨物的銷售過程中，納稅人有權對銷售方式進行自主選擇，這就為納稅人利用不同銷售方式進行稅收籌劃提供了可能性。然而，不同的銷售方式往往適用不同的稅收政策，這就產生了稅收差別待遇問題。

1. 折扣銷售

折扣銷售是指銷售方在銷售貨物或提供應稅勞務和服務時，因購買方需求量大等原因而給予價格方面的優惠。現行稅法規定：納稅人採取折扣方式銷售貨物，如果銷售額和折扣額在同一張發票上分別註明，可以按折扣後的銷售額徵收增值稅。銷售額和折扣額在同一張發票上分別註明是指銷售額和折扣額在同一張發票上的「金額」欄分別註明，未在同一張發票「金額」欄註明折扣額，而僅在發票的「備註」欄註明折扣額的，折扣額不得從銷售額中減除。如果將折扣額另開發票，不論其在財務上如何處理，均不得從銷售額中減除折扣額。在這裡應該注意以下幾點：一是稅法中所指的折扣銷售有別於現金折扣。現金折扣通常是為了鼓勵購貨方及時償還貨款而給予的折扣優待。現金折扣發生在銷貨之後，而折扣銷售則是與實現銷售同時發生，所以現金折扣不得從銷售額中減除。二是銷售折扣與銷售折讓是不同的。銷售折讓通常是指由於貨物的品種或質量等原因引起銷售額的減少，即銷貨方給予購貨方未予退貨狀況下的價格折讓。銷售折讓可以通過開具紅字專用發票從銷

售額中減除。未按規定開具紅字增值稅專用發票的，不得扣減銷項稅額或銷售額。三是折扣銷售僅限於貨物的價格折扣，如果納稅人將自產、委託加工和購買的貨物用於實物折扣的，則該實物款不能從貨物銷售額中扣除，且該實物應按《中華人民共和國增值稅暫行條例》「視同銷售貨物」中的「贈送他人」計算徵收增值稅。

2. 採取以舊換新的方式銷售貨物

以舊換新銷售，是納稅人在銷售過程中，折價收回同類舊貨物，並以折價款部分衝減貨物價款的一種銷售方式。稅法規定，納稅人採取以舊換新的方式銷售貨物的（金銀首飾除外），應按新貨物的同期銷售價格確定銷售額並計算繳納增值稅。例如，某商場（小規模納稅人）2016 年 2 月採取以舊換新的方式銷售無氟電冰箱，開出普通發票 25 張，收到貨款 8 萬元，並註明已扣除舊貨折價 3 萬元，則本月計稅銷售額 =（80,000+30,000）÷（1+3%）= 106,796.11（元）。

3. 採取還本銷售的方式銷售貨物

所謂還本銷售，是指銷貨方將貨物出售之後，按約定的時間，一次或分次將購貨款部分或全部退還給購貨方，退還的貨款即為還本支出。這種方式實際上是一種融資行為，是以貨物換取資金的使用價值，到期還本不付息的方式。稅法規定，納稅人採取還本銷售貨物的，不得從銷售額中減除還本支出。

4. 採取以物易物的方式銷售

以物易物是一種較為特殊的購銷活動，是指購銷雙方不是以貨幣結算，而是以同等價款的貨物相互結算，實現貨物購銷的一種方式。在實際工作中，有的納稅人認為以物易物不是購銷行為，銷貨方收到購貨方抵頂貨物的貨物，認為自己不是購物；購貨方發出抵頂貨款的貨物，認為自己不是銷貨。但是這兩種認識都是錯誤的。正確的做法應當是：以物易物的雙方都應做購銷處理，以各自發出的貨物核算銷售額，並計算銷項稅額，以各自收到的貨物核算購貨額及進項稅額。需要強調的是，在以物易物活動中，雙方應各自開具合法的票據，必須計算銷項稅額。但如果收到貨物卻不能取得相應的增值稅專用發票或者其他增值稅扣稅憑證，不得抵扣進項稅額。

【例3-7】導入案例解析

【稅法依據】①《國家稅務總局關於折扣額抵減增值稅應稅銷售額問題的通知》（國稅函〔2010〕56 號）規定，納稅人採取折扣方式銷售貨物，如果銷售額和折扣額在同一張發票上分別註明，可以按折扣後的銷售額徵收增值稅。銷售額和折扣額在同一張發票上分別註明是指銷售額和折扣額在同一張發票上的「金額」欄分別註明，未在同一張發票「金額」欄註明折扣額，而僅在發票的「備註」欄註明折扣額的，折扣額不得從銷售額中減除；現金折扣通常是為了鼓勵購貨方及時償還貨款而給予的折扣優待。現金折扣發生在銷貨之後，而折扣銷售則是與實現銷售同時發生的，所以現金折扣不得從銷售額中減除。②《中華人民共和國增值稅暫行條例》規定，「買一贈一」贈送，這種贈送屬於視同銷售貨物，應按規定計算繳納增值稅。

【籌劃思路】①對於折扣銷售，應盡量使得銷售額和折扣額在同一張發票的金

額欄處分別註明，按折扣後的銷售額計徵增值稅。②對於「賣一贈一」，銷售方（實物折扣方式）由於視同銷售貨物，因此應盡量不選擇實物折扣。在必須採用實物折扣銷售方式時，納稅人可以在發票上做適當調整，變「實物折扣」為「價格折扣」（折扣銷售），以達到節稅目的。③對於現金折扣，由於返還的現金不能在所得稅前扣除，因此會加重納稅人企業所得稅稅收負擔，若改「返還現金」為「價格折扣（折扣銷售）」，則會達到節稅效果。

【籌劃過程】

為了方便起見，這裡只分析增值稅、企業所得稅兩個主要稅種。

方案1：商品8折銷售，即原價為1,000元的商品，現在售價800元，這實際上是折扣銷售，其折扣率為20%。

應納增值稅額=(800-600)÷(1+16%)×16%=27.59（元）

應納企業所得稅額=[(800-600)÷(1+16%)-60]×25%=28.1（元）

應納稅額合計=27.59+28.1=55.69（元）

稅後利潤=(800-600)÷(1+16%)-60-28.1=84.31（元）

方案2：贈送折扣20%的購物券。

應納增值稅額=(1,000+200-600-120)÷(1+16%)×16%=66.21（元）

應納企業所得稅額=[(1,000-600-120)÷(1+16%)-60]×25%=45.34（元）

應納稅合計=66.21+45.34=111.55（元）

稅後利潤=(1,000-600-120)÷(1+16%)-60-45.34=136.04（元）

方案3：返還20%的現金。

應納增值稅額=(1,000-600)÷(1+16%)×16%=55.17（元）

應納企業所得稅額=[(1,000-600)÷(1+16%)-60]×25%=71.21（元）

應納稅合計=55.17+71.21=126.38（元）

稅後利潤=(1,000-600)÷(1+16%)-60-200-71.21=13.62（元）

各方案的稅收負擔及其稅後利潤的比較如表3-3所示。

表3-3　　　　各方案的稅收負擔及其稅後利潤的比較　　　　單位：元

方案	增值稅	企業所得稅	稅後利潤
方案1	27.59	28.1	84.31
方案2	66.21	45.34	136.04
方案3	5.17	71.21	13.16

【籌劃結論】在規範操作的前提下，通過對照相關政策進行具體的測算，不難發現各種方案的優劣。方案2中納稅人銷售1,000元商品，實際售出1,200元的商品，納稅人可以獲得136.04元的稅後利潤，較方案1多獲得51.37元（136.04-84.31=51.37元）的淨利潤；較方案3多獲得122.88元（136.04-13.16=122.8元）的淨利潤，方案2最優。

【籌劃點評】納稅人在選擇折扣方式之前，不能盲目，應當全面權衡，綜合籌劃，選擇最佳的折扣方式銷售，以便降低稅收成本，獲得最大的經濟利益。

3.2.2 利用經濟合同的稅收籌劃

在現代商業模式中，經濟合同決定經濟業務流程，業務流程決定稅收。因此，經濟合同成為納稅人控制稅收風險和降低稅收成本最有效的工具之一。鑒於此，納稅人在簽訂各類經濟合同時，必須要綜合考慮合同中有關涉稅條款對稅負的影響，必須考慮合同中有關約定條款的法律有效性，規避不合法條款約定可能給納稅人帶來多納稅或漏稅的稅收風險。

【例3-8】ABC保健品公司採用直銷方式推銷該公司的保健品，由業務員為其推銷，其業務員不是公司雇傭員工，而是一些兼職人員，與公司所簽合同不是勞動合同，而是業務或者勞務合同。合同條款中有如下條款：「業務員的提貨價必須與賣給客戶的零售價一致，然後根據銷售額的5%從公司提成。」本年度該保健品公司直銷收入總額為1,000萬元，進項稅額為50萬元。

【工作要求】請對保健品公司業務進行稅收籌劃。

【稅法依據】《國家稅務總局關於直銷企業增值稅銷售額確定有關問題的公告》（國家稅務總局公告2013年第5號）規定：①直銷企業現將貨物銷售給直銷員，直銷員再將貨物銷售給消費者，直銷企業的銷售額為其向直銷人員收取的全部價款和價外費。直銷人員將貨物銷售給消費者時，應按照現行規定繳納增值稅。②直銷企業通過直銷員向消費者銷售貨物，直接向消費者收取貨款，直銷企業的銷售額為其向消費者收取的全部價款和價外費。

【籌劃思路】一般納稅人銷售貨物採用一般計稅方法；小規模納稅人採用簡易計稅方法，僅與銷售額有關。因此，應當盡量避免小規模納稅人從一般納稅人處購進貨物的情況。在個人（小規模納稅人）為一般納稅人的直銷業務中，應當避免一般納稅人先將產品賣給個人，個人再對外銷售的合同條款。

【籌劃過程】

方案1：仍然使用原合同條款。那麼銷售將涉及兩道環節，第一道環節是公司將商品按照提貨價賣給業務員；第二道環節是業務員將商品按照零售價賣給消費者。

第一道環節是公司將商品按照提貨價賣給業務員，則

應納增值稅額=1,000×16%-50=110（萬元）

第二道環節是業務員將商品按照零售價賣給消費者，則

應納增值稅額=1,000×3%=30（萬元）

當然這30萬元增值稅只能由公司代繳，業務員不可能去繳納。

方案2：修改合同條款為：「業務員以公司的名義去銷售，按照公司統一定價賣給客戶，使用公司票據，然後根據銷售額的5%從公司獲取提成」。這時只有一道銷售環節，即公司銷售給消費者。

公司應納增值稅額＝1,000×16％-50＝110（萬元）

【籌劃結論】方案 2 比方案 1 少繳納增值稅 110+30-110＝30 萬元。因此公司應當選擇方案 2。

【籌劃點評】納稅人在經濟交往中涉及經濟合同的簽訂，應聘請財稅專業人士審查合同條款，避免不必要的稅收風險，已成為納稅人簽訂合同時越來越需要注意的問題。

3.2.3　利用市場定價自主權的稅收籌劃

產品的銷售對納稅人來說非常重要。稅法沒有對納稅人市場定價的幅度做出具體的限制，因此納稅人享有充分的自主定價權。納稅人可以利用自主定價權，制定「合理」的價格，進而獲得更多的收益。

與納稅籌劃有關的定價策略主要有兩種形式：一是與關聯企業合作定價，目的是通過協商定價減輕納稅人整體稅負；二是主動制定一個稍低或稍高一點的價格，以獲得更大的銷量，從而獲得更多的規模收益。

【例3-9】A、B、C 為集團公司內部三個獨立核算的企業，彼此存在購銷關係。A 公司生產的產品可以作為 B 公司的原材料；B 公司製造的產品的80%提供給 C 公司。三個公司的信息一覽表如表3-4 所示。

表 3-4　　　　　　　　各公司信息一覽表

公司名稱	增值稅率(%)	生產數量(件)	正常價格(元)	轉讓價格(元)
A 公司	16	1,000	500	400
B 公司	16	1,000	600	500
C 公司	16	800	700	700

註：表中價格均為含稅價。

假設 20×8 年度 A 公司進項稅額為 40,000 元，市場利率為 24%。三個公司均按照正常價格結算貨款。

【工作要求】請對集團公司業務進行稅收籌劃。

【稅法依據】①《中華人民共和國增值稅暫行條例》（國務院 1993 年 12 月 13 日頒布，國務院令〔1993〕第 134 號，於 2008 年 11 月 5 日國務院第 34 次常務會修訂通過）。②《中華人民共和國增值稅暫行條例實施細則》（財政部 國家稅務總局第 50 號令，根據 2011 年 10 月 28 日《關於修改〈中華人民共和國增值稅暫行條例實施細則〉的決定》修訂）。

【籌劃思路】增值稅法沒有對納稅人市場定價的幅度做出具體的限制，因此納稅人享有充分的自主定價權。這使得關聯企業之間能夠通過轉移價格及利潤的方式進行稅收籌劃，從而達到延期納稅的目的。雖然關聯企業之間轉移價格的行為並不能減少企業整體稅負，但是通過延期納稅，可以利用通貨膨脹和時間價值因素，相

對降低自己的稅負。

【籌劃過程】

方案1：三家公司按照正常價格進行交易，應納增值稅額如下：

A公司應納增值稅額=1,000×500÷(1+16%)×16%-40,000=28,965.52（元）

B公司應納增值稅額=1,000×600÷(1+16%)×16%-68,965.52=13,793（元）

C公司應納增值稅額=800×700÷(1+16%)×16%-82,758.62×80%=11,034.48（元）

集團合計應納增值稅額=28,965.52+13,793+11,034.48=53,793(元)

方案2：三家公司採用轉移定價進行交易，應納增值稅額如下：

A公司應納增值稅額=1,000×400÷(1+16%)×16%-40,000=15,172.41（元）

B公司應納增值稅額=(800×500+200×600)÷(1+16%)×16%-55,172.41=16,551.73（元）

C公司應納增值稅額=800×700÷(1+16%)×16%-800×500÷(1+16%)×16%=22,068.97（元）

集團合計應納增值稅額=15,172.41+16,551.73+22,068.97=53,793（元）

【籌劃結論】 由於三個公司在生產上具有連續性，這就使得本應由A公司當期應納的稅款相對減少13,793.11元（28,965.52-15,172.41=13,793.11元），這筆稅款通過B公司延至第二期繳納。這就使得B公司第二期和C公司第三期納稅額分別增加了2,758.73元（16,551.73-13,793=2,758.73元）和11,034.38元（22,068.97-11,034.48=11,034.38元）。但是，如果假設生產週期為3個月，各期相對增減金額折合為現值，則稅收負擔相對下降了 [13,793.11-2,758.73÷(1+2%)^3-11,034.38÷(1+2%)^6]=1,395（元）。

【籌劃點評】 雖然從公司集團的總體稅負數額上看，籌劃前後沒有區別，但是通過籌劃安排，推遲了納稅的時間，相當於從國家手中獲得了一筆無息貸款，從而為公司集團創造了新的投資收益。

3.2.4 利用結算方式的稅收籌劃

納稅人銷售貨物貨款的結算方式主要有直接收款、委託收款、托收承付、賒銷或者分期收款、預收款銷售、委託代銷等。不同的銷售方式，其納稅義務發生時間是不同的。

1. 增值稅納稅義務發生時間的法律界定

《中華人民共和國增值稅暫行條例實施細則》和「營改增」的相關規定，採取直接收款的方式銷售貨物，不論貨物是否發出，均為收到銷售款或取得索取銷售款憑據的當天；採取托收承付和委託銀行收款的方式銷售貨物，為發出貨物並辦妥托收手續的當天；採取賒銷和分期收款的方式銷售貨物，為書面合同約定收款日期的當天。無書面合同或者書面合同沒有約定收款日期的，為貨物發出的當天；採取預

收貨款方式銷售貨物的，為貨物發出的當天。但生產銷售、生產工期超過12個月的大型機械設備、船舶、飛機等貨物，為收到預收款或者書面合同約定的收款日期的當天；委託其他納稅人代銷貨物，為收到代銷單位銷售的代銷清單或者收到全部或者部分貨款的當天；未收到代銷清單及貨款的，其納稅義務發生的時間為發出代銷貨物滿180日的當天；銷售應稅勞務，為提供勞務同時收訖銷售款或取得索取銷售款的憑據的當天；納稅人發生視同銷售貨物行為，為貨物移送的當天；銷售服務、無形資產或不動產的納稅義務的發生時間為納稅人發生應稅行為並收訖銷售款項或者取得銷售款項憑據的當天；先開發票的，為開具發票的當天，其中取得索取銷售款項憑據的當天，是指書面合同確定的付款日期；未簽訂書面合同或者書面合同未確定付款日期的，為應稅服務完成的當天；納稅人提供有形動產租賃服務採取預收款方式的，其納稅義務發生的時間為收到預收款的當天；納稅人從事金融商品轉讓的，為金融商品所有權轉移的當天；納稅人發生視同銷售服務、無形資產或不動產情形的，其納稅義務發生的時間為服務、無形資產轉讓完成的當天或者不動產權屬變更的當天；增值稅扣繳義務發生的時間為納稅人增值稅納稅義務發生的當天。

增值稅銷售結算方式的籌劃就是在稅法允許的範圍內，盡量採取有利於納稅人的結算方式，推遲納稅時間，獲取資金的時間價值。如果在購貨方資金緊張，不能及時收回貨款的情況下，可採用賒銷或者分期收款的結算方式，避免提前墊付稅款。

2. 賒銷和分期收款方式的稅收籌劃

賒銷和分期收款方式銷售貨物，其納稅義務的時間為書面合同約定收款日期的當天，無書面合同或者書面合同沒有約定收款日期的，為貨物發出的當天。因此，納稅人在產品銷售過程中，在購買方資金緊張且信譽較好，一時無法收回應收貨款的情況下，可以選擇賒銷或者分期收款的結算方式。

3. 委託代銷方式銷售貨物的稅收籌劃

委託代銷是指委託方將商品交付受託方，受託方根據合同要求，將商品出售後開具銷貨清單交與委託方的行為。此時，委託方才能確認銷售收入的實現。因此，根據這一規定，如果納稅人的產品銷售對象是商業企業，並且產品以商業企業再銷售後付款的結算方式銷售，則可以採用委託代銷方式，根據實際收到的貨款分期計算增值稅銷項稅額，從而延遲納稅的時間。

【例3-10】ABC公司為增值稅一般納稅人，20×7年10月15日產生了三筆業務，應收貨款共計2,000萬元（不含稅）。其中，第一筆業務600萬元，錢貨兩清；第二筆業務900萬元，年後一次付清；第三筆業務500萬元，一年後付300萬元，餘款200萬元兩年後付清。

【工作要求】請對ABC公司業務進行稅收籌劃。

【稅法依據】根據《中華人民共和國增值稅暫行條例實施細則》有關規定，納稅人採取賒銷和分期收款的方式銷售貨物，為書面合同約定收款日期的當天。無書面合同或者書面合同沒有約定收款日期的，為貨物發出的當天。

【籌劃思路】納稅人在銷售產品的過程中，購貨方資金緊張且信譽較好，加上是納稅人的長期固定客戶，在一時無法收回或不能全部收回的情況下，可以改變貨款的結算方式，合理推遲納稅時間。就 ABC 公司而言，可以選擇賒銷或分期收款的結算方式。

【籌劃思路】
方案 1：採取直銷收款方式。具體來說，就是銷售合同沒有約定收款結算方式和日期，則 ABC 公司應當按照直接收款方式申報納稅，則

ABC 公司本期增值稅銷項稅額＝2,000×16%＝320（萬元）

方案 2：對第二筆和第三筆業務採取賒銷或者分期收款的結算方式。具體操作是，需要在銷售合同中約定賒銷或者分期收款結算的具體日期，即第二筆業務 900 萬元於 20×9 年 10 月 15 日付款；第三筆業務 500 萬元於 20×8 年 10 月 15 日付款 300 萬元，於 20×9 年 10 月 15 日付款 200 萬元。

ABC 公司本期增值稅銷項稅額＝600×16%＝96（萬元）
ABC 公司一年後支付的增值稅銷項稅額＝300×16%＝48（萬元）
ABC 公司兩年後支付的增值稅銷項稅額＝（900+200）×16%＝176（萬元）

【籌劃結論】方案 2 較方案 1 而言，ABC 公司本期少繳納增值稅額 224 萬元（320-96＝224 萬元），因此 ABC 公司應當選擇方案 2。

【籌劃點評】雖然這 224 萬元增值稅款在以後期間還要繳納，但是推遲了納稅時間，獲得了資金時間價值，從國家手中獲得了無息貸款。

3.2.5　一般計稅方法與簡易計稅方法選擇的稅收籌劃（建築業）

《財政部、國家稅務總局關於全面推開營業稅改增值稅試點的通知》（財稅〔2016〕36 號）中規定：一般納稅人為甲供工程提供的建築服務，可以選擇簡易計稅方法計稅。「甲供材」是指全部或部分設備、材料、動力由工程發包方（甲方）自行採購，提供給建築施工企業（乙方）用於建築、安裝、裝修和裝飾的一種工程建築。甲供工程，是指全部或部分設備、材料、動力由工程發包方自行採購的建築工程。為甲供工程提供建築服務，建築施工企業在增值稅計稅方法上具有一定的選擇權，既可以選擇一般計稅方法，也可以選擇簡易計稅方法。那麼一定存在選擇的稅負臨界點。具體分析如下。

假設甲供材合同中約定的構成價稅合計（不含甲方購買的材料和設備）為 A（含稅），則「甲供材」中建築業選擇一般計稅方法和簡易計稅方法的增值稅計算如下。

在一般計稅方法下的應納增值稅額為：

應納增值稅額＝A÷（1+10%）×10%－建築企業採購材料物質的進項稅額
　　　　　　＝A×9.09%－建築企業採購材料物質的進項稅額

在簡易計稅方法下的應納增值稅額為：

應納增值稅額＝A÷（1+3%）×3%＝A×2.91%

兩種計稅方法下稅負相同的臨界點為：

$A \times 9.09\%$ -建築企業採購材料物質的進項稅額$= A \times 2.91\%$

推導出：

建築企業採購材料物質的進項稅$= A \times 6.18\%$

由於在一般情況下，建築企業採購的物質的適用增值稅稅率為17%，於是，推導出臨界點：

建築企業採購材料物質的進項稅額＝建築企業採購材料物質價稅合計$\div (1+16\%) \times 16\% = A \times 6.18\%$

由此計算出臨界點：

建築企業採購材料物質價稅合計$= A \times 44.81\%$

所以，在「甲供材」模式下，建築企業選擇一般計稅方法或者簡易計稅方法的臨界點參考值是：建築企業採購材料物質價稅合計＝「甲供材」合同中約定的工程價稅合計數$\times 44.81\%$。

分析結論為：①如果建築企業採購材料物質合計大於「甲供材」合同中約定的工程價稅合計數$\times 44.81\%$，則選擇一般計稅方法有利。②如果建築企業採購材料物質合計小於「甲供材」合同中約定的工程價稅合計數$\times 44.81\%$，則選擇簡易計稅方法有利。

所以，建築企業採購材料物質占工程造價的比例，或者說「甲供材」占整個工程造價的比例，是選擇計稅方法的關鍵。

【例3-11】A建築企業（一般納稅人）為甲供工程提供建築服務，甲供工程合同中約定的工程造價合計（不含甲方購買的材料和設備）為1,000萬元（含稅）。根據工程預算，A建築企業需要自行採購材料物質600萬元（含稅）。

【工作要求】請為A建築企業提供稅收籌劃。

【稅法依據】根據《財政部、國家稅務總局關於全面推開營業稅改增值稅試點的通知》（財稅〔2016〕36號）中規定，一般納稅人為甲供工程提供建築服務，建築施工企業在增值稅計稅方法上，既可以選擇一般計稅方法，也可以選擇簡易計稅方法。

【籌劃思路】根據在「甲供材」模式下，建築企業選擇一般計稅方法或者簡易計稅方法的臨界點參考值來確定A建築企業應選擇的計稅方法。建築企業採購材料物質價稅合計＝「甲供材」合同中約定的工程價稅合計數$\times 44.81\%$。

【籌劃過程】

根據建築企業選擇一般計稅方法或者簡易計稅方法的臨界點參考值的計算公式：

建築企業採購材料物質價稅合計＝「甲供材」合同中約定的工程價稅合計數$\times 44.81\%$

可知，建築企業自行採購材料物質的臨界值$= 1,000 \times 44.81\% = 448.1$（萬元）。

【籌劃結論】由於甲供材合同中約定的A建築企業自行採購的材料物質為

600萬元，大於448.1萬元，所以，A建築企業應選擇一般計稅方法。

【籌劃點評】建築企業採購材料物質占工程造價的比例，或者說「甲供材」占整個工程造價的比例，是建築企業選擇計稅方法的關鍵。

3.3 增值稅進項稅額的稅收籌劃

3.3.1 增值稅進項稅的籌劃思路與方法

在稅收籌劃過程中一定要有正確的稅收籌劃思路，才能進行有效的稅收籌劃，避免陷入稅收籌劃的誤區，以利於實現稅收籌劃目標。增值稅進項稅籌劃正確的籌劃思路與方法如下：

（1）在價格相等的情況下，購買具有增值稅專用發票的貨物。

（2）納稅人在購進貨物或接受勞務、服務、無形資產或者不動產時，不僅要向對方索要增值稅專用發票，而且要看增值稅專用發票上的稅額是按什麼比例計算的。

（3）購免稅農產品時，要使用正規的收購發票。

（4）將用於非應稅項目或免稅項目的購進貨物先作為原材料入庫，待使用時再做進項稅轉出。

（5）採用兼營手段，縮小不得抵扣部分的比例。

3.3.2 進項稅抵扣時間的籌劃

中國增值稅法對允許抵扣的當期進項稅在時間上有嚴格的規定。其進項稅抵扣時間根據國家稅務總局公告（2017年第11號）：自2017年7月1日起，增值稅一般納稅人取得的2017年7月1日及以後開具的增值稅專用發票和機動車銷售統一發票，應自開具之日起360日內認證或登錄增值稅發票選擇確認平臺進行確認，並在規定的納稅申報期內，向主管國稅機關申報抵扣進項稅額。增值稅一般納稅人取得的2017年7月1日及以後開具的海關進口增值稅專用繳款書，應自開具之日起360日內向主管國稅機關報送《海關完稅憑證抵扣清單》，申請稽核比對。納稅人取得的2017年6月30日前開具的增值稅扣稅憑證，仍按《國家稅務總局關於調整增值稅扣稅憑證抵扣期限有關問題的通知》（國稅函〔2009〕617號）執行。

因此，根據進項稅抵扣時間的規定，對於取得的防偽稅控系統取得的增值稅專用發票，應當在取得發票後盡快認證抵扣。如購進多用途物資，應先進行認證抵扣，待轉為非應稅項目用物資時再進行進項稅轉出處理，以防止非應稅項目使用物資轉為應稅項目使用時由於超過認證時間而不能抵扣其進項稅。

3.3.3 購貨方選擇的稅收籌劃

增值稅一般納稅人實行憑增值稅專用發票抵扣的制度，只有一般納稅人才能使

用增值稅專用發票。一般納稅人從小規模納稅人處購進貨物或接受勞務、服務、無形資產或者不動產，由於小規模納稅人不能開具增值稅專用發票，根據稅法規定，小規模納稅人可以到主管稅務機關申請代開增值稅專用發票，那麼增值稅一般納稅人可以根據增值稅專用發票的稅額計提進項稅，抵扣率為3%；如果購貨方取得的是小規模納稅人開具的普通發票，是不能抵扣的（農產品除外）。因此，一般納稅人在選擇購貨對象時，必然要考慮到以上稅收規定的差異。

增值稅一般納稅人從小規模納稅人處購進的貨物或接受的勞務、服務、無形資產或者不動產不能抵扣進項稅，或者只能抵扣3%，為了彌補因不能取得專用發票而產生的損失，必然要求小規模納稅人在價格上給予一定的折讓。那麼究竟多大的折讓才能彌補損失呢？這裡就存在一個價格折讓臨界點。現在我們來分析這一價格折讓臨界點。

假設從一般納稅人處購進貨物或接受的勞務、服務、無形資產或者不動產的價格為 P（含稅價），從小規模納稅人處購進貨物或接受的勞務、服務、無形資產或者不動產的價格為 S（含稅價）。為使兩者扣除貨物和勞務稅後的銷售利潤相等，則有下列等式：

$$銷售額(不含稅) - \frac{P}{(1+增值稅稅率)} - [銷售額(不含稅) - \frac{P}{(1+增值稅稅率)}] \times 增值稅稅率 \times (城市維護建設稅稅率+教育費附加徵收率)$$

$$= 銷售額(不含稅) - \frac{S}{(1+增值稅稅率)} - [銷售額(不含稅) \times 增值稅稅率 - \frac{S}{(1+增值稅稅率)} \times 徵收率] \times 增值稅稅率 \times (城市維護建設稅稅率+教育費附加徵收率)$$

則：

$$\frac{P}{1+增值稅稅率} - \frac{P}{1+增值稅稅率} \times 增值稅稅率 \times (城市維護建設稅稅率+教育費附加徵收率)$$

$$= \frac{S}{1+徵收率} - \frac{S}{1+徵收率} \times 徵收率 \times (城市維護建設稅稅率+教育費附加徵收率)$$

當城市維護建設稅稅率為7%、教育費附加徵收率為3%時，則有：

$$\frac{P}{1+增值稅稅率} - \frac{P}{1+增值稅稅率} \times 增值稅稅率 \times (7\%+3\%)$$

$$= \frac{S}{1+徵收率} - \frac{S}{1+徵收率} \times 徵收率 \times (7\%+3\%)$$

或者：

$$\frac{P}{1+增值稅稅率} \times (1-增值稅稅率 \times 10\%) = \frac{S}{1+徵收率} \times (1-徵收率 \times 10\%)$$

$$S=\frac{(1+徵收率)\times(1-增值稅稅率\times10\%)}{(1+增值稅稅率)\times(1-徵收率\times10\%)}\times P$$

當增值稅稅率為16%、徵收率為3%時,則有:

$$S=\frac{(1+3\%)\times(1-16\%\times10\%)}{(1+16\%)\times(1-3\%\times10\%)}\times P=P\times87.64\%$$

即當一般納稅人從小規模納稅人的購進價格為從一般納稅人處購進價格的87.64%,無論從一般納稅人處進貨還是從小規模納稅人處進貨,取得的收益都是相等的。當小規模納稅人的報價折扣率低於該比例時,向一般納稅人進貨取得增值稅專用發票可以抵扣的稅額將大於小規模納稅人的價格折扣;只有當小規模納稅人報價的折扣率高於該比例時,向小規模納稅人進貨才能獲得比向一般納稅人進貨更大的稅收利益。

如果從小規模納稅人處不能取得增值稅專用發票,則有:

$$S=P\times\frac{1-增值稅稅率\times10\%}{1+增值稅稅率}$$

分別將增值稅稅率10%、6%代入上面公式可得出不同的價格優惠臨界點,見表3-5。

表3-5   價格優惠臨界點

一般納稅人抵扣率(%)	小規模納稅人抵扣率(%)	價格優惠臨界點(含稅)(%)
16	3	87.64
16	0	84.83
10	3	92.98
10	0	90
6	3	96.88
6	0	93.77

【例3-12】某服裝廠(增值稅一般納稅人)外購布匹作為加工服裝產品的原材料,現有兩個供應商甲和乙,甲為增值稅一般納稅人,可以開具稅率為16%的增值稅專用發票,該批布匹報價50萬元(含稅價);乙為小規模納稅人,可以出具由其所在地主管稅務機關代開的徵收率為3%的增值稅專用發票,該批布匹報價為46.5萬元(城市維護建設稅稅率為7%,教育費附加徵收率為3%)。

【工作要求】請為服裝廠採購布匹提出稅收籌劃建議。

【稅法依據】增值稅納稅人有一般納稅人和小規模納稅人兩種類型。一般納稅人按16%、10%或者6%的稅率計稅,實行憑增值稅專用發票抵扣進項稅的購進扣稅法;而小規模納稅人採用簡易計稅辦法,徵收率為3%,不能抵扣進項稅額。

【籌劃思路】從甲供應商處購進布匹,取得增值稅專用發票,可以抵扣16%的

進項稅；從乙供應商處購進布匹只能抵扣3%的進項稅。但是乙供應商報價要低於甲供應商，這樣可以通過價格優惠臨界點法來選擇供應商。

【籌劃過程】

從價格優惠臨界點原理可知，當增值稅稅率為16%、小規模納稅人的抵扣率為3%時，價格優惠臨界點為87.64%，即價格優惠臨界點的銷售價格為：

價格優惠臨界點的銷售價格＝500,000×87.64%＝438,200（元）

【籌劃結論】從乙供應商的報價看，465,000元大於價格優惠臨界點438,200元，應從甲供應商處進貨。

【籌劃結果】以上是在「購貨企業以利潤最大化為目標」的前提下進行討論的。事實上，企業選擇進貨對象時除了考慮淨利潤大小（或者付出成本高低）以外，還應當考慮諸如現金淨流量、信用關係、售後服務、購貨運費等因素，以便做出更全面、合理的決策。

3.3.4　充分利用農產品免稅政策的稅收籌劃

增值稅一般納稅人向農業生產者、小規模納稅人購買農產品，可以按10%抵扣率抵扣進項稅，但農產品必須是《農產品徵稅範圍註釋》規定範圍內的農產品。如果小規模納稅人（農業生產者）將自己生產的農產品加工後再賣給一般納稅人，其加工後的產品有可能不再符合農產品的定義，即使是一般納稅人購入，也無法抵扣進項稅額。這時可以變「收購非初級農產品」為「收購初級農產品」，進而達到節稅的目的。

【例3-13】甲公司為一家具生產企業（增值稅一般納稅人），每年從農民手中收購加工後的板材2,400萬元，假設農民加工這批2,400萬元的板材耗用自產的樹木的成本為1,600萬元。甲公司每年銷售家具取得不含稅的銷售收入為7,200萬元，其他可以抵扣的進項稅額為20萬元。

【工作要求】請對甲公司該項目進行稅收籌劃。

【稅法依據】根據中國增值稅法的相關規定，初級農產品是指直接從事植物的種植、收割的動物的飼養、捕撈單位和個人銷售的自產並且免徵增值稅的農業產品。一般納稅人購進初級農產品除取得增值稅專用發票或者海關進口增值稅專用繳款書外，按照農產品收購發票或者銷售發票上註明的農產品買價和10%的扣除率計算進項稅額。其計算公式為：

進項稅額＝買價×扣除率

【籌劃思路】由於農業生產者銷售自產的初級農產品免增值稅。一般納稅人購進初級農產品除取得增值稅專用發票或者海關進口增值稅專用繳款書外，按照農產品收購發票或者銷售發票上註明的農產品買價和10%的扣除率計算進項稅額。所以該家具廠應直接與農民協商，從農民手中收購樹木，然後企業雇傭農民到企業上班，生產板材。這樣既可以保證農民的收入，同時降低了家具廠的增值稅稅負。

【籌劃過程】

方案1：甲公司從農民手中收購加工的板材。

應納增值稅稅額=7,200×16%-200=952（萬元）

方案2：甲公司直接從農民手中收購樹木，然後雇傭農民到公司上班，生產板材。

應納增值稅稅額=7,200×16%-1,600×10%-200=792（萬元）

【籌劃結論】方案2比方案1少繳納增值稅160萬元（952-792=160萬元），因此甲公司應當與農民協商選擇方案2。

【籌劃點評】變「收購非初級農產品」為「收購初級農產品」進而達到節稅的目的。但是雇傭農民加工生產板材，產生的人工成本和其他與生產板材相關的成本應當不高於960萬元（2,400-1,600+160=960萬元），否則將得不償失。

3.3.5 兼營簡易計稅方法項目、免徵增值稅項目進項稅額核算的稅收籌劃

3.3.5.1 是否準確劃分簡易計稅方法計稅項目、免徵增值稅項目的進項稅額的籌劃

增值稅一般納稅人兼營簡易計稅方法項目、免徵增值稅項目，應當正確劃分其不得抵扣的進項稅額。應稅項目與簡易計稅方法計稅項目、免徵增值稅項目的進項稅額可以劃分清楚的，用於生產應稅項目產品的進項稅額可以按規定進行抵扣；用於生產簡易計稅方法計稅項目、免徵增值稅項目產品的進項稅不得抵扣。對不能準確劃分進項稅額的，按照下列公式計算不得抵扣的進項稅額：

$$不得抵扣的進項稅額=當期無法劃分的全部進項稅額 \times \frac{當期簡易計稅方法計稅項目銷售額+免徵增值稅項目銷售額}{當期全部銷售額}$$

納稅人可以按照上述公式計算出不得抵扣的進項稅額與實行簡易計稅方法計稅項目、免徵增值稅項目不得抵扣的進項稅額，並將其進行對比。如果前者大於後者，則應準確劃分兩類不同的進項稅額，並按規定轉出進項稅額；如果前者小於後者，則無須準確劃分，而是按照公式計算結果確定不得抵扣的進項稅額。

3.3.5.2 兼營簡易計稅方法項目、免徵增值稅項目進項稅額核算方式的稅收籌劃

根據《中華人民共和國增值稅暫行條例》及其實施細則和「營改增」政策的相關規定，一般納稅人對於簡易計稅方法計稅項目、免徵增值稅項目的進項稅額可以在其用於該類用途時，從原購進時已做抵扣的進項稅額中通過「應交稅費——應交增值稅（進項稅額轉出）」科目轉出，即轉入相關資產或產品成本。在實踐中，有不少公司為了避免進項稅額核算出現差錯，便通過設立「工程物資」「其他材料」等科目單獨計算簡易計稅方法計稅項目、免徵增值稅項目的進項稅額，將其直接計入材料成本。

在一般情況下，材料從購進到生產領用存在一定的時間差，簡易計稅方法計稅項目、免徵增值稅項目進項稅額的不同核算方法決定了公司能否充分利用這個時間差。如果單獨設立相關科目直接計算該類進項稅額，直接計入材料成本，說明在原材料購進時未做進項稅抵扣，該期繳納了增值稅；相反，如果在材料購進時並不區分，與當期應稅項目的進項稅額一併抵扣，直到領用原材料用於簡易計稅方法計稅項目、免徵增值稅項目時再做進項稅轉出，這樣會產生遞延納稅的效果，獲得資金的時間價值。

3.4 增值稅稅率的稅收籌劃

3.4.1 增值稅稅率的法律界定

中國增值稅採用比例稅率形式。為了發揮增值稅的中性作用，原則上增值稅的稅率應該對不同行業、不同企業實行單一稅率，被稱為基本稅率。但在實踐中，為照顧一些特殊行業或產品而增設了低稅率檔次，對出口產品實行零稅率。為了適應增值稅納稅人分成兩類的情況，故對這兩類不同的納稅人又採用了不同的稅率和徵收率。

1. 基本稅率

納稅人銷售或者進口貨物，除列舉外，稅率均為16%；提供加工、修理修配勞務和應稅服務，除適用低稅率範圍外，稅率也為16%。這一稅率就是通常所說的基本稅率。

2. 低稅率

（1）增值稅一般納稅人銷售或進口這些貨物，按照低稅率10%計徵增值稅：①農業產品（初級）、食用植物油、食用鹽；②自來水、暖氣、冷氣、熱水、煤氣、石油液化氣、天然氣、沼氣、居民用煤炭製品；③圖書、報紙、雜誌；④飼料、化肥、農藥、農機、農膜；⑤音像製品、電子出版物、二甲醚。

（2）提供交通運輸服務、郵政、基礎電信、建築、不動產租賃服務，銷售不動產、轉讓土地使用權，稅率為10%。

（3）提供現代服務業服務（不動產租賃除外）、增值電信服務、金融業服務、生活服務，銷售無形資產（轉讓土地使用權除外），稅率為6%。

3. 零稅率

納稅人出口貨物和財政部、國家稅務總局規定的應稅服務，稅率為零（如國際運輸服務、航天運輸服務等）。

4. 徵收率

中國現行增值稅對小規模納稅人採用簡易計稅方法，採用徵收率計稅。徵收率為3%。

3.4.2 兼營的稅收籌劃

兼營是指納稅人的經營範圍,既包括銷售貨物和加工修理修配勞務又涉及銷售服務、無形資產或者不動產的行為。但是,銷售貨物,提供加工修理修配勞務,銷售服務、無形資產或者不動產不同時發生在同一銷售行為中。

根據《中華人民共和國增值稅暫行條例實施細則》和《營業稅改徵增值稅試點實施辦法》(財稅〔2016〕36號)的規定,納稅人銷售貨物,提供加工修理修配勞務,銷售服務、無形資產或者不動產適用不同稅率或徵收率的,應分別核算適用不同稅率或者徵收率的銷售額。未分別核算的,按照以下方法適用稅率或者徵收率:

(1) 兼有不同稅率的銷售貨物、提供加工修理修配勞務、服務、無形資產或者不動產,從高適用稅率。

(2) 兼有不同徵收率的銷售貨物、提供加工修理修配勞務、服務、無形資產或者不動產,從高適用徵收率。

(3) 兼有不同稅率和徵收率的銷售貨物、提供加工修理修配勞務、服務、無形資產或者不動產,從高適用稅率。

為了避免從高適用稅率或者徵收率而加重稅收負擔的情況,兼有不同稅率或者徵收率的貨物、應稅勞務或者應稅服務的公司,一定要將各自的銷售額分別核算。

【例3-14】甲公司是一家電視機生產企業(增值稅一般納稅人),該企業除了生產銷售電視機之外,還將空置的倉庫用於提供倉儲服務。20×8年,甲企業取得銷售電視機收入2,000萬元(不含稅),倉儲服務收入600萬元(含稅)。當年可抵扣的增值稅進項稅額為120萬元。根據稅法規定,銷售電視機適用稅率為16%,倉儲服務適用稅率為6%。

【工作要求】請對甲公司的業務進行稅收籌劃。

【稅法依據】根據《中華人民共和國增值稅暫行條例實施細則》和《營業稅改徵增值稅試點實施辦法》(財稅〔2016〕36號)的規定,納稅人銷售貨物,提供加工修理修配勞務、銷售服務、無形資產或者不動產適用不同稅率或徵收率的,應分別核算適用不同稅率或者徵收率的銷售額。未分別核算銷售額的,從高適用稅率。

【籌劃思路】納稅人應當盡量將不同稅率的銷售貨物,提供的加工修理修配勞務、服務以及無形資產或者不動產分開核算,以適用不同稅率,從而避免從高適用稅率,進而減輕企業稅收負擔。

【籌劃過程】

方案1:甲公司未分開核算的情況下。

甲公司應納增值稅額 = $(2,000 + \dfrac{600}{1+16\%}) \times 16\% - 120 = 282.76$(萬元)

方案2:甲公司分開核算的情況下。

甲公司應納增值稅額＝2,000×16%＋$\frac{600}{1+6\%}$×6%−120＝233.96（萬元）

【籌劃結論】方案2比方案1少繳納增值稅額282.76−233.96＝48.8萬元。因此甲公司應選擇方案2。

【籌劃點評】儘管納稅人採取分開核算會加大核算成本，但與節稅額相比，還是非常值得的。

在增值稅稅率籌劃中，納稅人應準確理解和掌握低稅率的適用範圍。例如，適用低稅率11%的「農機」，是指農機整機，農機零部件不屬於「農機」範圍，因而生產農機零件的企業可以通過與農機整機生產企業合併、組合的形式，使產品符合低稅率的標準，實現節稅目標。當然，納稅人也可以通過轉變經營模式，將適用高稅率的應稅項目轉變為適用低稅率的應稅項目，達到節稅的目的。

【例3−15】位於某市區的甲公司（增值稅一般納稅人），主要從事貨物運輸服務，此外還將本單位閒置的車輛對外出租。20×8年11月取得不含稅的租賃收入為400萬元，此業務可以抵扣的進項稅額為10萬元。

【工作要求】請對甲公司車輛出租業務進行稅收籌劃。

【稅法依據】參看例3−12的稅法依據。

【籌劃思路】在甲公司對外出租車輛的同時，為出租車輛配備駕駛員，燃油費用由公司承擔。這樣將原來的有形動產租賃服務轉為交通運輸服務。適用稅率由16%降低為10%。

【籌劃過程】

方案1：單獨出租車輛，甲公司應納增值稅額。

甲公司租賃業務應納增值稅額＝400×16%−10＝54（萬元）

方案2：將原來的有形動產租賃服務轉為交通運輸服務，甲公司應納增值稅額。

甲公司交通運輸服務應納增值稅額＝400×10%−10＝30（萬元）

【籌劃結論】方案2比方案1少繳納增值稅額54−30＝24萬元。因此甲公司應選擇方案2。

【籌劃點評】納稅人將原來的有形動產租賃服務轉為交通運輸服務，改變了適用稅率，降低了增值稅稅負，同時由於甲公司承擔了人員成本和燃油成本，相應會增加運輸收入。

但要考慮駕駛員和燃油成本的增加，應全面衡量，做出合理的決策。

3.4.3 混合銷售的稅收籌劃

2016年，全面「營改增」後，保留了混合銷售和兼營行為，同時賦予了其新的內涵，但混業經營不復存在。一項銷售行為如果既涉及貨物又涉及服務，為混合銷售。混合銷售的納稅主要原則是按「經營主業」劃分，分別按照「銷售貨物」或者

「銷售服務」徵收增值稅，即從事貨物的生產、批發或者零售的單位和個體工商戶的混合銷售行為，按照銷售貨物繳納增值稅；其他單位和個體工商戶的混合銷售行為，按照銷售服務繳納增值稅。上述從事貨物的生產、批發或者零售的單位和個體工商戶，包括以從事貨物的生產、批發或者零售為主（納稅人每年的貨物銷售額與服務銷售額合計數中，貨物的銷售額超過50%），並兼行銷售服務的單位和個體工商戶。

【例3-16】在責任公司甲（增值稅一般納稅人）下設供電器材加工和工程安裝施工兩個非獨立核算的業務部門。供電器材加工部門主要生產和銷售貨物，工程安裝施工部門主要負責提供輸電設備的安裝服務。公司銷售收入為2,800萬元（不含稅），銷售貨物時取得安裝服務收入1,600萬元（不含稅），可以抵扣的進項稅額為255萬元。

【工作要求】請對甲公司經營業務進行稅收籌劃。

【稅法依據】根據中國增值稅法和「營改增」的有關規定，一項銷售行為如果既涉及貨物又涉及服務，為混合銷售。混合銷售的納稅主要原則是按「經營主業」劃分，分別按照「銷售貨物」或者「銷售服務」徵收增值稅。

【籌劃思路】甲公司發生的是混合銷售業務，由於銷售貨物收入占總收入的50%以上，應按照主業銷售貨物繳納16%的增值稅。在安裝工程服務業務收入無法超過總收入50%的情況下，甲公司應當將安裝工程施工部門獨立出來，組建一個獨立核算的自主納稅的安裝工程公司乙（取得相應的安裝資質）。這樣乙公司的安裝工程收入可以按照建築業繳納10%的增值稅。

【籌劃過程】
方案1：甲公司未分開核算銷售和安裝業務，則
甲公司應納增值稅額＝(2,800+1,600)×16%－255＝449（萬元）

方案2：分開核算，即將安裝工程業務部門成立一家具有安裝資質的安裝工程公司乙；或甲公司申請具備安裝資質，且甲公司內部將銷售和安裝業務分開核算。則

甲公司應納增值稅額＝2,800×16%－255＝193（萬元）
乙公司應納增值稅額＝1,600×10%＝160（萬元）
合計應納增值稅額＝193+160＝353（萬元）

【籌劃結論】方案2較方案1少繳納增值稅額449－353＝96萬元，因此甲公司應選擇方案2。

【籌劃點評】運用增值稅政策法規，在不能改變增值稅納稅人「主業」的情況下，可以考慮分開核算以降低增值稅稅負。

3.5 利用增值稅稅收優惠政策的稅收籌劃

3.5.1 稅收優惠籌劃的基本內涵

3.5.1.1 稅收優惠籌劃的含義及特點

稅收優惠籌劃是指納稅人充分合法利用稅法中現有的各種稅收政策信息達到不繳稅或者少納稅目的的一種經濟行為。在稅法允許的範圍之內，當存在許多納稅方案可供選擇時，納稅人有權以稅收負擔最低的方式來處理財務、經營、交易等事項。納稅人出於稅務動機選擇有利於自己的經營方式，並且這種選擇與立法精神不相矛盾，這就是稅收優惠籌劃法。

可以用來籌劃的稅收政策信息主要為稅法中的特殊條款、優惠措施等規定。由於這些特殊條款和優惠措施的存在，客觀上為納稅人的稅收籌劃提供了空間和機會，納稅人可以避重就輕，設計和利用自己的最佳納稅方案。

由此可見，稅收優惠籌劃具有合法性、政策導向性和超前策劃性的特點。

3.5.1.2 稅收優惠籌劃的意義

（1）有助於抑制納稅人的逃稅行為，增強納稅人的法律意識。作為納稅人，從主觀上講都希望減輕自己的稅負，然而減輕稅負的方法和手段是多種多樣的，任何違法的方法和手段都是要付出代價的。所以納稅人應在法律允許的框架內進行納稅。

（2）有助於優化產業結構和資源配置。納稅人利用國家的各項稅收優惠、鼓勵政策，進行籌資決策、投資決策、生產經營決策和利潤分配決策。儘管在主觀上是為了減輕納稅人的稅收負擔，使自己的利益最大化，但在客觀上卻是在國家稅收槓桿的作用下，進行產業結構的調整，優化資源的配置，這體現了國家的產業政策，是符合國家的發展方向的。

（3）有助於提高納稅人的經營管理水準和會計管理水準。資金、成本、利潤是納稅人經營管理和會計管理的基本要素，稅收優惠籌劃有助於實現納稅人資金、成本、利潤的最佳結合。這不僅能使企業經營管理水準不斷躍上新臺階，而且也有利於提高企業的會計管理水準。

（4）從長遠看，稅收優惠籌劃有助於增加國家稅收總量。在目前國家減稅政策有限的情況下，納稅人利用稅收優惠政策進行籌劃，降低了企業的稅收負擔，這對企業的生存發展十分有利。雖然在短期內稅收籌劃減少了國家的財政收入，但是由於這符合國家的宏觀調控政策，是有利於實現國民經濟健康、有序地發展的，所以隨著產業佈局的逐步合理、資源的進一步優化配置，可以促進生產進一步發展。企業發展了，稅源增加了，這樣上繳給國家的稅款也會獲得同步增長。

3.5.2 減免稅稅收優惠政策的利用

由於增值稅是多環節徵稅，因此納稅人在利用增值稅減免稅政策時，必須考慮自身在納稅鏈中所處的位置。

如果納稅人購入免稅產品，除以專用收購憑證收購免稅農產品可以按照10%抵扣進項稅以外，其餘均不能抵扣進項稅。這樣，這個環節的銷項稅額實際上成了應納稅款，納稅人的稅收負擔反而增加了。如果本環節生產免稅產品，產品銷售時免徵增值稅，不能開具增值稅專用發票，可能影響納稅人的產品銷售，因為購買方無法取得增值稅專用發票，減少其進項稅抵扣額，同時納稅人之間購進貨物的進項稅也不能抵扣。因此，如果納稅人處於中間環節，建議放棄申請免稅。

如果納稅人應稅產品與免稅產品的進項稅額無法劃分時，則應按比例分攤法計算。納稅人兼營減免稅項目時，其應稅產品、減稅產品、免稅產品應分別設置帳簿，分別核算；否則，不得減免稅款。

3.5.3 創造稅收優惠條件，達到減免稅要求

在增值稅有關減免稅規定中，有的是特定產品的減免，有的是對符合條件產品的減免。因此，納稅人為了降低稅負，應積極主動地創造條件，使其符合減免稅要求。

（1）利用環保優惠政策進行稅收籌劃。

稅法規定，建材產品生產，如果其原材料中摻有不少於30%的粉煤灰、煤矸石、燒煤鍋爐的爐底渣（不包括高爐低渣），則可以免繳增值稅。這是國家利用稅收槓桿手段鼓勵企業對「三廢」進行的綜合利用，在減輕納稅人稅負的同時，有利於環保。

【例3-17】某鋼鐵企業擁有固定資產7億元，員工4,000多人，主要生產鋼材。該企業處於該市區郊區，在生產鋼材的過程中，每天產生近40噸的廢煤渣（爐底渣），隨之也出現了較大的污染問題。煤渣的排放使周圍的水質受到很大的影響，導致附近居民嚴重不滿。環保部門也多次對其警告和罰款，累進罰款30多萬元。該廠要想維持正常生產，樹立良好的社會形象，必須下決心治污。該廠根據有關專家的建議，擬定了兩個方案：方案1，把煤渣的排放交給當地村民委員會處理，但每年要支付給村民委員會20萬元的處理費用；方案2，投資100萬元興建牆體材料廠，利用排放的廢煤渣生產防火材料。

【工作要求】請對鋼鐵企業的經營業務進行稅收籌劃。

【稅法依據】《財政部、國家稅務總局關於印發〈資源綜合利用產品和勞務增值稅優惠目錄〉的通知》（財稅〔2015〕78號）規定，自2015年7月1日起，納稅人銷售自產的資源綜合利用產品和提供資源綜合利用勞務，可以享受增值稅即徵即退政策。

【籌劃思路】建材企業應充分利用環保稅收優惠政策，對資源進行綜合利用，充分利用廢渣生產，並參考《資源綜合利用產品和勞務增值稅優惠目錄》，實現企業與社會的共贏。

【籌劃過程】

方案 1：把企業每年排放的煤渣交給當地村民委員會處理，儘管能夠解決污染問題，但是企業每年都必須支付 20 萬元給當地村民委員會，這是一筆不小的開支，且每年都要支付。這是傳統的「就事論事」思維，沒有考慮企業的稅收問題，不會產生節稅的效果，相應會增加企業每年的經營成本。

方案 2：投資 100 萬元興建牆體材料廠，利用排放的廢煤渣生產防火材料，但必須使用鋼鐵企業生產排放的廢煤渣生產的防火材料中的廢煤渣的比例不能低於 70%。這樣既解決了污染問題，又追求了企業價值最大化，降低了企業的增值稅稅負。

【籌劃結論】方案 2 較方案 1 更加優越，因此鋼鐵企業應選擇方案 2。

【籌劃點評】通過創造條件來滿足稅收優惠政策的要求，從而享受相關的稅收優惠政策，這是稅收籌劃的一個重要思路。但是納稅人必須到國家相關部門辦理相關手續。

（2）利用農產品免稅優惠政策進行稅收籌劃。

中國增值稅法的有關規定是農業生產者銷售的自產農產品免繳增值稅，增值稅一般納稅人向農業生產者購買免稅農產品或者向小規模納稅人購買的農產品，準予按照買價 10% 的扣除率計算進項稅額，從當期銷項稅額中扣除。

【例 3-18】某乳品廠長期以來一直實行大而全的經營模式，內部設有牧場和乳品加工兩個分廠，牧場生產的原奶經乳品分廠製成奶製品後出售。該乳品廠每年餵養奶牛所需草料一部分是支付 50 萬元從當地農民手中收購，其餘草料來自牧場自產；每年支付水電費、修理配件合計 50 萬元（不含稅）；全年銷售奶製品 500 萬元（不含稅）。公司經過幾年運行後發現增值稅負較高。

【工作要求】請對乳品廠的經營業務進行稅收籌劃。

【稅法依據】根據中國增值稅法的有關規定，農業生產者銷售的自產農產品免繳增值稅，增值稅一般納稅人向農業生產者購買免稅農產品或者向小規模納稅人購買的農產品，準予按照買價 10% 的扣除率計算進項稅額，從當期銷項稅額中扣除。

【籌劃思路】乳品廠重新構建業務流程，即將整個生產流程分為牧場和乳品加工廠兩個獨立核算的納稅人。分開後，牧場專門飼養奶牛生產原奶，然後銷售給乳品加工廠；乳品加工廠購進原奶，生產奶製品對外銷售。

【籌劃過程】

實施籌劃前，乳品廠全年應納增值稅額為：

應納增值稅額＝500×16%－50×10%－50×16%＝67（萬元）

實施籌劃後，牧場免徵增值稅，假設牧場銷售給乳品廠的原奶每年 350 萬元，

每年支付水電費30萬元（不含稅），其他資料不變，則

乳品廠應納增值稅額＝500×16%－350×10%－30×16%＝40.2（萬元）

【籌劃結論】 實施籌劃後節稅（增值稅）67－40.2＝26.8萬元。所以乳品廠應當分散業務，成立牧場和乳品廠兩個獨立納稅人。

【籌劃點評】 由於原奶價格遠遠高於草料收購價格，這樣加大了增值稅進項稅額的抵扣。需要注意的是，由於牧場與乳品加工廠存在關聯關係，牧場賣給乳品加工廠的原奶的價格必須按照獨立企業之間交易的正常價。否則稅務機關將依法調整乳品加工廠的進項稅。

（3）利用農民專業合作社國家稅收優惠政策進行稅收籌劃。

《財政部、國家稅務總局關於農民專業合作社有關稅收政策的通知》（財稅〔2008〕81號）明確規定依照《中華人民共和國農民專業合作社法》規定設立和登記的農民專業合作社，自2008年7月1日起享受如下有關稅收優惠政策：一是對農民專業合作社銷售本社成員生產的農產品，視同農業生產者銷售自產農業產品，免徵增值稅；二是增值稅一般納稅人從農民專業合作社購進免稅農產品，可按13%（現為10%）的扣除率計算抵扣增值稅進項稅額；三是對農民專業合作社向本社成員銷售的農膜、種子、種苗、化肥、農藥、農機，免徵增值稅；四是對農民專業合作社與本社成員簽訂的農業產品和農業生產資料購銷合同，免徵印花稅。為此，納稅人可以利用該稅收優惠政策進行稅收籌劃。

當納稅人從農民手中購買並銷售農產品時，可以吸收當地農民，成立農民專業合作社，採用「社員+社員」或「公司+農戶」的經營模式，具備農民專業合作社的規模經營條件。這樣，銷售本社成員的自產農產品，免徵增值稅，從而增加了社員的分紅比例，帶動了社員共同致富。

目前，農民專業合作社的組建形式主要包括四種：①農民中的能人在某一個產業帶領農民創辦合作社；②鄉村幹部利用手中的資源領辦合作社；③鄉鎮基層機關創辦合作社；④農產品深加工企業通過發展產業鏈領辦合作社。

（4）利用殘疾人稅收優惠政策進行稅收籌劃。

為了發揮稅收政策促進殘疾人就業作用，進一步保障殘疾人權益，經國務院批准，決定對促進殘疾人就業的增值稅政策進行調整完善。財政部和國家稅務總局聯合頒發了《關於促進殘疾人就業增值稅優惠政策的通知》（財稅〔2016〕52號），對有關資產進行了進一步完善。明確自2016年5月1日起執行如下政策：對安置殘疾人的單位和個體工商（以下稱納稅人），實行由稅務機關按納稅人安置殘疾人的人數，限額即徵即退增值稅的辦法；安置的每位殘疾人每月可退還增值稅具體限額，由縣級以上的稅務機關根據納稅人所在區縣（含縣級市、旗、下同）適用的經省（含自治區、直轄市、計劃單列市，下同）人民政府批准的月最低工資標準的4倍確定。

因此，納稅人在利用這項稅收優惠政策時，可以結合自身的情況，吸收一些殘

疾人員到本公司工作，這樣既解決了殘疾人的工作問題，獲得了社會效應，又降低了增值稅稅負。

但是，安置殘疾人就業的納稅人享受該項稅收優惠政策時，必須滿足安置殘疾人及待遇的條件和納稅人涉稅管理的條件。

安置殘疾人及待遇的條件包括：①納稅人（除盲人按摩機構）月安置的殘疾人占職工人數的比例不低於25%（含25%），並且安置的殘疾人人數不少於10人（含10人）；盲人按摩機構月安置的殘疾人占在職職工人數的比例不低於25%（含25%），並且安置的殘疾人人數不少於5人（含5人）。②依法與安置的每位殘疾人簽訂了一年以上（含一年）的勞動合同或服務協議。③為安置的每位殘疾人按月足額繳納了基本養老保險、基本醫療保險、失業保險、工傷保險和生育保險等社會保險。④通過銀行等金融機構向安置的每位殘疾人按月支付了不低於納稅人所在區縣適用的、經省人民政府批准的月最低工資標準的工資。

納稅人涉稅管理條件包括：①納稅人應當分別核算享受稅收優惠政策和不得享受稅收優惠政策的業務的銷售額，不能分別核算的，不得享受稅收優惠政策。②對待特殊教育學校創辦的企業，只要符合安置殘疾人及其待遇條件，即可享受限額即徵即退的增值稅優惠政策。③納稅人中的納稅信用等級為稅務機關評定的C級或者D級的，不得享受限額即徵即退增值稅的優惠政策。④納稅人按照納稅期限向主管稅務機關申請退還增值稅。

本章小結：

增值稅是對在中國境內銷售貨物、提供加工、修理修配勞務（稱為「應稅勞務」）、銷售服務、無形資產或者不動產以及進口貨物的企業單位和個人，就其貨物銷售或提供勞務、應稅服務的增值額和貨物進口金額為計稅依據而徵徵的一種稅。

根據增值稅的特點，其稅收籌劃主要包括：利用增值稅一般納稅人和小規模納稅人稅負平衡點的定量分析方法有利於幫助納稅人選擇合適的納稅主體；合理利用銷售方式、結算方式、經濟合同、市場定價自主權、計稅方法對增值稅銷項稅進行稅收籌劃；合理利用進項稅抵扣時間、購貨方選擇、農產品免稅政策、計稅方法對增值稅進項稅進行稅收籌劃；合理利用兼營、混合銷售對增值稅稅率的使用進行稅收籌劃；合理利用國家關於增值稅稅收優惠的政策進行稅收籌劃，也有利於降低納稅人的稅負。

關鍵術語：

| 增值稅 | 增值稅一般納稅人 | 增值稅小規模納稅人 | 以舊換新銷售 |
| 折扣銷售 | 還本銷售 | 以物易物方式銷售 | 直接收款 |

委託收款	托收承付	分期收款	預收款銷售
委託代銷	甲供材	甲供工程	兼營
混合銷售			

思考題

1. 簡述選擇增值稅身分應考慮的因素。
2. 如何進行增值稅一般納稅人和小規模納稅人稅負平衡點的定量分析。
3. 簡述增值稅進項稅的籌劃思路與方法。
4. 簡述增值稅進項稅的籌劃思路與方法。
5. 簡述兼營的稅務處理。
6. 簡述混合銷售的稅務處理。
7. 簡述稅收優惠籌劃的含義及特點。
8. 簡述利用稅收優惠籌劃的意義。

第 4 章
消費稅的稅收籌劃

培養能力目標
（1）掌握消費稅計稅依據的稅收籌劃；
（2）掌握消費稅稅率的稅收籌劃；
（3）理解消費稅納稅時機或方式的稅收籌劃。

案例導入

先包裝後銷售還是先銷售後包裝

某化妝品生產企業為增值稅一般納稅人，生產銷售高檔化妝品和普通化妝品。為迎接「三八節」，給本企業女員工（100人）每人發放 A 禮品套盒一個，內有本企業生產的高檔化妝品和普通護膚品，其中高檔化妝品同類出廠不含稅價 200 元，普通護膚品同類出廠不含稅價 120 元。

工作要求　請對上述業務進行稅收籌劃，公司應選擇何種促銷方式。
案例解析　見本章的 4.1。

4.1　消費稅計稅依據的稅收籌劃

消費稅是指對消費品和特定的消費行為按流轉額徵收的一種商品稅。消費稅主要以消費品為課稅對象，屬於間接稅，稅收隨價格轉嫁給消費者負擔，消費者是稅款的實際負擔者。消費稅的徵收具有較強的選擇性，是國家貫徹消費政策、引導消費結構從而引導產業結構的重要手段。

中國現行消費稅在徵收範圍上根據產業政策與消費政策僅選擇部分消費品徵稅，而不是對所有消費品都徵收消費稅。主要在生產銷售、委託加工環節和進口環節上徵收。消費稅的平均稅率水準比較高，並且不同徵稅項目的稅負差異較大；對諸如香菸等對需要限制或控制消費的消費品，通常稅負較重。計稅方法有從量定額的計稅方法、從價定率的計稅方法和複合計稅方法。

4.1.1 消費稅計稅依據

按照現行消費稅法規定，消費稅應納稅額的計算分為從價計徵、從量計徵和從價從量複合計徵三種方法。

在從價定率計算方法下，銷售額為納稅人銷售應稅消費品向購買方收取的全部價款和價外費用。銷售，是指有償轉讓應稅消費品的所有權。有償，是指從購買方取得貨幣、貨物或者其他經濟利益。價外費用，是指價外向購買方收取的手續費、補貼、基金、集資費、返還利潤、獎勵費、違約金、滯納金、延期付款利息、賠償金、代收款項、代墊款項、包裝費、包裝物租金、儲備費、優質費、運輸裝卸費以及其他各種性質的價外收費。

在從量定額計算方法下，銷售數量是指納稅人生產、加工和進口應稅消費品的數量。具體規定為：

（1）銷售應稅消費品的，為應稅消費品的銷售數量；

（2）自產自用應稅消費品的，為應稅消費品的移送使用數量；

（3）委託加工應稅消費品的，為納稅人收回的應稅消費品數量；

（4）進口的應稅消費品，為海關核定的應稅消費品進口徵稅數量。

從價從量複合計徵計算方法下，應納稅額等於應稅銷售數量乘以定額稅率再加上應稅銷售額乘以比例稅率。

在從價從量複合計徵計算方法下，現行消費稅的徵稅範圍中，只有卷菸、白酒採用複合計徵方法。應納稅額等於應稅銷售數量乘以定額稅率再加上應稅銷售額乘以比例稅率。

生產銷售卷菸、白酒從量定額計稅依據為實際銷售數量。進口、委託加工、自產自用卷菸、白酒從量定額計稅依據分別為海關核定的進口徵稅數量、委託方收回數量、移送使用數量。

4.1.2 應稅消費品和非應稅消費品套裝銷售的稅收籌劃

《關於調整和完善消費稅政策的通知》（財稅〔2006〕33號）規定：納稅人將自產的應稅消費品與外購或自產的非應稅消費品組成套裝銷售的，以套裝產品的銷售額（不含增值稅）為計稅依據。金銀首飾與其他產品組成成套消費品銷售的，應按銷售額全額徵收消費稅。

納稅人應稅消費品和非應稅消費品以套裝銷售的，可以通過先銷售後包裝的方式進行稅收籌劃，以降低稅基，減輕稅負。

【例4-1】導入案例解析

【稅法依據】根據現行消費稅法的規定，高檔化妝品徵收範圍包括高檔美容、修飾類化妝品、高檔護膚類化妝品和成套化妝品。不再包括普通美容、修飾類化妝品。高檔美容、修飾類化妝品和高檔護膚類化妝品是指生產（進口）環節銷售（完

税）價格（不含增值稅）在10元/毫升（克）或15元/片（張）及以上的美容、修飾類化妝品和護膚類化妝品。高檔化妝品消費稅率為15%；納稅人將自產的應稅消費品與外購或自產的非應稅消費品組成套裝銷售的，以套裝產品的銷售額（不含增值稅）為計稅依據。

【籌劃思路】納稅人生產銷售成套消費品的，可採用先銷售後包裝的辦法，降低稅基，節省消費稅。

【籌劃過程】

方案1：企業將該化妝品成套發放給女員工，則

企業應納消費稅額（每套）= 320×15% = 48（元）

方案2：企業將高檔化妝品與普通化妝品分別發給女員工，如果該企業改變做法，會計上分別核算銷售收入，則

企業應納消費稅（每套）= 200×15% = 30（元）

【籌劃結論】方案2較方案1節約消費稅為48-30 = 18（元），100套共節稅1,800元。

【籌劃點評】如果企業將不同消費品的價格進行內部調整，適當降低應稅消費品價格，提高非應稅消費品價格，成套消費品總價不變，先銷售後包裝，還可進一步減少消費稅。

4.1.3 包裝物的稅收籌劃

消費稅關於包裝物的規定是，實行從價定率的辦法計算應納稅額的應稅消費品連同包裝物銷售的，無論包裝物是否單獨計價，也不論在會計上如何核算，均應並入應稅消費品的銷售額中徵收消費稅。如果包裝物不作價隨同產品銷售，而是收取押金，此項押金則不應並入應稅消費品的銷售額中徵稅。但對因逾期未收回的包裝物不再退還的或者已收取的時間超過12個月的押金，應並入應稅消費品的銷售額，按照應稅消費品的適用稅率繳納消費稅。

對既作價隨同應稅消費品銷售，又另外收取押金的包裝物的押金，凡納稅人在規定的期限內沒有退還的，均應並入應稅消費品的銷售額，按照應稅消費品的適用稅率繳納消費稅。

金銀首飾連同包裝物銷售的，無論包裝是否單獨計價，也無論會計上如何核算，均應並入金銀首飾的銷售額，計徵消費稅。

【例4-2】甲日化公司屬增值稅一般納稅人，本月銷售高檔化妝品一批，開具增值稅專用發票上註明價款120,000元。隨同高檔化妝品出售包裝物一批，單獨作價，開具普通發票一張註明金額為10,000元，款項均已收，產品已發出。

【工作要求】為甲公司做消費稅籌劃。

【稅法依據】根據現行稅法的規定，應稅消費品連同包裝銷售的，無論包裝物是否單獨計價，也不論在財務上如何核算，均應並入應稅消費品的銷售額中繳納消

費稅。包裝物不作價隨同產品銷售，而是收取押金，此項押金則不應並入應稅消費品的銷售額中徵稅。但對因逾期未收回的包裝物不再退還的或者已收取的時間超過12個月的押金，應並入應稅消費品的銷售額，按照應稅消費品的適用稅率繳納消費稅。

【籌劃思路】企業應採取收取押金的形式，而且此項押金必須在規定的時間內收回，則可以不並入銷售額計算繳納消費稅。與隨同產品銷售比較，降低了稅基，從而降低了消費稅的稅負。

【籌劃過程】
方案1：包裝物隨高檔化妝品一同銷售且單獨計價，則
甲公司應納消費稅＝［120,000+10,000÷(1+16%)］×15%
　　　　　　　　＝128,547＝19,293.10（元）
方案2：包裝物不隨同化妝品銷售，而是收取押金10,000元，1年內退還押金，則
甲公司應納消費稅額＝120,000×15%＝18,000（元）

【籌劃結論】方案2較方案1節約消費稅1,293.1元（19,293.10－18,000＝1,293.1元）。甲公司應選擇方案2。

【籌劃點評】對包裝物盡量採用收取押金的方式，以降低稅基，從而減輕稅負。即使收取的押金超過1年以上，無論是否退還都應並入銷售額計稅。使得包裝物的消費稅繳納時限延緩了1年，增加了企業的營運資金，獲取了資金的時間價值。

4.1.4 自產自用應稅消費品的納稅籌劃

自產自用，就是納稅人生產應稅消費品後，不是用於直接對外銷售，而是用於自己連續生產應稅消費品或用於其他方面。這種自產自用應稅消費品的形式，在實際經濟活動中是很常見的，例如，有的企業把自己生產的應稅消費品，以福利或獎勵等形式發給本企業職工。

用於連續生產應稅消費品，指納稅人自產自用的應稅消費品，用於連續生產應稅消費品。這種情況不納稅。所謂「納稅人自產自用的應稅消費品，用於連續生產應稅消費品的」，是指作為生產最終應稅消費品的直接材料並構成最終產品實體的應稅消費品。

納稅人自產自用的應稅消費品，凡用於其他方面，於移送使用時納稅。用於其他方面是指納稅人用於非應稅消費品的生產、在建工程、管理部門、非生產機構、勞務提供以及用於饋贈、贊助、集資、廣告、樣品、職工福利、獎勵等方面。所謂「用於生產非應稅消費品」，是指把自產的應稅消費品用於生產《中華人民共和國消費稅暫行條例》稅目、稅率表（見表4.2）所列15類產品以外的產品。

納稅人自產自用的應稅消費品，凡用於其他方面，按照納稅人生產的同類消費品的銷售價格計算納稅。同類消費品的銷售價格是指納稅人當月銷售的同類消費品

的銷售價格，如果當月同類消費品各期銷售價格高低不同，應按銷售數量加權平均計算。但銷售的應稅消費品有下列情況之一的，不得列入加權平均計算：

（1）銷售價格明顯偏低又無正當理由的。

（2）無銷售價格的。

如果當月無銷售或者當月未完結，應按照同類消費品上月或者最近月份的銷售價格計算納稅。沒有同類消費品銷售價格的，按照組成計稅價格計算納稅。組成計稅價格的計算公式是：

①實行從價定率辦法計算納稅的組成計稅價格計算公式：

組成計稅價格＝（成本＋利潤）÷（1－比例稅率）

應納稅額＝組成計稅價格×比例稅率

②實行複合計稅辦法計算納稅的組成計稅價格計算公式：

組成計稅價格＝（成本＋利潤＋自產自用數量×定額稅率）÷（1－比例稅率）

應納稅額＝組成計稅價格×比例稅率＋自產自用數量×定額稅率

上式中的「成本」是指應稅消費品的產品生產成本；利潤是指根據應稅消費品的全國平均成本利潤率計算的利潤。應稅消費品全國平均成本利潤率按照國家稅務總局頒發的《消費稅若干具體問題的規定》確定（見表4－1）。

表4－1　　　　　　　　　　平均成本利潤率表

貨物名稱	利潤率	貨物名稱	利潤率
1. 甲類卷菸	10%	10. 貴重首飾及珠寶玉石	6%
2. 乙類卷菸	5%	11. 摩托車	6%
3. 雪茄菸	5%	12. 高爾夫球及球具	10%
4. 菸絲	5%	13. 高檔手錶	20%
5. 糧食白酒	10%	14. 遊艇	10%
6. 薯類白酒	5%	15. 木製一次性筷子	5%
7. 其他酒	5%	16. 實木地板	5%
8. 化妝品	5%	17. 乘用車	8%
9. 鞭炮、焰火	5%	18. 中輕型商用客車	5%

由於應稅消費品的產品生產成本具有可調節性，納稅人可以進行稅收籌劃。

【例4－3】某生產企業生產甲型和乙型兩種應稅消費品，當月生產甲型消費品的成本為36萬元，對外銷售不含增值稅價格為80萬元。當月生產乙型消費品的成本為14萬元，發給企業職工。兩種消費品的消費稅稅率均為3%，全國平均成本利潤率為5%。

【工作要求】為該企業甲型和乙型應稅消費品進行消費稅稅收籌劃。

【稅法依據】《中華人民共和國消費稅暫行條例》規定：銷售額為納稅人銷售應稅消費品向購買方收取的全部價款和價外費用。納稅人自產自用的應稅消費品，凡

用於其他方面的，按照納稅人生產的同類消費品的銷售價格計算納稅；沒有同類消費品銷售價格的，按照組成計稅價格計算納稅。

組成計稅價格計算公式為：

組成計稅價格＝(成本＋利潤)÷(1－消費稅稅率)

【籌劃思路】在成本分配時，應盡量減少乙型消費品的成本，增加甲型消費品的成本。比如，將乙型消費品的成本轉移 4 萬元到甲型消費品，則甲型消費品的成本為 40 萬元，乙型消費品的成本為 10 萬元。

【籌劃過程】

方案 1：按原模式進行銷售，則

對外銷售應納消費稅＝800,000×10%＝80,000（元）

自產自用應納消費稅＝140,000×(1＋5%)/(1－10%)×10%＝16,333.33（元）

方案 2：應盡量減少乙型消費品的成本，增加甲型消費品的成本。如將乙型消費品的成本轉移 4 萬元到甲型消費品，則甲型消費品的成本為 40 萬元，乙型消費品的成本為 10 萬元，則

對外銷售應納消費稅＝800,000×10%＝80,000（元）

自產自用應納消費稅＝100,000×(1＋5%)(1－10%)×10%＝11,666.67（元）

【籌劃結論】方案 2 較方案 1 節省消費稅 4,666.66 元（16,333.33－11,666.67＝4,666.66 元）。

【籌劃點評】由於成本是計算組成計稅價格的重要因素，成本的高低直接影響組成計稅價格的高低，進而影響稅額的高低。而產品成本又是通過企業自身的會計核算計算出來的。按照會計準則的核算要求，很多間接費用如製造費用要通過一定的分配方式在成品、半成品及產成品的各步驟中間進行分配，最後計算出產成品、半成品的成本。可見，只要將自用產品應負擔的間接費用少留一部分，而將更多的費用分配給其他產品，就會降低用來計算組成計稅價格的成本，從而使計算出來的組成計稅價格降低，降低稅基，使自用產品應負擔的消費稅相應地減少。

4.2 消費稅稅率的稅收籌劃

4.2.1 消費稅稅目、稅率（額）

消費稅採用比例稅率和定額稅率兩種形式，以適應不同應稅消費品的實際情況。消費稅根據不同的稅目或子目確定相應的稅率或單位稅額。根據現行的稅收法規，經整理匯總的消費稅稅率稅目、稅率如表 4.2 所示。

表 4.2　　　　　　　　　消費稅稅目、稅率（額）表

稅目	稅率（額）
一、菸 1. 卷菸 甲類（生產或進口） 乙類（生產或進口） 批發環節 2. 雪茄菸 3. 菸絲	 56%加 0.003 元/支 36%加 0.003 元/支 11%加 0.005 元/支 36% 30%
二、酒 1. 白酒 2. 黃酒 3. 啤酒 甲類 乙類 4. 其他酒	 20%加 0.5 元/500 克 240 元/噸 250 元/噸 220 元/噸 10%
三、高檔化妝品	15%
四、貴重首飾及珠寶玉石 1. 金銀鉑金鑽石 2. 其他	 5% 10%
五、鞭炮、焰火	15%
六、成品油 1. 汽油 2. 柴油 3. 航空煤油 4. 石腦油 5. 溶劑油 6. 潤滑油 7. 燃料油	 1.52 元/升 1.2 元/升 1.2 元/升 1.52 元/升 1.52 元/升 1.52 元/升 1.2 元/升
七、小汽車 1. 乘用車 （1）氣缸容量在 1.0 升以下（含 1.0 升） （2）氣缸容量在 1.0 升以上至 1.5 升（含 1.5 升） （3）氣缸容量在 1.5 升以上至 2.0 升（含 2.0 升） （4）氣缸容量在 2.0 升以上至 2.5 升（含 2.5 升） （5）氣缸容量在 2.5 升以上至 3.0 升（含 3.0 升） （6）氣缸容量在 3.0 升以上至 4.0 升（含 2.0 升） （7）氣缸容量在 4.0 升以上 2. 中輕型商用客車 3. 超豪華小汽車	 1% 3% 5% 9% 12% 25% 40% 5% 10%

表4.2(續)

稅目	稅率（額）
八、摩托車 1. 氣缸容量為 250 毫升 2. 氣缸容量為 250 毫升以上	3% 10%
九、高爾夫球及球具	10%
十、高檔手錶	20%
十一、遊艇	10%
十二、木制一次性筷子	5%
十三、實木地板	5%
十四、電池	4%
十五、塗料	4%

4.2.2 兼營不同稅率（額）的應稅消費品

《中華人民共和國增值稅暫行條例》規定：納稅人生產銷售應稅消費品，如果不是單一經營某一稅率的產品，而是經營多種不同稅率的產品，這就是兼營行為。由於《中華人民共和國消費稅暫行條例》的稅目稅率表列舉的各種應稅消費品的稅率高低不同，因此，納稅人在兼營不同稅率應稅消費品時，稅法就要針對其不同的核算方式分別規定稅務處理辦法，以加強稅收管理，避免因核算方式不同而出現稅款流失的現象。

納稅人兼營不同稅率的應稅消費品，應當分別核算不同稅率應稅消費品的銷售額、銷售數量。未分別核算銷售額、銷售數量，或者將不同稅率的應稅消費品組成成套消費品銷售的，從高適用稅率。

納稅人兼營不同稅率的應稅消費品，是指納稅人生產、銷售兩種稅率以上的應稅消費品。所謂「從高適用稅率」，就是對兼營高低不同稅率的應稅消費品，當不能分別核算銷售額、銷售數量，或者將不同稅率的應稅消費品組成成套消費品銷售的，就以應稅消費品中適用的高稅率與混合在一起的銷售額、銷售數量相乘，得出應納消費稅額。

【例4-4】某酒廠企生產糧食白酒與藥酒，為拓展銷路，該企業還將糧食白酒與藥酒包裝成精美禮盒出售（白酒、藥酒各一瓶）。2017年10月份，該酒企的對外銷售情況如下表4.3所示。

表 4.3

銷售種類	銷售數量（瓶或盒）	銷售單價（元）	適用稅率（%）
糧食白酒	15,000	30	20
藥酒	10,000	60	10
禮盒	1,000	85	20

【工作要求】請對該企業發生的業務進行稅收籌劃。

【稅法依據】糧食白酒適用複合稅率。糧食白酒、藥酒適用不同的比例稅率，屬於兼營不同稅率的銷售行為，分別核算的，按各自稅率計稅；未分別核算的，從高稅率徵稅。

【籌劃思路】納稅人兼營不同稅率的應稅消費品，應當分別核算不同稅率應稅消費品的銷售額、銷售數量。

【籌劃過程】

方案1：公司這三類酒不進行單獨核算，由於從量計徵消費稅不變，本題不考慮從量計徵消費稅，則

從價計徵的消費稅稅額 =（30×15,000 + 60×10,000 + 85×1,000）×20% = 227,000（元）。

方案2：公司將這三類酒單獨核算，由於從量計徵消費稅不變，本題不考慮從量計徵消費稅，則

從價計徵的消費稅稅額分別為：

銷售糧食白酒應納消費稅 = 30×15,000×20% = 90,000（元）

銷售藥酒應納消費稅 = 60×10,000×10% = 60,000（元）

銷售禮品套裝酒應納消費稅 = 85×1,000×20% = 17,000（元）

合計應納消費稅額 = 90,000 + 60,000 + 17,000 = 167,000（元）

【籌劃結論】方案2較方案1節約消費稅60,000元（227,000 - 167,000 = 60,000元），故公司應選擇方案2。

【籌劃點評】企業兼營不同稅率（額）的應稅消費品，應該分別核算各種消費品的銷售額和銷售數量，以減輕消費稅的稅收負擔。

4.2.3 消費稅累進稅率的納稅禁區籌劃

消費稅15個稅目分別適用比例稅率、定額稅率和複合稅率。消費稅比例稅率差距較大。兼營不同稅率的應稅消費品，應分別核算。對卷菸實行的兩檔比例稅率，事實上構成了兩級全額累進稅率；對啤酒實行的兩檔定額稅率，事實上構成了兩級全額累進稅率；乘用車的七檔比例稅率，事實上構成了七級全額累進稅率。對此，納稅人可運用納稅禁區模型進行稅收籌劃。

【例4-5】某啤酒廠為一般納稅人，當月生產銷售啤酒2,000噸，每噸出廠價格為3,010元（不含增值稅），適用啤酒定額稅率250元/噸。當地附加稅費率為10%。

【工作要求】為該啤酒廠的業務進行稅收籌劃。

【稅法依據】啤酒每噸出廠價（含包裝物及包裝物押金）為3,000元（含3,000元，不含增值稅）以上的是甲類啤酒，稅額為250/噸；每噸出廠價（含包裝物及包裝物押金）為3,000元（不含增值稅）以下的是乙類啤酒，稅額為220/噸。

【籌劃思路】該廠每噸啤酒的出廠價格僅超過臨界點10元，適用較高的稅率。

如果將啤酒的出廠價格降為每噸 3,000 元以下，則適用較低的稅率。所以啤酒廠將每噸啤酒的出廠價格降為 2,999 元。

【籌劃過程】

方案 1：啤酒廠當月生產銷售啤酒 2,000 噸，每噸出廠價為 3,010 元（不含增值稅），則

啤酒廠當月應納消費稅及附加 = 2,000×250×（1+10%）= 550,000（元）

方案 2：啤酒廠當月生產銷售啤酒 2,000 噸，每噸出廠價降為 2,999 元（不含增值稅），則

啤酒廠當月應納消費稅及附加 = 2,000×220×（1+10%）= 484,000（元）

【籌劃結論】 方案 2 較方案 1 節約消費稅 66,000 元（550,000-484,000＝66,000 元），故應選擇方案 2。

【籌劃點評】 如果考慮增值稅附加，經濟利益將增加得更多。

4.3 消費稅納稅時機或方式的稅收籌劃

4.3.1 納稅環節的稅收籌劃

4.3.1.1 消費稅的納稅環節

消費稅的徵稅範圍包括生產、委託加工、進口、零售、移送使用應稅消費品及卷菸批發，他們分別在相應的環節徵稅。

1. 對生產應稅消費品在生產銷售環節徵稅

生產應稅消費品銷售是消費稅徵收的主要環節，因為一般情況下，消費稅具有單一環節徵稅的特點，對於大多數消費稅應稅商品而言，在生產銷售環節徵稅以後，流通環節不用再繳納消費稅。納稅人生產應稅消費品，除了直接對外銷售應徵收消費稅外，如將生產的應稅消費品換取生產資料、消費資料、投資入股、償還債務，以及用於繼續生產應稅消費品以外的其他方面都應繳納消費稅。

另外，將工業企業以外的單位和個人的行為視為應稅消費品的生產行為，按規定徵收消費稅，如下列行為：

（1）將外購的消費稅非應稅產品作為消費稅應稅產品對外銷售的；

（2）將外購的低稅率應稅產品以高稅率應稅產品對外銷售的。

2. 對委託加工應稅消費品在委託加工環節徵稅

委託加工應稅消費品是指委託方提供原料和主要材料，受託方只收取加工費和代墊部分輔助材料加工的應稅消費品。由受託方提供原材料或其他情形的一律不能視同加工應稅消費品。委託加工的應稅消費品收回後，再繼續用於生產應稅消費品銷售且符合現行政策規定的，其加工環節繳納的消費稅款可以扣除。

3. 對進口應稅消費品在進口環節徵稅

單位和個人進口屬於消費稅徵稅範圍的貨物，在進口環節要繳納消費稅。為了

減少徵稅成本，進口環節繳納的消費稅由海關代徵。

4. 對零售應稅消費品在零售環節徵稅

經國務院批准，自 1995 年 1 月 1 日起，金銀首飾消費稅由生產銷售環節徵收改為由零售環節徵收。改在零售環節徵收消費稅的金銀首飾僅限於金基、銀基合金首飾以及金、銀和金基、銀基合金的鑲嵌首飾，零售環節適用稅率為 5%，在納稅人銷售金銀首飾、鑽石及鑽石飾品時徵收。

5. 對移送使用應稅消費品在移送使用環節徵稅

如果企業在生產經營的過程中，將應稅消費品移送用於加工非應稅消費品，則應對移送部分的應稅消費品徵收消費稅。

6. 對批發卷菸在卷菸的批發環節徵稅

與其他消費稅應稅商品不同的是，卷菸除了在生產銷售環節徵收消費稅外，還在批發環節徵收一次。納稅人兼營卷菸批發和零售業務的，應當分別核算批發和零售環節的銷售額、銷售數量；未分別核算批發和零售環節銷售額、銷售數量的，按照全部銷售額、銷售數量計徵批發環節消費稅。納稅人銷售給納稅人以外的單位和個人的卷菸於銷售時納稅。納稅人之間銷售的卷菸不繳納消費稅。卷菸批發企業的機構所在地、總機構與分支機構不在同一地區的，由總機構申報納稅。卷菸消費稅在生產和批發兩個環節徵收後，批發企業在計算納稅時不得扣除已含的生產環節的消費稅稅款。

4.3.1.2 分立內部銷售組織，制定內部轉移價格

生產應稅消費品銷售是消費稅徵收的主要環節，大部分情況下，消費稅是單一環節徵稅，對於大多數消費稅應稅商品而言，在生產銷售環節徵稅以後，流通環節不用再繳納消費稅。

納稅人生產應稅消費品，除了直接對外銷售應徵收消費稅外，如將生產的應稅消費品換取生產資料、消費資料，投資入股，償還債務，以及用於繼續生產應稅消費品以外的其他方面都應繳納消費稅。

因此，應稅消費品生產企業可以將銷售部門設為獨立的銷售公司，以合理、較低的銷售價格銷售給銷售公司，從而減少應納消費稅稅額。而獨立核算的銷售部門，由於處在銷售環節，只繳納增值稅，不繳納消費稅，籌劃的結果是集團的整體消費稅稅負下降，增值稅稅負保持不變。

應當注意的是，由於獨立核算的銷售部門與生產企業之間存在關聯關係，按照《中華人民共和國稅收徵收管理法》的有關規定，中國企業或者外國企業在中國境內設立的從事生產、經營的機構、場所與其關聯企業之間的業務往來，應當按照獨立企業之間的業務往來收取或者支付價款、費用。不按照獨立企業之間的業務往來收取或者支付價款、費用，而減少其應納稅的收入或者所得額的，稅務機關有權進行合理調整。因此，企業銷售給下屬專設銷售機構的價格應當參照社會的平均銷售價格而定。

【例4-6】某手錶公司（增值稅一般納稅人）當月生產並銷售某型號手錶100只，每只銷售價格為11,000元（不含增值稅）。當地附加稅費率為10%。

【工作要求】請對該公司的銷售業務進行稅收籌劃。

【稅法依據】《關於調整和完善消費稅政策的通知》（財稅〔2006〕33號）規定：高檔手錶是指銷售價格（不含增值稅）每只在10,000元（含10,000元）以上的各類手錶。高檔手錶的消費稅率為20%，納稅人為在中華人民共和國境內生產、委託加工、進口高檔手錶的單位和個人。

【籌劃思路】手錶廠將銷售部門獨立，設立全資銷售子公司（增值稅一般納稅人），手錶廠將每只手錶以9,990元的出廠價（不含增值稅）賣給銷售公司，銷售公司再以每只11,000元的價格（不含增值稅）對外銷售。

根據統一調度模型，不考慮設立公司增加的成本，集團內部定價的高低不影響整個集團的稅前利益，籌劃前後整個集團稅前利益不變。

由於增值稅是全環節納稅，並且前面環節繳納的增值稅可以在後面環節抵扣，籌劃前後整個集團的增值稅及附加不變。

【籌劃過程】

方案1：該公司以每只手錶11,000元（不含增值稅）的價格對外銷售，則

該公司應納消費稅及其附加=11,000×100×20%×（1+10%）=242,000（元）

方案2：手錶廠將銷售部門獨立，設立全資銷售子公司（增值稅一般納稅人），手錶廠將每只手錶以9,990元的出廠價（不含增值稅）賣給銷售公司，銷售公司再以每只11,000元的價格（不含增值稅）對外銷售。

由於手錶廠每只手錶的銷售價格未達到10,000元，不屬於高檔手錶，不在消費稅徵稅範圍內，無須繳納消費稅。

【籌劃結論】方案2較方案1節約消費稅242,000元。不考慮企業所得稅，整個集團當月稅後利益增加242,000元。

【籌劃點評】單一環節稅收如果存在起徵點，當商品銷售價格在起徵點以下，不納稅；當商品銷售價格達到起徵點，應納稅。處於納稅環節的公司可運用徵稅範圍籌劃技術，將公司的銷售部門獨立，設立銷售子公司，將內部價格控制在起徵點以下，母公司無須納稅，而子公司不處於納稅環節，也無須納稅，從而實現整個集團納稅最小化。該案例中，手錶消費稅在單一環節徵收，在生產出廠環節納稅，在批發零售環節不再納稅，而且手錶消費稅存在起徵點，運用統一調度模型可達到顯著的籌劃效果。

4.3.1.3 通過企業合併，遞延納稅環節

由於消費稅是針對特定的納稅人，因此可以通過企業的合併，遞延納稅時間。

（1）合併會使原來企業間的購銷環節轉變為企業內部的原材料轉讓環節，從而遞延部分消費稅稅款。如果兩個合併企業之間存在著原材料供應的關係，則在合併前，這筆原材料的轉讓關係為購銷關係，應該按照正常的購銷價格繳納消費稅稅款。

而在合併後，企業之間的原材料供應關係轉變為企業內部的原材料轉讓關係，因此這一環節不用繳納消費稅，而是遞延至銷售環節再徵收。

（2）如果後一環節的消費稅稅率較前一環節的低，則可直接減輕企業的消費稅稅負。因為前一環節應該徵收的稅款延遲到後面環節再徵收，如果後面環節稅率較低，則合併前企業間的銷售額，因在合併後適用了較低的稅率而減輕了稅負。

【案例4-7】某地區有兩家大型酒廠A和B，它們都是獨立核算的法人企業。企業A主要經營糧食類白酒，以當地生產的大米和玉米為原料進行釀造，按照消費稅稅法規定，應該適用20%的稅率加徵0.5元/500克的定額稅。企業B以企業A生產的糧食酒為原料，生產系列藥酒，按照稅法規定，適用10%的稅率。企業A每年要向企業B提供價值2億元，計5,000萬千克的糧食酒。經營過程中，企業B由於缺乏資金和人才，無法經營下去，準備破產。此時企業B欠企業A共計5,000萬元貨款。經評估，企業B的資產恰好也為5,000萬元。企業A的領導人經過研究，決定對企業B進行收購。

【工作要求】請為上述A、B公司進行稅收籌劃。

【稅法依據】合併前，企業B的資產和負債均為5,000萬元，淨資產為零，因此，按照現行稅法規定，該購並行為屬於以承擔被兼併企業全部債務的方式實現吸收合併，不視為被兼併企業按公允價值轉讓、處置全部資產，不計算資產轉讓所得，不用繳納所得稅。

【籌劃思路】合併可以遞延消費稅部分稅款。合併前，企業A向企業B提供的糧食酒，每年應該繳納的稅款為：消費稅為20,000×20%+5,000×2×0.5＝9,000（萬元）；增值稅20,000×17%＝3,400（萬元），而這筆稅款的一部分合併後可以遞延到藥酒銷售環節繳納（消費稅從價計徵部分和增值稅），獲得遞延納稅的好處；另一部分稅款（從量計徵的消費稅稅款）則免於繳納了。由於糧食酒的消費稅稅率為20%，而藥酒的消費稅稅率為10%，因此，如果企業合併，則稅負將會大大減輕。

【籌劃過程】

假定藥酒的銷售額為2.5億元，銷售數量為5,000萬千克。

方案1：A、B公司未進行吸收式合併，則

A廠應納消費稅＝20,000×20%+5,000×2×0.5＝9,000（萬元）

B廠應納消費稅＝25,000×20%+5,000×2×0.5＝10,000（萬元）

合計應納稅款＝9,000+10,000＝19,000（萬元）

方案2：A公司對B公司採用吸收式合併，則

合併後應納消費稅稅款＝25,000×20%+5,000×2×0.5＝10,000（萬元）

【籌劃結論】方案2較方案1節約消費稅9,000萬元（19,000－10,000＝9,000萬元），故A公司應選擇方案2。

【籌劃點評】通過企業合併，遞延納稅環節的方式籌劃消費稅，應當從總體上考慮企業合併的稅收和非稅收的收益，而不是僅僅考慮稅負的高低。

4.3.2 以應稅消費品換取生產資料和消費資料、投資入股、抵償債務的籌劃

《消費稅若干具體問題的規定》：納稅人用於換取生產資料和消費資料、投資入股和抵償債務等方面的應稅消費品，應當以納稅人同類應稅消費品的最高銷售價格作為計稅依據計算消費稅。因此如果納稅人存在以應稅消費品換取生產資料和消費資料，投資入股和抵償債務等方面的業務，可以先銷售，再做買入、入股或者抵債處理，以降低消費稅稅負。

【案例4-8】 某摩托車生產企業，當月對外銷售同型號的摩托車時共有3種價格，以4,000元的單價銷售50輛，以4,500元的單價銷售10輛，以4,800元的單價銷售5輛。該廠當月以20輛同型號的摩托車與甲企業換取原材料，雙方按當月的加權平均銷售價格確定摩托車的價格。該摩托車氣缸容量在250毫升以上。

【工作要求】 為該企業以摩托車換取甲企業原材料的業務進行稅收籌劃。

【稅法依據】 稅法規定，摩托車有兩檔比例稅率，氣缸容量為250毫升的，稅率為3%；氣缸容量為250毫升以上的，稅率為10%。氣缸容量為250毫升（不含）以下的小排量摩托車不徵收消費稅。納稅人用於換取生產資料和消費資料，應當以納稅人同類應稅消費品的最高銷售價格作為計稅依據計算消費稅。

【籌劃思路】 該企業可以先銷售摩托車，再購入甲企業的原材料，避免適用了最高價格計算消費稅，從而降低稅負。

【籌劃過程】

方案1：摩托車生產企業用20輛摩托車與甲企業換取生產資料，則

摩托車生產企業用20輛摩托車換取生產資料應納消費稅＝＝4,800×20×10%＝9,600（元）

方案2：摩托車生產企業先銷售20輛摩托車給甲企業，再購入甲企業的原材料，則

當月摩托車加權平均銷售價格＝(4,000×50+4,500×10+4,800×5)/(50+10+5)＝4,138.46（元）

摩托車生產企業應納消費稅額＝4,138.46×20×10%＝8,276.92（元）

【籌劃結論】 方案2較方案1節省消費稅1,323.08元（9,600－8,276.92＝1,323.08元），故應選擇方案2。

【籌劃點評】 同理，在以應稅消費品投資入股、抵償債務等業務中做類似的籌劃方式。

4.3.3 委託加工與自制方式選擇的稅收籌劃

4.3.3.1 委託加工應稅消費品的稅法規定

企業、單位或個人由於設備、技術、人力等方面的局限或其他方面的原因，常常要委託其他單位代為加工應稅消費品，然後，將加工好的應稅消費品收回，直接

銷售或自己使用。按照規定，委託加工應稅消費品也需要納入徵收消費稅的範圍，委託加工的應稅消費品，由受託方在向委託方交貨時代收代繳稅款。

1. 委託加工應稅消費品

委託加工的應稅消費品是指由委託方提供原料和主要材料，受託方只收取加工費和代墊部分輔助材料加工的應稅消費品。對於由受託方提供原材料生產的應稅消費品，或者受託方先將原材料賣給委託方，然後再接受加工的應稅消費品，以及由受託方以委託方名義購進原材料生產的應稅消費品，不論納稅人在財務上是否作銷售處理，都不得作為委託加工應稅消費品，而應當按照銷售自制應稅消費品繳納消費稅。

2. 代收代繳稅款

《中華人民共和國消費稅暫行條例》規定，委託加工的應稅消費品，由受託方在向委託方交貨時，代收代繳消費稅。這樣，受託方就是法定的代收代繳義務人。但是，委託個人（含個體工商戶）加工的應稅消費品，由委託方收回後繳納消費稅。

委託加工的應稅消費品，受託方在交貨時已代收代繳消費稅，委託方將收回的應稅消費品，以不高於受託方的計稅價格出售的，為直接出售，不再繳納消費稅；委託方以高於受託方的計稅價格出售的，不屬於直接出售，需按照規定申報繳納消費稅，在計稅時準予扣除受託方已代收代繳的消費稅。

3. 組成計稅價格及應納稅額

委託加工的應稅消費品，按照受託方的同類消費品的銷售價格計算納稅，同類消費品的銷售價格是指受託方（即代收代繳義務人）當月銷售的同類消費品的銷售價格，如果當月同類消費品各期銷售價格高低不同，應按銷售數量加權平均計算。但銷售的應稅消費品有下列情況之一的，不得列入加權平均計算：

（1）銷售價格明顯偏低又無正當理由的；

（2）無銷售價格的。

如果當月無銷售或者當月未完結，應按照同類消費品上月或最近月份的銷售價格計算納稅。

沒有同類消費品銷售價格的，按照組成計稅價格計算納稅。組成計稅價格的計算公式為如下。

實行從價定率辦法計算納稅的組成計稅價格計算公式：

$$組成計稅價格 = (材料成本 + 加工費) \div (1 - 比例稅率)$$

實行複合計稅辦法計算納稅的組成計稅價格計算公式：

$$組成計稅價格 = (材料成本 + 加工費 + 委託加工數量 \times 定額稅率) \div (1 - 比例稅率)$$

其中，「材料成本」是指委託方所提供加工材料的實際成本。委託加工應稅消費品的納稅人，必須在委託加工合同上如實註明（或以其他方式提供）材料成本，凡未提供材料成本的，受託方所在地主管稅務機關有權核定其材料成本。「加工費」是指受託方加工應稅消費品向委託方所收取的全部費用（包括代墊輔助材料的實際成本，不包括增值稅稅金），這是稅法對受託方的要求。受託方必須如實提供向委

托方收取的全部費用，這樣才能既保證組成計稅價格及代收代繳消費稅準確地計算出來，也使受託方按加工費得以正確計算其應納的增值稅。

4.3.3.2 委託加工與自制方式選擇的稅收籌劃

委託加工應稅消費品的計稅依據是受託方同類產品的銷售價格或組成計稅價格，而自行加工應稅消費品的計稅依據是產品的對外銷售價格。在通常情況下，委託方收回委託加工的應稅消費品後，要以高於成本的價格出售，直接銷售時不再徵消費稅，此時，委託加工應稅消費品的稅負低於自行加工應稅消費品的稅負。因此，納稅人可以選擇合理的加工方式進行納稅籌劃。

【例4-9】甲公司委託乙公司將一批價值200萬元的原料加工成A半成品，協議規定加工費150萬元；加工的A半成品運回甲公司後，繼續加工成B產成品，加工成本、分攤費用共計200萬元，該批產成品售價為1,500萬元。假設A半成品消費稅稅率為30%，產成品消費稅稅率為50%，公司適用的所得稅稅率為25%。

可供選擇的生產方案有如下三種。

方案1：委託乙公司加工成A半成品，收回後甲公司繼續加工成B產成品銷售。
方案2：委託乙公司加工成B產成品收回後，直接對外銷售。
方案3：從原料自行加工成產成品銷售。

【工作要求】請為甲公司做出生產方案的籌劃。

【稅法依據】委託加工的應稅消費品，受託方在交貨時已代收代繳消費稅，委託方將收回的應稅消費品，以不高於受託方的計稅價格出售的，為直接出售，不再繳納消費稅；委託方以高於受託方的計稅價格出售的，不屬於直接出售，需按照規定申報繳納消費稅，在計稅時準予扣除受託方已代收代繳的消費稅。如果受託方當月無銷售或者當月未完結，應按照同類消費品上月或最近月份的銷售價格計算納稅。沒有同類消費品銷售價格的，按照組成計稅價格計算納稅。

【籌劃思路】先計算每種方案的稅後利潤，比較稅後利潤來確定方案的取捨。

【籌劃過程】

方案1：委託乙公司加工成A半成品，收回後甲公司繼續加工成B產成品銷售。
A半成品消費稅組成計稅價格=（200+150）÷(1-30%)=500（萬元）
A半成品應繳消費稅=500×30%=150（萬元）
甲公司銷售產品後，應繳消費為：
應納消費稅=1,500×50% -150= 600（萬元）
甲公司的稅後利潤=(1,500-200-150-200-150-600)×(1-25%)=150（萬元）

方案2：委託乙公司加工成B產成品收回後，直接對外銷售。

如果委託加工收回的應稅消費品運回後，委託方不再繼續加工，而是直接對外銷售。仍以上例，如果甲公司委託乙公司將原料加工成B產成品，原料成本不變，加工費用為320萬元；加工完畢，運回甲公司後，甲公司對外售價仍為1,500萬元。

甲公司向乙公司支付加工費的同時，向其支付代收代繳的消費稅為：

消費稅=(200+320)÷(1-50%)×50% =520（萬元）
甲公司委託加工應稅消費品在銷售時高於委託加工的計稅成本為：
(200+320)÷(1-50%)=1,040（萬元）
所以需要繼續繳納消費稅為：
1,500 ×50%-520=230（萬元）
甲公司稅後利潤=(1,500-200-320-520-230)×(1-25%)=172.5（萬元）
方案3：從原料自行加工成產成品銷售。
仍以上例，甲公司將購入的價值200萬元的原料自行加工成B產成品，加工成本、分攤費用共計450萬元，售價為1,500萬元。其計算如下：
應繳消費稅=1,500×50%= 750（萬元）
稅後利潤=(1,500-200-450-750)×(1-25%)=100×75%=75（萬元）
【籌劃結論】委託乙公司加工成B產成品收回後，直接對外銷售的稅後利潤最高，所以方案2為最佳籌劃方式。
【籌劃點評】當納稅人存在自行加工或委託加工的選擇時機，計算每一種選擇的稅後利潤，選擇不同的加工方式，實現稅後利益最大化。

本章小結：

消費稅是指對消費品和特定的消費行為按流轉額徵收的一種商品稅。消費稅主要以消費品為課稅對象，屬於間接稅。中國現行消費稅在徵收範圍上根據產業政策與消費政策僅選擇部分消費品徵稅，而不是對所有消費品都徵收消費稅。主要在生產銷售、委託加工環節和進口環節上徵收。計稅方法有從量定額的計稅方法、從價定率的計稅方法和複合計稅方法。

根據消費稅的特點，消費稅的稅收籌劃主要側重於合理利用應稅消費品和非應稅消費品套裝銷售、包裝物、自產自用應稅消費品、累進稅率的納稅禁區、降低稅率、企業合併、納稅時機或其他方式的稅收籌劃，以達到減輕稅收負擔的目的，取得稅收籌劃效益。

關鍵術語：

委託加工　　轉讓定價　　關聯企業　　代收代繳稅款

思考題

1. 簡述消費稅在從量計稅方法下銷售量的確定。
2. 簡述包裝物的稅務處理。
3. 簡述自產自用應稅消費品銷售額的確定。

第 5 章
企業所得稅的稅收籌劃

培養能力目標
（1）掌握企業所得稅納稅人的稅收籌劃；
（2）掌握企業所得稅計稅依據的稅收籌劃；
（3）熟悉企業所得稅稅率的稅收籌劃；
（4）理解利用企業所得稅稅收優惠政策的稅收籌劃。

案例導入

小型微利企業的稅收籌劃

甲企業在 2018 年 12 月份預計本年度實現應納稅所得額為 300,005 元，適用稅率為 25%。根據現行規定和該企業在人數、資產、行業方面的條件，如果該企業的年度應納稅所得額不超過 30 萬元，則滿足小微企業的條件，可適用 20% 的稅率。

工作要求 該企業如何做所得稅稅收籌劃。
案例解析 見本章的 5.3。

5.1 企業所得稅納稅人的稅收籌劃

企業所得稅是對中國境內的企業和其他取得收入的組織的生產經營所得和其他所得徵收的一種稅。企業所得稅的納稅義務人，是指在中華人民共和國境內的企業和其他取得收入的組織。《中華人民共和國企業所得稅法》規定，除個人獨資企業、合夥企業不適用企業所得稅法外，凡在中國境內，企業和其他取得收入的組織（以下統稱企業）為企業所得稅的納稅人，依照規定繳納企業所得稅。

5.1.1 企業所得稅納稅人

5.1.1.1 居民企業和非居民企業

居民企業，是指依法在中國境內成立，或者依照外國（地區）法律成立但實際管理機構在中國境內的企業。這裡的企業包括國有企業、集體企業、私營企業、聯營企業、股份制企業、外商投資企業、外國企業以及有生產、經營所得和其他所得

的其他組織。其中，有生產、經營所得和其他所得的其他組織，是指經國家有關部門批准，依法註冊、登記的事業單位、社會團體等組織。實際管理機構，是指對企業的生產經營、人員、帳務、財產等實施實質性全面管理和控制的機構。

非居民企業，是指依照外國（地區）法律成立且實際管理機構不在中國境內，但在中國境內設立機構、場所的，或者在中國境內未設立機構、場所，但有來源於中國境內所得的企業。

上述所稱機構、場所，是指在中國境內從事生產經營活動的機構、場所，包括：
(1) 管理機構、營業機構、辦事機構。
(2) 工廠、農場、開採自然資源的場所。
(3) 提供勞務的場所。
(4) 從事建築、安裝、裝配、修理、勘探等工程作業的場所。
(5) 其他從事生產經營活動的機構、場所。

非居民企業委託營業代理人在中國境內從事生產經營活動的，包括委託單位或者個人經常代其簽訂合同，或者儲存、交付貨物等，該營業代理人被視為非居民企業在中國境內設立的機構、場所。

5.1.1.2 居民企業和非居民企業稅收差異

居民企業應就居民企業來源於中國境內、境外的所得作為徵稅對象。所得包括銷售貨物所得、提供勞務所得、轉讓財產所得、股息紅利等權益性投資所得、利息所得、租金所得、特許權使用費所得、接受捐贈所得和其他所得。

非居民企業在中國境內設立機構、場所的，應當就其所設機構、場所取得的來源於中國境內的所得，以及發生在中國境外但與其所設機構、場所有實際聯繫的所得，繳納企業所得稅。非居民企業在中國境內未設立機構、場所的，或者雖設立機構、場所但取得的所得與其所設機構、場所沒有實際聯繫的，應當就其來源於中國境內的所得繳納企業所得稅。其中：實際聯繫是指非居民企業在中國境內設立的機構、場所擁有的據以取得所得的股權、債權，以及據管理、控制所得的財產。

5.1.2 個人獨資企業、合夥企業與公司制企業選擇的稅收籌劃

企業可以劃分為三類：個人獨資企業、合夥企業和公司制企業。稅法規定，個人獨資企業和合夥企業的個人投資者取得的生產經營所得比照個體工商戶的生產、經營所得，適用五級超額累進稅率僅徵收個人所得稅。而公司制企業、合夥企業的法人和其他組織合夥人，需要繳納企業所得稅。公司制企業如果向個人投資者分配股息、紅利的，還要代扣其個人所得稅。

【例 5-1】某自然人自辦企業，年應稅所得額為 300,000 元。

【工作要求】請為該自然人做出有利於稅收籌劃的企業形式選擇。

【稅法依據】稅法規定，個人獨資企業和合夥企業的個人投資者取得的生產經營所得比照個體工商戶的生產、經營所得，適用五級超額累進稅率僅徵收個人所得

稅。而公司制企業、合夥企業的法人和其他組織合夥人，需要繳納企業所得稅。公司制企業如果向個人投資者分配股息、紅利的，還要代扣其個人所得稅。

【籌劃思路】比較獨資企業和公司制企業所得稅稅負的差異。

【籌劃過程】該企業如按個人獨資企業繳納個人所得稅，依據現行稅制，稅收負擔實際為：

300,000×35%-14,750＝90,250（元）

若該企業為公司制企業，應納企業所得稅，其適用的企業所得稅稅率為25%；企業實現的稅後利潤全部作為股利分配給投資者，應繳納個人所得稅。則總的稅收負擔為：

300,000×25%＋300,000×（1-25%）×20%＝120,000（元）

【籌劃結論】選擇公司制企業比選擇獨資企業多承擔所得稅為：

120,000-90,250＝29,750（元）

【籌劃點評】在進行公司組織形式的選擇時，應在綜合權衡企業的經營風險、經營規模、管理模式及籌資額等因素的基礎上，選擇稅負較小的組織形式。

5.1.3 子公司與分公司選擇的稅收籌劃

子公司是對應母公司而言的，是一個獨立的企業，具有獨立的法人資格。子公司因其具有獨立法人資格而被設立的所在國視為居民企業，通常要履行與該國其他居民企業一樣的全面納稅義務，同時也能享受所在國為新設公司提供的免稅期或其他稅收優惠政策。

分公司是指公司獨立核算的、進行全部或部分經營業務的分支機構，如分廠、分店等。分公司是企業的組成部分，不具有獨立的法人資格，無須獨立繳納企業所得稅。

【例5-2】甲集團2015年新成立A公司，從事生物制藥及高級投資等盈利能力強的項目，2017年盈利1,000萬元，甲集團將其註冊為獨立法人公司。甲集團另有一法人公司B公司，常年虧損，但集團從整體利益出發不打算將其關閉，B公司2017年虧損300萬元。

【工作要求】從稅收籌劃的角度出發，探討甲集團應該如何改變其子公司的形式更為有利。

【稅法依據】《中華人民共和國企業所得稅法》規定：居民企業在中國境內設立不具有法人資格的營業機構的，應當匯總計算並繳納企業所得稅。匯總納稅是指一個企業總機構和其分支機構的經營所得，通過匯總納稅申報的辦法實現所得稅的匯總計算和繳納。因此，總公司可以考慮設立分支機構，使其不具有法人資格，就可由總公司匯總繳納所得稅。這樣可以實現總、分公司之間的盈虧互抵，合理減輕稅收負擔。

【籌劃思路】若甲集團進行籌劃，將B公司變更登記為A公司的分支機構，則

B公司不再是獨立法人公司，就不再作為獨立納稅人，A公司匯總納稅。

【籌劃過程】

方案1：按照籌劃前的組織結構模式，即A公司、B公司都是法人單位，則：

2017年A公司應繳納企業所得稅＝1,000×25%＝250（萬元）

B公司虧損，應繳納企業所得稅為0，A公司、B公司合計繳納企業所得稅250萬元。

方案2：將B公司變更登記為A公司的分支機構，則：

2017年A、B公司合計繳納企業所得稅＝(1,000-300)×25%＝175（萬元）

【籌劃結論】經過稅收籌劃，方案2較方案1節省企業所得稅為：

250-175＝75（萬元）

故應選擇方案2。

【籌劃點評】企業集團可參考這種籌劃模式，對成員內部公司進行身分變更，以實現公司之間的盈虧互抵，降低集團整體稅負。

5.2　企業所得稅計稅依據的稅收籌劃

5.2.1　企業所得稅計稅依據的法律界定

應納稅所得額是企業所得稅的計稅依據，按照企業所得稅法的規定，應納稅所得額為企業每一個納稅年度的收入總額，減除不徵稅收入、免稅收入、各項扣除以及允許彌補的以前年度虧損後的餘額。基本公式為：

應納稅所得額＝收入總額-不徵稅收入-免稅收入-各項扣除 -允許彌補的以前年度虧損

企業應納稅所得額的計算以權責發生制為原則，屬於當期的收入和費用，不論款項是否收付，均作為當期的收入和費用；不屬於當期的收入和費用，即使款項已經在當期收付，均不作為當期的收入和費用。

5.2.1.1　收入項目

企業的收入總額包括以貨幣形式和非貨幣形式從各種來源取得的收入，具體有：銷售貨物收入，提供勞務收入，轉讓財產收入，股息、紅利等權益性投資收益，利息收入，租金收入，特許權使用費收入，接受捐贈收入，其他收入。

收入總額中的不徵稅的收入包括：財政撥款，依法收取並納入財政管理的行政事業性收費、政府性基金，國務院規定的其他不徵稅的收入。

收入總額中的免稅的收入包括：國債利息收入，符合條件的居民企業之間的股息、紅利等權益性投資收益，在中國境內設立機構、場所的非居民企業從居民企業取得的與該機構、場所有實際聯繫的股息、紅利等權益性投資收益，直接投資於其他居民企業取得的投資收益，符合條件的非營利公益組織的收入。

5.2.1.2 扣除項目

1. 稅前扣除的項目

（1）企業實際發生的與取得收入有關的合理的支出，包括成本、費用、稅金、損失和其他支出，準予在計算應納稅所得額時扣除。

（2）企業發生的職工福利費支出，不超過工資薪金總額14%的部分準予扣除；

（3）企業撥繳的工會經費，不超過工資薪金總額2%的部分準予扣除；

（4）企業發生的職工教育經費，不超過工資薪金總額2.5%的部分準予扣除，超過部分準予結轉以後納稅年度扣除；

（5）企業發生的與生產經營活動有關的業務招待費支出，按照發生額的60%扣除，但最高不得超過銷售（營業）收入的0.5%；

（6）企業發生的符合條件的廣告費和業務宣傳費，不超過當年銷售（營業）收入15%的部分，準予扣除；超過部分，準予結轉以後納稅年度扣除；

（7）企業發生的公益性捐贈支出，不超過年度利潤總額12%的部分，準予扣除。

2. 不得扣除的項目

（1）向投資者支付的股息、紅利等權益性投資收益款項；

（2）企業所得稅稅款；

（3）稅收滯納金；

（4）罰金、罰款和被沒收財物的損失；

（5）超過規定標準的捐贈支出；

（6）贊助支出；

（7）未經核定的準備金支出；

（8）企業之間支付的管理費、企業內營業機構之間支付的租金和特許權使用費，以及非銀行企業內營業機構之間支付的利息；

（9）與取得收入無關的其他支出。

5.2.2 收入的稅收籌劃

1. 應稅收入確認金額的稅收籌劃

收入總額是指企業以貨幣形式和非貨幣形式從各種來源取得的收入，包括納稅人來源於中國境內、境外的生產經營收入和其他收入。

收入確認金額即收入計量，是在收入確認的基礎上解決金額多少的問題。商品銷售收入的金額一般應根據企業與購貨方簽訂的合同或協議金額確定，無合同或協議的，應按購銷雙方都同意或都能接受的價格確定；提供勞務的總收入，一般按照企業與接受勞務方簽訂的合同或協議的金額確定，如根據實際情況需要增加或減少交易總金額，企業應及時調整合同總收入；讓渡資產使用權中的金融企業利息收入應根據合同或協議規定的存、貸款利息確定；使用費收入按企業與其資產使用者簽

訂的合同或協議確定。

但是，在收入計量中，還經常存在著各種收入抵免因素，這就給企業在保證收入總體不受大影響的前提下提供了稅收籌劃的空間。如各種商業折扣、銷售折讓、銷售退回以及出口商品銷售中的外國運費、裝卸費、保險費、佣金等，應在實際發生時衝減銷售收入；銷售中的現金折扣應在實際發生時計入當期財務費用，也就等於抵減了銷售收入。這都減少了應納稅所得額，也就相應地減少了所得稅，前者還減少了流轉稅。詳見【例3-7】促銷方式選擇的納稅籌劃。

2. 應稅收入確認時間的稅收籌劃

推遲應稅所得的實現可以延遲納稅，相當於使用國家的一筆無息貸款。通過銷售結算方式的選擇，控制收入確認的時間，可以合理歸屬所得年度，以達到減稅或延緩納稅的目的，從而降低稅負。

【例5-3】某企業屬於增值稅一般納稅人，當月有銷售業務5筆，共計應收貨款2,000萬元，其中，有三筆共計1,200萬元，10日內貨款兩清；一筆為300萬元，購銷雙方協商兩年後一次付清；另一筆為500萬元，購銷雙方協商一年後一次付250萬元，一年半後付150萬元，餘款100萬元兩年後結清。該企業增值稅進項稅額為150萬元，毛利率為15%，所得稅稅率為25%。

【工作要求】請對企業上述業務進行稅收籌劃。

【稅法依據】根據企業所得稅稅法的有關規定，納稅人採取直接收款的方式銷售貨物；納稅人採用分期收款方式銷售貨物的，按照合同約定收款日期確認收入的實現。

【籌劃思路】分析直銷方式與分期收款銷售方式下的納稅情況，進而進行決策。

【籌劃過程】

方案1：企業採用直接收款的方式銷售貨物。

計提銷項稅額 = 2,000÷(1+16%)×16% = 275.86（萬元）

實際繳納增值稅 = 275.86-150 = 125.86（萬元）

依據毛利率，企業所得稅 = 2,000÷(1+16%)×15%×25% = 64.66（萬元）

方案2：企業對未收到的應收帳款分別在貨款結算中採取賒銷和分期收款方式。

當期銷項稅額 = 1,200÷(1+16%)×16% = 165.52（萬元）

實際繳納增值稅 = 165.52-150 = 15.52（萬元）

依據毛利率計算，企業所得稅 = 1,200÷(1+16%)×15%×25% = 38.79（萬元）

【籌劃結論】方案2比方案1少墊付增值稅為125.86-15.52 = 110.34萬元，少墊付企業所得稅為64.66-38.79 = 25.87萬元，故應選擇方案2。

【籌劃點評】企業在不能及時收到貨款的情況下，應採取賒銷或者分期收款銷售方式銷售貨物，這樣可以規避墊付稅款，可以獲取更多的資金和時間，有利於實現企業財務管理目標。

5.2.3 扣除項目的稅收籌劃

1. 期間費用的稅收籌劃

企業生產經營中的期間費用包括銷售費用、管理費用、財務費用，這些費用的大小直接影響著企業的應納稅所得額。為了防止納稅人任意加大費用、減小應納稅所得額，《中華人民共和國企業所得稅法實施條例》對允許扣除的項目做了規定，結合會計核算的費用項目劃分需要，將費用項目分為三類：稅法有扣除標準的費用項目、稅法沒有扣除標準的費用項目、稅法給予優惠的費用項目。

稅法有扣除標準的費用項目包括職工福利費、職工教育經費、工會經費、業務招待費、廣告費和業務宣傳費、公益性捐贈支出等。這類費用一般採用以下籌劃方法：

（1）原則上遵照稅法的規定進行抵扣，避免因納稅調整而增加企業稅負；

（2）區分不同費用項目的核算範圍，使稅法允許扣除的費用標準得以充分抵扣；

（3）費用的合理轉化，將有扣除標準的費用通過會計處理，轉化為沒有扣除標準的費用，加大扣除項目總額，降低應納稅所得額。

稅法沒有扣除標準的費用項目包括勞動保護費、辦公費、差旅費、董事會費、諮詢費、訴訟費、租賃及物業費、車輛使用費、長期待攤費用攤銷、房產稅、車船稅、土地使用稅、印花稅等。這類費用一般採用以下籌劃方法：

第一，正確設置費用項目，合理加大費用開支。

第二，選擇合理的費用分攤方法。例如，對低值易耗品、無形資產、長期待攤費用等攤銷時，要視納稅人不同時期的盈虧情況而定：在盈利年度，應選擇使費用盡快得到分攤的方法，使其抵稅作用盡早發揮，推遲所得稅的納稅時間；在虧損年度，應選擇使費用盡可能攤入虧損並能全部得到稅前彌補，不要浪費費用分攤的抵稅效應；在享受稅收優惠的年度，應選擇能使減免稅年度攤銷額最小、正常年度攤銷額增大的攤銷方法。

稅法給予優惠的費用項目包括研發費用等，應充分享受稅收優惠政策。企業在一個納稅年度生產經營中發生的新產品、新技術、新工藝的技術開發費用，允許按當年費用實際發生額的 150% 扣除。

2. 成本項目的稅收籌劃

（1）合理處理成本的歸屬對象和歸屬期間。納稅人必須將經營活動中發生的成本合理劃分為直接成本和間接成本。直接成本是可直接計入有關成本計算對象或勞務成本中的直接材料、直接人工等。間接成本是指多個部門為同一個成本對象提供服務的共同成本，或者同一種投入可以製造、提供兩種或兩種以上的產品或勞務的聯合成本。間接成本必須根據與成本計算對象之間的因果關係、成本計算對象的產量等，以合理的方法分配計入有關成本的計算對象中。尤其是在既生產應稅產品又

生產免稅產品的企業，合理確定直接成本和間接成本的歸屬對象和歸屬期間顯得尤為重要。

（2）成本結轉處理方法的稅收籌劃。成本結轉處理方法主要有在產品不計算成本法、約當產量法、在產品按完工產品計算法、在產品按定額成本計價法等。稅法並沒有限制使用哪一種方法，採用不同的成本結轉處理方法對完工產品成本的結轉影響很大，企業應根據實際情況選擇適當的方法。例如，選擇在產品不計算成本法則每期發生的生產費用都可以作為完工產品成本，相應地擴大了當期的營業成本，減少了當期應納稅所得額。當然，成本結轉的處理方法一經確定就不能更改，如果需要更改，需要向當地主管稅務部門申請下一年的成本結轉處理方法，否則，稅務機關有權進行納稅調整。

（3）成本核算方法的稅收籌劃。成本核算方法主要有品種法、分批法、分步法三種基本方法。每一種方法對產成品成本的歸集與計算要求各不相同，對最終計算的產成品成本結果產生很大的影響。所以，合理選擇成本核算方法，能夠影響企業的產成品價值。

（4）成本費用在存貨、資本化對象或期間費用之間的選擇。如果企業的某項成本費用能夠在存貨與資本化對象之間進行選擇，對於納稅人而言，應該盡可能選擇計入存貨成本，因為這樣做不僅可以獲得增值稅的抵扣，而且可以加快其稅前扣除速度。

如果企業發生的某項成本費用可以在存貨與期間費用之間選擇，從所得稅的角度而言，應該計入期間費用，因為期間費用可以在當期扣除。但從增值稅的角度來看，關係到進項稅額能否扣除，如果不涉及進項稅額的扣除，則納稅人應該盡可能選擇計入期間費用。但如果影響進項稅額的扣除，即當發生某項費用時不能獲得增值稅發票，則納稅人應該盡可能選擇計入存貨，因為選擇計入期間費用只是獲得所得稅加速扣除的好處，如果以放棄進項稅額的抵扣為前提，肯定得不償失。

3. 固定資產的稅收籌劃

（1）能夠費用化或計入存貨的成本費用不要資本化計入固定資產。因為成本費用只要資本化計入固定資產，不僅不能夠獲得增值稅進項稅額的抵扣，而且成本費用也不得在當期計入應納稅所得額。

（2）折舊是影響企業所得稅的重要因素，提取固定資產折舊金額的大小主要取決於四大因素，包括：應計提折舊額、折舊年限、折舊方法以及淨殘值。計提折舊時應充分考慮這四種因素的影響。

但需要注意的是，採取縮短折舊年限方法或者採取加速折舊方法的固定資產只有兩類：一是由於技術進步，產品更新換代較快的固定資產；二是常年處於強震動、高腐蝕狀態的固定資產。採取縮短折舊年限方法的，最低折舊年限不得低於規定折舊年限的60%。

（3）對於不能計提折舊又無須使用的固定資產應加快處理，盡量實現財產損失

的稅前扣除。

(4) 固定資產維修費用的稅收籌劃。固定資產的維修與改良在稅收處理上有較大的差異。相比較而言，維修費用能夠盡快實現稅前扣除，而改良支出需要計入固定資產，通過折舊實現稅前扣除。另外，維修工程中發生的料件，還可以獲得增值稅進項稅額的抵扣，而改良支出屬於固定資產，其購置的料件不能夠獲得進項稅額的抵扣。

固定資產的大修理支出必須作為長期待攤費用，要按規定攤銷，不得直接在當期稅前扣除。《中華人民共和國企業所得稅法實施條例》第六十九條規定：固定資產的大修理支出，是指同時符合下列條件的支出：第一，修理支出達到取得固定資產時的計稅基礎的50%以上；第二，修理後固定資產的使用年限延長2年以上。

(5) 租入固定資產租金的稅收選擇。企業取得固定資產的方式主要有購置、經營性租入和融資租入等。由於取得的方式不同，稅法所涉及的有關規定也就不同，這就給稅收籌劃留下了一定的空間。

納稅人以經營租賃方式從出租方取得固定資產，其符合獨立納稅人交易原則的租金可根據受益時間均勻扣除。納稅人以融資租賃方式從出租方取得固定資產，其租金支出不得扣除，但可按規定提取折舊費用。

4. 無形資產攤銷的稅收籌劃

無形資產攤銷額的決定性因素有三個，即無形資產的價值、攤銷年限以及攤銷方法。稅法對無形資產的攤銷期限賦予納稅人一定的選擇空間。對於正常經營的企業，應選擇較短的攤銷期限，這樣不僅可以加速無形資產成本的收回，避免企業未來的不確定性風險，而且可以使企業後期成本、費用提前扣除，前期利潤後移，從而獲得延期納稅的好處。

5. 公益性捐贈的稅收籌劃

公益性捐贈是納稅人承擔社會責任的表現，稅法對此予以鼓勵。《中華人民共和國企業所得稅法》規定：企業發生的公益性捐贈支出，在年利潤總額12%以內的部分準予在計算應納稅所得額時扣除。企業在符合稅法規定的情況下，可以充分利用捐贈政策，分析不同捐贈方式的稅收負擔，在不同捐贈方式中做出選擇，達到既實現捐贈又降低稅負的目的。

【例5-4】某企業2017年預計利潤總額為2,000萬元（假設等於應納稅所得額），適用的企業所得稅稅率為25%。為了提高企業知名度，樹立良好的社會形象，決定2017年度向災區捐贈200萬元。該企業有兩種捐贈方案可以選擇：

方案1：直接向災區捐贈。

方案2：通過公益性社會團體向災區捐贈。

【工作要求】為該企業選擇有關捐贈的納稅籌劃方案。

【稅法依據】企業發生的公益性捐贈支出，不超過年度利潤總額12%的部分，準予扣除。年度利潤總額，是指企業依照國家統一會計制度的規定計算的年度會計

利潤。公益性捐贈，是指企業通過公益性社會團體或者縣級（含縣級）以上人民政府及其部門，用於《中華人民共和國公益事業捐贈法》規定的公益事業的捐贈。

【籌劃思路】分析兩種捐贈方案下企業繳納的企業所得稅，通過比較繳納企業所得稅的多少來選擇捐贈方案。

【籌劃過程】

方案1：直接捐贈支出不得扣除，應納企業所得稅=2,000×25%=500（萬元）

方案2：捐贈支出扣除限額=2,000×12%=240（萬元），實際捐贈額低於捐贈扣除限額，準予稅前扣除。應納企業所得稅=（2,000-200）×25%=450（萬元）

【籌劃結論】方案2比方案1節省企業所得稅為500-450=50萬元，故應選擇方案2。

【籌劃點評】特別要注意的是：對於通過公益性群眾團體發生的公益性捐贈支出，主管稅務機關應對照財政、稅務部門聯合發布的名單，若接受捐贈的群眾團體位於名單內，則企業或個人在名單所屬年度發生的公益性捐贈支出可按規定進行稅前扣除；若接受捐贈的群眾團體不在名單內，或雖在名單內但企業或個人發生的公益性捐贈支出不屬於名單所屬年度的，不得扣除。

5.2.4 虧損彌補的籌劃

虧損彌補政策是中國企業所得稅中的一項重要的優惠措施，是國家為了扶持納稅人發展，從政策上幫助納稅人渡過難關的一項優惠措施。企業要充分利用虧損彌補政策，以取得最大的節稅效益。

（1）重視虧損年度後的營運。企業出現虧損後，就必須重點抓生產經營及投資業務，如企業可以減小以後5年內投資的風險性，以相對較安全的投資為主，確保虧損能在規定的5年期限內得到全額彌補。

（2）利用企業合併、分立、匯總納稅等優惠條款消化虧損。按照稅法的規定，匯總、合併納稅的成員企業發生的虧損，可直接沖抵其他成員企業的所得額或並入總公司的虧損額，不需要用本企業以後年度的所得彌補。被兼併的企業若不再具有獨立納稅人資格，其兼併前尚未彌補的經營虧損，可由兼併企業用以後年度的所得彌補。所以，對於一些長期處於高盈利狀態的企業，可以兼併一些虧損企業，以減少其應納稅所得額，達到節稅的目的。尤其是一些大型集團公司，盡量採取匯總納稅、合併納稅的方式，用盈利企業的所得額沖抵虧損企業的虧損額，從而減少應納稅額。

（3）選擇虧損彌補期的籌劃。當納稅企業既有所得稅應稅項目，又有免稅項目時（如免稅的投資收益），如果認真地考慮免稅所得分回的時間，就可以最大限度地彌補虧損並獲得稅收利益。

【例5-5】ABC企業2012—2016年的應納稅所得額分別為：-300萬元、80萬元、40萬元、30萬元、50萬元。假設2017年12月20日，該企業已經實現應納稅

所得額為 60 萬元，同時，企業還有一項銷售意向，本打算於 2018 年 1 月 3 日實現銷售，預計實現銷售利潤為 40 萬元，此外，2018 年還可獲取利潤 30 萬元。

【工作要求】請對上述企業業務進行稅收籌劃。

【稅法依據】企業每一個納稅年度的收入總額，減去不徵稅收入、免稅收入、各項扣除以及允許彌補的以前年度虧損後的餘額，為應納稅所得額。企業納稅年度發生的虧損，準予向以後年度結轉，用以後年度的所得彌補，但結轉年限最長不得超過 5 年。

【籌劃思路】彌補以前年度虧損的年限是 5 年，若存在 5 年內虧損未彌補完的情況，則會加重企業所得稅稅負。因此，企業應盡量將彌補時限以外的所得實現在彌補期限內。具體可以通過與購貨方議定合適的結算方式，或通過促銷的方式來增加虧損彌補期應確認的收入，最大限度地將虧損在彌補期限內被彌補完，避免不必要的損失。

【籌劃過程】

具體各年度應納稅所得額如表 5-1 所示。

表 5-1　　　　　　　　各年度應納稅所得額匯總表　　　　　　單位：萬元

年份	2012	2013	2014	2015	2016	2017	2018
應納稅所得額	-300	80	40	30	50	60(或 100)	70(或 30)

方案 1：將該筆銷售利潤為 40 萬元的業務放在 2018 年實現並確認收入。

-300+80+40+30+50+60=-40（萬元）

也就是說，2017 年實現的應納稅所得額全部用於彌補虧損後，還有 40 萬元的未彌補虧損，超過 5 年期虧損彌補時限，2018 年不能彌補，則

2018 年應納企業所得稅額 =（40+30）×25%=17.5（萬元）

方案 2：將該筆銷售利潤為 40 萬元的業務放在 2017 年實現並確認收入。

-300+80+40+30+50+（60+40）= 0（萬元）

也就是說，5 年內 300 萬元的虧損全部被盈利彌補完，由於該筆銷售利潤為 40 萬元的業務被確認在 2017 年。因此，2018 年不必針對該筆業務繳納企業所得稅，則

2018 年應納企業所得稅額 =30×25%=7.5（萬元）

【籌劃結論】方案 2 比方案 1，企業在 2018 年少繳納企業所得稅為：

17.5-7.5=10（萬元）

因此企業應選擇方案 2。

【籌劃點評】通過合理的方法與手段，提前實現利潤，保證在虧損彌補期內最大限度地彌補虧損，從而避免或降低因虧損不予彌補完而產生的損失。

5.3　企業所得稅稅率的稅收籌劃

5.3.1　企業所得稅稅率的基本規定

《中華人民共和國企業所得稅法》規定，企業所得稅實行比例稅率。

（1）基本稅率為25%。適用於居民企業和在中國境內設有機構、場所且所得與機構、場所有關聯的非居民企業。

（2）低稅率為20%。適用於在中國境內未設立機構、場所的，或者雖設立機構、場所但取得的所得與其所設機構、場所沒有實際聯繫的非居民企業。實際徵稅時適用10%的稅率。

5.3.2　企業所得稅的優惠稅率

1. 小型微利企業減按20%的稅率徵收企業所得稅

《中華人民共和國企業所得稅法實施條例》第九十二條規定：符合條件小型微利企業，是指從事國家非限制和禁止行業，並符合下列條件的企業：

（1）工業企業，年度應納稅所得額不超過30萬元，從業人數不超過100人，資產總額不超過3,000萬元。

（2）其他企業，年度應納稅所得額不超過30萬元，從業人數不超過80人，資產總額不超過1,000萬元。

上述「從業人數」按企業全年平均從業人數計算，「資產總額」按企業年初和年末的資產總額平均計算。

2. 國家需要重點扶持的高新技術企業按15%的稅率徵收企業所得稅

國家需要重點扶持的高新技術企業，是指擁有核心自主知識產權，並同時符合下列六方面條件的企業：

（1）擁有核心自主知識產權，是指在中國境內（不含港、澳、臺地區）註冊的企業，近3年內通過自主研發、受讓、受贈、併購等方式，或通過5年以上的獨占許可方式，對其主要產品（服務）的核心技術擁有自主知識產權。

（2）產品（服務）屬於《國家重點支持的高新技術領域》規定的範圍。

（3）研究開發費用占銷售收入的比例不低於規定比例，是指企業為獲得科學技術（不包括人文、社會科學）新知識，創造性運用科學技術新知識，或實質性改進技術、產品（服務）而持續進行的研究開發活動，且近3個會計年度的研究開發費用總額占銷售收入總額的比例符合如下要求：

①最近一年銷售收入小於5,000萬元的企業，比例不低於6%。
②最近一年銷售收入為5,000萬元至20,000萬元的企業，比例不低於4%。
③最近一年銷售收入為20,000萬元以上的企業，比例不低於3%。

其中，企業在中國境內發生的研究開發費用總額占全部研究開發費用總額的比例不低於 60%。企業註冊成立時間不足 3 年的，按實際經營年限計算。

（4）高新技術產品（服務）收入占企業總收入的比例不低於規定比例，是指高新技術產品（服務）收入占企業當年總收入的 60%以上。

（5）科技人員占企業職工總數的比例不低於規定比例，是指具有大學專科以上學歷的科技人員占企業當年職工總數的 30%以上，其中研發人員占企業當年職工總數的 10%以上。

（6）高新技術企業認定管理辦法規定的其他條件。《國家重點支持的高新技術領域》和高新技術企業認定管理辦法由國務院科技、財政、稅務主管部門商國務院有關部門制訂，報國務院批准後公布施行。

5.3.3 企業所得稅稅率的籌劃方法

1. 一般企業轉化為小型微利企業的稅收籌劃

【例 5-6】導入案例解析。

【稅法依據】小型微利企業減按 20%的稅率徵收企業所得稅，不符合則按照 25%稅率徵稅。

【籌劃思路】企業事先已經安排在辦公用品裡多支出了 5 元，則符合小微企業標準，降低適用的稅率。

【籌劃過程】

如果企業按照預計的應納稅所得額計算，則應納稅額 = 300,005 × 25% = 75,001.25（元）。

如果企業符合小微企業標準，則應納稅額 = 300,000×20% = 60,000（元）。

【籌劃結論】通過籌劃，可以節稅 75,001.25 - 60,000 = 15,001.25 元。

【籌劃點評】這個案例是一個假設，說明了稅收籌劃一定要有前瞻性。

2. 創造條件成為國家重點扶持的高新技術企業的稅收籌劃

【例 5-7】A 企業成立於 2013 年，2018 年該企業具備國家需要重點扶持高新技術企業認定的 6 個條件，只有第 3 個條件為滿足，即具有大學專科以上學歷的科研人員有 40 人，占企業當年職工總數（100 人）的 30%以上，其中研發人員 9 人，占企業當年職工總人數的比例不足 10%。本企業 2018 年預計應納稅所得額為 800 萬元。

【工作要求】請對上述業務進行稅收籌劃。

【稅法依據】根據《中華人民共和國企業所得稅法》第二十八條規定：國家重點扶持高新技術企業，減按 15%的稅率徵收企業所得稅。

【籌劃思路】國家需要重點扶持的高新技術企業需要同時滿足 6 個條件。當企業滿足其中某幾個條件時，可以通過努力使企業自身滿足其他條件，以便成為國家需要重點扶持的高新技術企業，進而獲得稅收上的優惠。

【籌劃過程】

方案1：保持企業原狀，不成為國家重點扶持的高新技術企業。則

應納企業所得稅額＝800×25%＝200（萬元）

方案2：企業通過再招聘增加2名研發人員，從而符合研發人員占企業當年職工總人數的10%以上條件，由此，企業可申請成為國家重點扶持的高新技術企業。則

應納企業所得稅額＝800×15%＝120（萬元）

【籌劃結論】方案2比方案1少繳納企業所得稅為200－120＝80（萬元），由此應當選擇方案2。

【籌劃點評】創造條件滿足稅收優惠政策的要求，是企業稅收籌劃的一種重要方法，不僅沒有納稅風險，而且通過享受稅收優惠政策，會給企業帶來節稅收益。

5.4 利用企業所得稅稅收優惠政策的稅收籌劃

5.4.1 企業所得稅稅收優惠政策

5.4.1.1 農、林、牧、漁業減免稅優惠政策

（1）企業從事下列項目的所得，免徵企業所得稅：

①蔬菜、穀物、薯類、油料、豆類、棉花、麻類、糖料、水果、堅果的種植；

②農作物新品種的選育；

③中藥材的種植；

④林木的培育和種植；

⑤牲畜、家禽的飼養；

⑥林產品的採集；

⑦灌溉、農產品初加工、獸醫、農技推廣、農機作業和維修等農、林、牧、漁服務業項目；

⑧遠洋捕撈。

（2）企業從事下列項目的所得，減半徵收企業所得稅：

①花卉、茶以及其他飲料作物和香料作物的種植；

②海水養殖、內陸養殖。

5.4.1.2 其他減免稅優惠政策

1. 企業從事國家重點扶持的公共基礎設施項目的投資經營的所得

企業從事國家重點扶持的公共基礎設施項目的投資經營的所得，自項目取得第一筆生產經營收入所屬納稅年度起，第1年至第3年免徵企業所得稅，第4年至第6年減半徵收企業所得稅。

2. 企業從事符合條件的環境保護、節能節水項目的所得

企業從事符合條件的環境保護、節能節水項目的所得，自項目取得第一筆生產經營收入所屬納稅年度起，第 1 年至第 3 年免徵企業所得稅，第 4 年至第 6 年減半徵收企業所得稅。

3. 符合條件的技術轉讓所得

符合條件的技術轉讓所得免徵、減徵企業所得稅。一個納稅年度內，居民企業轉讓技術所有權所得不超過 500 萬元的部分，免徵企業所得稅；超過 500 萬元的部分，減半徵收企業所得稅。

5.4.1.3　加計扣除優惠

1. 研究開發費

研究開發費，未形成無形資產計入當期損益的，在按照規定據實扣除的基礎上，按照研究開發費用的 50%加計扣除；形成無形資產的，按照無形資產成本的 150%攤銷。

2. 企業安置殘疾人員所支付的工資

企業安置殘疾人員所支付工資費用的加計扣除，是指企業安置殘疾人員的，在按照支付給殘疾職工工資據實扣除的基礎上，按照支付給殘疾職工工資的 100 %加計扣除。殘疾人員的範圍適用《中華人民共和國殘疾人保障法》的有關規定。

5.4.1.4　創投企業優惠

創業投資企業從事國家需要重點扶持和鼓勵的創業投資，可以按投資額的一定比例抵扣應納稅所得額。創投企業優惠，是指創業投資企業採取股權投資方式投資於未上市的中小高新技術企業 2 年以上的，可以按照其投資額的 70%在股權持有滿 2 年的當年抵扣該創業投資企業的應納稅所得額；當年不足抵扣的，可以在以後納稅年度結轉抵扣。

5.4.1.5　加速折舊優惠

企業的固定資產由於技術進步等原因，確需加速折舊的，可以縮短折舊年限或者採取加速折舊的方法。可採用以上折舊方法的固定資產是指：①由於技術進步促使產品更新換代較快的固定資產；②常年處於強震動、高腐蝕狀態的固定資產。其中採取縮短折舊年限方法的，其最低折舊年限不得低於規定折舊年限的 60%；採取加速折舊方法的，可以採取雙倍餘額遞減法或者年數總和法。

5.4.1.6　減計收入優惠

企業綜合利用資源，生產符合國家產業政策規定的產品所取得的收入，可以在計算應納稅所得額時減計收入。

綜合利用資源，是指企業以《資源綜合利用企業所得稅優惠目錄》規定的資源作為主要原材料，生產國家非限制和禁止並符合國家和行業相關標準的產品取得的收入，減按 90%計入收入總額。

5.4.1.7　稅額抵免優惠

企業購置並實際使用《環境保護專用設備企業所得稅優惠目錄》《節能節水專

用設備企業所得稅優惠目錄》和《安全生產專用設備企業所得稅優惠目錄》規定的環境保護、節能節水、安全生產等專用設備,該專用設備的投資額的 10% 可以從企業當年的應納稅額中抵免;當年不足抵免的,可以在以後 5 個納稅年度結轉抵免。

5.4.1.8 民族自治地方的優惠

民族自治地方的自治機關對本民族自治地方的企業應繳納的企業所得稅中屬於地方分享的部分,可以決定減徵或者免徵。自治州、自治縣決定減徵或者免徵的,須報省、自治區、直轄市人民政府批准。民族自治地方,是指依照《中華人民共和國民族區域自治法》的規定,實行民族區域自治的自治區、自治州、自治縣。對民族自治地方內國家限制和禁止的行業的企業,不得減徵或者免徵企業所得稅。

5.4.1.9 非居民企業優惠

非居民企業減按 10% 的稅率徵收企業所得稅。這裡的非居民企業,是指在中國境內未設立機構、場所的,或者雖設立機構、場所,但取得的所得與其所設機構、場所沒有實際聯繫的企業。若該類非居民企業取得下列所得,免徵企業所得稅。

(1) 外國政府向中國政府提供貸款取得的利息所得;

(2) 國際金融組織向中國政府和居民企業提供優惠貸款取得的利息所得;

(3) 經國務院批准的其他所得。

5.4.1.10 特殊行業優惠

1. 軟件產業和集成電路產業的優惠政策

財稅〔2012〕27 號文件規定了相應的企業所得稅優惠政策,主要有:

(1) 集成電路線寬小於 0.8 微米(含)的集成電路生產企業,經認定後,在 2017 年 12 月 31 日前自獲利年度起計算優惠期,第一年至第二年免徵企業所得稅,第三年至第五年按照 25% 的法定稅率減半徵收企業所得稅,並享受至期滿為止。

(2) 集成電路線寬小於 0.25 微米或投資額超過 80 億元的集成電路生產企業,經認定後,減按 15% 的稅率徵收企業所得稅,其中經營期在 15 年以上的,在 2017 年 12 月 31 日前自獲利年度起計算優惠期,第一年至第五年免徵企業所得稅,第六年至第十年按照 25% 的法定稅率減半徵收企業所得稅,並享受至期滿為止。

(3) 中國境內新辦的集成電路設計企業和符合條件的軟件企業,經認定後,在 2017 年 12 月 31 日前自獲利年度起計算優惠期,第一年至第二年免徵企業所得稅,第三年至第五年按照 25% 的法定稅率減半徵收企業所得稅,並享受至期滿為止。

軟件企業所得稅優惠政策適用於經認定並實行查帳徵收方式的軟件企業。經認定,是指經國家規定的軟件企業認定機構按照軟件企業認定管理的有關規定進行認定並取得軟件企業認定證書。

軟件企業的獲利年度,是指軟件企業開始生產經營後,第一個應納稅所得額大於零的納稅年度,包括對企業所得稅實行核定徵收方式的納稅年度。軟件企業享受定期減免稅優惠的期限應當連續計算,不得因中間發生虧損或其他原因而間斷。

(4) 國家規劃佈局內的重點軟件企業和集成電路設計企業,如當年未享受免稅

優惠的可減按10%的稅率徵收企業所得稅。

2. 證券投資基金的優惠政策

（1）對證券投資基金從證券市場中取得的收入，包括買賣股票、債券的差價收入，股權的股息、紅利收入，債券的利息收入及其他收入，暫不徵收企業所得稅。

（2）對投資者從證券投資基金分配中取得的收入，暫不徵收企業所得稅。

（3）對證券投資基金管理人運用基金買賣股票、債券的差價收入，暫不徵收企業所得稅。

3. 節能服務公司的優惠政策

自2011年1月1日起，對符合條件的節能服務公司實施合同能源管理項目，符合企業所得稅稅法有關規定的，自項目取得第一筆生產經營收入所屬納稅年度起，第1年至第3年免徵企業所得稅，第4年至第6年按照25%的法定稅率減半徵收企業所得稅。

4. 電網企業電網新建項目享受所得稅的優惠政策

根據《中華人民共和國企業所得稅法》及其實施條例的有關規定，居民企業從事符合《公共基礎設施項目企業所得稅優惠目錄（2008年版）》規定條件和標準的電網（輸變電設施）的新建項目，可依法享受「三免三減半」的企業所得稅優惠政策。基於企業電網新建項目的核算特點，暫以資產比例法，即以企業新增輸變電固定資產原值占企業總輸變電固定資產原值的比例，合理計算電網新建項目的應納稅所得額，並據此享受「三免三減半」的企業所得稅優惠政策。

5.4.1.11　西部大開發的稅收優惠

西部大開發的稅收優惠政策適用範圍包括重慶市、四川省、貴州省、雲南省、西藏自治區、陝西省、甘肅省、寧夏回族自治區、青海省、新疆維吾爾自治區、新疆生產建設兵團、內蒙古自治區和廣西壯族自治區（上述地區統稱西部地區）。湖南省湘西土家族苗族自治州、湖北省恩施土家族苗族自治州、吉林省延邊朝鮮族自治州、江西省贛州市，可以比照西部地區的稅收優惠政策執行。

5.4.2　企業所得稅稅收優惠政策的稅收籌劃方法

5.4.2.1　選擇投資地區（地點）的稅收籌劃

國家為了適應各地區不同的情況。針對一些不同地區制定了不同的稅收政策，為企業進行註冊地點選擇的稅收籌劃提供了空間。企業在設立之初或擴大經營進行投資時，可以選擇低稅負的地區進行投資，享受稅收優惠的好處。

現行稅法中所規定的享受減免稅優惠政策的地區主要包括：國務院批准的「老、少、邊、窮」地區、西部地區、東北老工業基地、經濟特區、經濟技術開發區、沿海開放城市、保稅區、旅遊度假區等。

【例5-8】甲企業2017年年初打算在四川某縣投資創辦一個新公司，兼營公路旅客運輸和其他業務，預計全年公路旅客運輸業務收入為500萬元，非公路旅客運

輸業務收入為 300 萬元，利潤率均為 20%。其他業務不在《西部地區鼓勵產業目錄》之內。

【工作要求】請對企業上述業務進行稅收籌劃。

【稅法依據】根據〔2011〕58 號文規定，對設在西部地區國家鼓勵類產業的企業，在 2011 年 1 月 1 日至 2020 年 12 月 31 日，減按 15%的稅率徵收企業所得稅。國家鼓勵類產業的企業是指以《西部地區鼓勵類產業目錄》中規定的產業項目為主營業務，其主營業務收入占企業總收入 70%以上的企業。

【籌劃思路】使新辦的企業具備條件享受稅收優惠，進而降低稅負。

【籌劃過程】

方案 1：投資創辦一個公路旅客運輸和其他業務的企業。

因為公路旅客運輸收入占全部業務收入的比例為 500÷800×100% = 62.5%，小於 70%，不能享受 15%的稅率。則：

2017 年應納企業所得稅額 =（500+300）×20%×25% = 40（萬元）

方案 2：分別投資創辦兩個新企業，一個從事公路旅客運輸業務，一個從事其他業務。

從事公路旅客運輸業務的企業的收入全部為公路旅客運輸收入，超過了 70%的比例，可以享受 15%的稅率。則：

2017 年應納企業所得稅額 = 300×20%×25%+500×20%×15% = 30（萬元）

【籌劃結論】方案 2 比方案 1 少繳納企業所得稅為 40-30 = 10（萬元），因此應選擇方案 2。

【籌劃點評】在西部註冊屬於國家鼓勵類產業的企業，雖然可以享受西部大開發的稅收優惠政策，但是有時未必會取得較好的經營業績。若決策不當，往往得不償失。

但是對於已經成立的企業來說，如果具備了其他享受優惠政策的條件，只是由於註冊地點不在特定稅收優惠地區而不能享受相應的稅收優惠政策，那麼就應該考慮企業是否需要搬遷的問題。這就需要企業充分考慮生產經營的壽命週期、享受稅收優惠政策的其他條件的保持能力和企業的盈利能力，以及搬遷費用、因遷移註冊地而產生的新的成本費用支出及新註冊地與老註冊地在信息、技術來源、客戶等方面的因素，並進行全面分析，對有關的經濟技術數據進行測算，然後做出相應的決策。

遷移企業註冊地本身也存在一個方式的籌劃問題。在遷移決策已定的情況下，如何遷移成為一個新的決策問題。如果情況允許，可以將整個企業從一個地區搬到有稅收優惠的地區。如果搬遷不夠理想，可以將企業的主要辦事機構遷移到有稅收優惠的地區，採取變更企業註冊地的辦法，而把老企業作為分支機構留在原地繼續生產。如果上述辦法不行，則可以通過產權重組達到變更註冊地的目的。例如企業，採取企業分立或者分別註冊的辦法，讓符合稅收優惠條件的部分在稅收優惠的地區

註冊，讓不符合稅收優惠條件的部分仍然留在老地區繼續生產。或者在享受稅收優惠的地區註冊一家新公司並取得享受稅收優惠的資格，然後再將原有企業與新公司繼續合併，將原有企業變為享受稅收優惠企業的一個分支機構，享受合併納稅的好處。

綜上所述，在新企業成立時涉及註冊地點的選擇，而對於老企業來說，也存在註冊地點的選擇問題。因此，每個企業都應該根據自身的特點、具體情況和對稅收優惠政策的深入研究，找到具體的利用稅收優惠政策的措施，以合理籌劃企業的納稅，實現企業經濟效益的最大化。

5.4.2.2 選擇投資方向的稅收籌劃

《中華人民共和國企業所得稅法》是以「產業優惠為主、區域優惠為輔」作為稅收優惠的導向。無論是初次投資還是增加投資都可以根據稅收優惠政策加以選擇，充分享受稅收產業優惠政策。

1. 選擇減免稅項目投資

（1）投資於農、林、牧、漁業項目的所得，可以免徵、減半徵收企業所得稅。投資於基礎農業，如蔬菜、穀物、薯類、油料、豆類、棉花、麻類、糖料、水果、堅果的種植，農作物新品種的選育；中藥材的種植，林木的培育和種植；牲畜、家禽的飼養，林產品的採集；灌溉、農產品初加工、獸醫、農技推廣、農機作業和維修等農、林、牧、漁服務，遠洋捕撈所得免徵企業所得稅。投資於高收益的農、林、牧、漁業項目，如花卉、茶、其他飲料作物和香料作物的種植，海水養殖、內陸養殖項目所得可以減半徵收企業所得稅。

（2）投資於公共基礎設施項目、環境保護項目、節能節水項目，從項目中取得第一筆生產經營收入，從所屬納稅年度起實行「三免三減半」的稅收優惠政策。

2. 創業投資企業對外投資的稅收籌劃

創業投資企業從事國家需要重點扶持和鼓勵的創業投資，可以按投資額的一定比例抵扣應納稅所得額。創投企業優惠，是指創業投資企業採取股權投資方式投資於未上市的中小高新技術企業 2 年以上的，可以按照其投資額的 70% 在股權持有滿 2 年的當年抵扣該創業投資企業的應納稅所得額；當年不足抵扣的，可以在以後納稅年度結轉抵扣。

5.4.2.3 利用加計扣除稅收優惠政策的稅收籌劃

稅法規定，單位支付給殘疾人員以及國家需要鼓勵安置的其他就業人員的實際工資，在計算應納稅所得額時加計扣除。加計扣除，是指企業安置殘疾人員所實際支付的工資，在進行企業所得稅預繳申報時，允許據實計算扣除；在年度終了進行企業所得稅申報和匯算清繳時，再按照支付給殘疾職工工資的 100% 加計扣除。

納稅人可以依據自身情況，吸收殘疾人員在本企業就業，以充分享受稅收優惠，減輕稅負。這裡的「殘疾人」是指持有「中華人民共和國殘疾人證」上註明屬於視力殘疾、聽力殘疾、言語殘疾、肢體殘疾、智力殘疾和精神殘疾的人員和持有「中

華人民共和國殘疾軍人證」（1至8級）的人員。

【例5-9】某外商投資企業，現有職工40人，預計當年實現應納稅所得額為160萬元。現因擴大生產規模，企業需要招聘20名新員工，新增加的20名員工需要增加支付的工資總額為6.3萬元。

【工作要求】請對企業如何招聘員工進行稅務籌劃。

【稅法依據】稅法規定，單位支付給殘疾人員以及國家需要鼓勵安置的其他就業人員的實際工資，在進行企業所得稅預繳申報時，允許據實計算扣除；在年度終了進行企業所得稅申報和匯算清繳時，再按照支付給殘疾職工工資的100%加計扣除。

【籌劃思路】在不影響企業生產經營的前提下，可以招聘殘疾人員到本企業就業或者招聘非殘疾人員到本企業就業，進而比較兩種方式下企業的納稅情況並進行決策。

【籌劃過程】

方案1：招聘20名非殘疾人員到本企業來工作。

當年該外商投資企業應納所得稅＝（160-6.3）×25%＝38.425（萬元）

方案2：招聘20名殘疾人員到本企業來工作。

當年該外商投資企業應納所得稅＝（160-6.3×2）×25%＝36.85（萬元）

【籌劃結論】方案2較方案1少繳納企業所得稅為38.425-36.85＝1.575萬元，因此該外商投資企業應選擇方案2。

【籌劃點評】需要注意的是，要享受以上稅務優惠，必須符合國家有關規定。

本章小結：

企業所得稅是對中國境內的企業和其他取得收入的組織的生產經營所得和其他所得徵收的一種稅。企業所得稅的納稅義務人，是指在中華人民共和國境內的企業和其他取得收入的組織。《中華人民共和國企業所得稅法》規定，除個人獨資企業、合夥企業不適用企業所得稅法外，凡在中國境內，企業和其他取得收入的組織（以下統稱企業）為企業所得稅的納稅人，依照規定繳納企業所得稅。

根據企業所得稅的特點，企業所得稅的稅收籌劃主要側重於合理利用納稅人的組織形式對納稅人身分進行稅收籌劃；合理利用銷售收入的金額確定、收入時間的確定、成本費用項目的扣除、虧損的彌補等手段對企業所得稅計稅依據進行稅收籌劃；合理利用企業所得稅稅率差異和稅收優惠政策進行稅收籌劃以降低企業稅負，增加企業實際收益。

關鍵術語：

居民企業　　非居民企業　　子公司　　分公司

思考題

1. 簡述不徵稅收入與免稅收入的構成。
2. 簡述如何對收入進行稅收籌劃。
3. 簡述企業所得稅扣除項目的稅收籌劃方法。
4. 簡述如何利用虧損進行稅收籌劃。
5. 簡述企業所得稅稅收優惠政策的稅收籌劃方法。

第 6 章
個人所得稅的稅收籌劃

培養能力目標
（1）掌握利用個人所得稅納稅人身分進行納稅籌劃的方法；
（2）熟悉工資所得、薪金所得、勞務報酬所得，以及其他所得進行納稅籌劃的方法；
（3）掌握稅收優惠政策進行納稅籌劃的方法。

案例導入

承包所得的稅收籌劃

劉某通過競投獲得某賓館的經營權（賓館工商登記為企業），承包期從 2016 年 1 月 1 日至 2017 年 12 月 31 日。租賃後，劉某每年應繳納承包費 9 萬元。2016 年，劉某在未扣除上繳的承包費的情況下，取得利潤 25 萬元（其中扣除了劉某自己的工資薪酬，即 5,000 元/月）。

工作要求 請為劉某進行稅收籌劃。
案例解析 見本章的 6.4。

6.1 個人所得稅納稅人的稅收籌劃

6.1.1 居民納稅人和非居民納稅人的籌劃

6.1.1.1 個人所得稅納稅人身分的認定

根據《中華人民共和國個人所得稅法》的規定，個人所得稅的納稅義務人包括中國公民、個體工商業戶、個人獨資企業、合夥企業投資者以及在中國有所得的外籍人員（包括無國籍人員）和港澳臺同胞。

按照國際慣例，依據住所和居住時間兩個標準，中國個人所得稅的納稅人分為居民納稅人和非居民納稅人。並以此來區分納稅的無限責任和有限責任。

居民納稅人是指在中國境內有住所，或者無住所而在中國境內居住滿一年的個人。居民納稅人負有無限納稅義務。其所取得的應稅所得，無論是來源於中國境內

還是中國境外的任何地方，都要在中國繳納個人所得稅。

在中國境內有住所的個人，指因戶籍、家庭、經濟利益等關係，而在中國境內習慣性居住的個人。在中國境內居住滿一年的個人，是指一個納稅年度（即自該年度1月1日起至12月31日止）在中國境內居住滿365天的個人。在計算居住天數時，對臨時離境應視為在華居住，不扣減其在華居住的天數。這裡所說的臨時離境，是指在一個納稅年度內，一次不超過30天或者多次累計不超過90天的離境。

非居民納稅人是在中國境內無住所又不居住，或無住所且居住不滿一年的個人。非居民納稅人承擔有限納稅義務，即只限來源於中國境內的所得徵稅。非居民納稅人，實際上只能是在一個納稅年度中，沒有在中國境內居住，或者在中國境內居住不滿一年的外籍人員、華僑或中國香港、澳門、臺灣同胞。

6.1.1.2 個人所得稅納稅人的納稅義務

1. 居民納稅義務人的納稅義務

（1）在中國境內有住所的個人，其來源於中國境內和境外的全部所得應按照中國個人所得稅的規定繳納稅款。

（2）在中國境內無住所，但居住滿一年以上五年以下的個人，其來源於中國境內的所得應全額繳納個人所得稅；而對於其從中國境外獲得的所得，經主管稅務機關批准，可以只就由中國境內公司、企業以及其他經濟組織或者個人支付的部分繳納個人所得稅。

（3）在中國境內無住所，而居住滿五年的個人，從第六年起，其來源於中國境內和境外的全部所得繳納個人所得稅。

2. 非居民納稅人的納稅義務

（1）在中國境內無住所，而且在一個納稅年度內在中國境內連續或者累計居住不超過90日或在稅收協定規定期間，在中國境內連續或者累計居住不超過183日的個人，其來源於中國境內的所得，只對其實際在中國境內工作期間由中國境內企業或者雇主支付或者由中國境內機構、場所支付的部分徵稅；其由境外雇主支付並且不由該雇主在中國境內的機構、場所負擔的部分，免於繳納個人所得稅。

（2）在中國境內無住所，而且在一個納稅年度內居住超過90日或183日，但不滿一年的個人，其實際在中國境內工作期間獲取的由中國境內企業或者雇主支付以及由中國境外雇主負擔的工資、薪金所得，均應申報並繳納個人所得稅；其在中國境外期間取得的工作、薪金所得，除中國境內企業或者高層管理人員外，不予徵收個人所得稅。

（3）在中國境內企業擔任董事或者高層管理職務的個人，其在任職期間取得的由中國境內該企業支付的董事費或者工資、薪金所得，不論其是否在中國境內履行職務，均應申報繳納個人所得稅；其取得的由境外企業支付的同類收入，參照前述第（1）、（2）點。

【例6-1】戴維先生（外籍人員），2010年起，被美國的總公司派往中國境內的

合資企業擔任高層管理人員，2016年，戴維在中國境內工作了一個納稅年度。每月從境內取得的工資性收入為20,000元人民幣，同時獲得其境外總公司發給的工資性補貼，折合人民幣10,000元。

【工作要求】請對上述業務進行納稅籌劃。

【稅法依據】根據《中華人民共和國個人所得稅法》（1980年9月10日，第五屆全國人民代表大會第三次會議通過，2011年6月30日第十一屆全國人民代表大會常務委員會第二十一次會議修正通過並公布的，自2011年9月1日起施行）；《中華人民共和國個人所得稅法實施條例》（1994年1月28日，中華人民共和國國務院令第142號發布，根據2011年7月9日《國務院關於修改〈中華人民共和國個人所得稅法實施條例〉的決定》第三次修訂）。

【籌劃思路】從稅法的規定可以看出，將兩種身分的納稅人相比，居民納稅人的稅收負擔比較重，非居民納稅人的稅收負擔比較輕。而納稅義務的多樣化規定，為納稅人進行納稅身分籌劃提供了充足的空間，納稅人應對此予以充分的理解和靈活認識。為此利用稅法對居民和非居民納稅人身分的認定，合理利用臨時離境的規定，靈活地安排在境內居住的時間，以便履行納稅義務，進而取得較好的籌劃收益。

【籌劃過程】

方案1：按照上述時間段確定工作停留時間。

假設戴維先生該年度一直在中國境內居住，則他在該年度為居民納稅人，全年應納稅額如下：

2016年應納個人所得稅 ＝［(20,000＋10,000－4,800)×25％－1,005］×12
　　　　　　　　　　 ＝63,540（元）

方案2：假設戴維先生與公司商定，2016年辦理回國述職、出差、探親等事宜，在時間安排上，累計超過90天，或者出差、探親一次超過30天，則根據稅法規定，2016年戴維先生被認定為非居民納稅人，戴維先生只需就國內的工資性收入繳納個人所得稅。

2016年度應納個人所得稅＝［(20,000－4,800)×25％－1,005］×12＝33,540（元）

【籌劃結論】兩種身分應納稅額之差＝63,540－33,540＝30,000（元），方案2為納稅人提供了30,000元的節稅空間。

【籌劃點評】通過增加臨時離境的天數，盡量滿足成為非居民納稅義務人的條件，是避免成為居民納稅義務人納稅籌劃的重點。

6.1.2　合理選擇組織形式的稅收籌劃

根據現行的稅收政策，具有法人資格的公司需要繳納25％的企業所得稅，個人股東從法人公司取得的稅後利潤需要繳納20％的個人所得稅。不具有法人資格的個人獨資企業和合夥企業不需要繳納企業所得稅，投資者就其從個人獨資企業或合夥企業中取得的利潤按照「個體工商戶生產經營所得」繳納個人所得稅。

由於不同的公司類型，其繳納的所得稅是不同的，具有法人資格的企業，如有限責任公司和股份有限公司繳納企業所得稅，而不具有法人資格的個人獨資企業和合夥企業則不需要繳納企業所得稅，只需要投資者繳納個人所得稅。目前，個人獨資企業和合夥企業的投資者適用5%~35%的超額累進稅率，而法人企業繳納25%的企業所得稅，因此，通過有限公司與個人獨資企業或者合夥企業之間的互相轉換可以實現稅收負擔的降低。

個體工商戶生產、經營所得，以每一個納稅年度的收入總額減去成本、費用以及損失後的餘額，為應納稅所得額，適用5%~35%的超額累進稅率。

【例6-2】劉某和李某擬共同投資創辦一個企業，雙方出資額相同。假設該企業總利潤為500,000元。

【工作任務】請對該企業的性質進行納稅籌劃。

【稅法依據】公司制企業利潤需要交納企業所得稅，投資者個人的稅後利潤分紅需要按照股息紅利的利息所得繳納20%的個人所得稅。合夥企業利潤按照「個體工商戶生產、經營所得」繳納個人所得稅。

【籌劃方案】

方案1：該企業註冊為公司制，假定沒有納稅調整項目，稅後利潤全部分配。

公司繳納的企業稅的稅額＝500,000×25%＝125,000（元）

劉某應繳納的個人所得稅額＝(500,000－125,000)×50%×35%－14,750＝52,625（元）

劉某淨所得＝(500,000－125,000)×50%－52,625＝139,875（元）

李某應繳納的個人所得稅額＝(500,000－125,000)×50%×35%－14,750
＝52,625（元）

李某淨所得＝(500,000－125,000)×50%－52,625＝139,875（元）

劉某、李某總所得＝139,875×2＝279,750（元）

方案2：該企業註冊為合夥企業，假定沒有其他調整項目

劉某應繳納的個人所得稅＝500,000×50%×35%－14,750＝72,750（元）

劉某淨所得＝250,000－72 750＝177,250（元）

李某應繳納的個人所得稅＝500,000×50%×35%－14,750＝72,750（元）

李某淨所得＝250,000－72,750＝177,250（元）

劉某、李某總所得＝177,250×2＝354,500 元

【籌劃結論】將投資者的所得比較，方案2比方案1多354,500－279,750＝74,750（元）。

【籌劃點評】投資者最終決定創辦何種形式的企業，還要綜合考慮稅收以外的其他各種因素。合夥企業有其許多優點，除了稅負輕以外，這種企業創辦手續簡便，沒有註冊資本方面的要求等。但它也有令投資者顧慮的問題，首當其衝的是合夥人要對企業的債務承擔無限責任，風險較大；其次，社會公眾對合夥企業的性質還不太瞭解，合夥企業在生存方面還面臨著諸多困難，如融資困難、取得商業信用困難

6.2 個人所得稅計稅依據的稅收籌劃

6.2.1 工資薪金所得均勻分攤法

個人所得稅中的工資薪酬資所得採用的是超額累進稅率，稅基越大，所適用的稅率越高，因此，如果納稅人每月的收入波動大，有高有低，則相對於工資薪金所得非常均衡的納稅人而言，工資薪金所得極不均衡的納稅人的稅收負擔就較重。

【例6-3】某公司採取基本工資加提成的方式為公司員工發放報酬。該公司某員工 2016 年全年每月工資為（單位：元）：2,000、2,000、2,300、6,500、5,800、6,700、1,600、2,500、2,600、6,500、6,800、7,100，全年工資總額為 52,400 元。

【工作任務】請對該企業員工 2016 年度全年應當繳納的個人所得稅進行納稅籌劃。

【稅法依據】為了照顧採掘業、遠洋運輸業、遠洋捕撈業三個特定行業的職工取得的工資、薪金所得採取按年計算、分月預繳的方式計徵個人所得稅。年度終了後 30 日內，合計其全年工資、薪金所得，再按 12 個月平均並計算實際應納的稅款，多退少補。

【籌劃思路】因工資薪金收入適用於 7 級超額累計稅率表，如果納稅人的收入不均衡，某一時期收入非常高，就要適用較高稅率，而另外的時期收入偏低，適用較低的稅率或者沒有超過免徵額就不用繳稅。這種情況下，納稅人可以借鑑稅法對上述特殊行業的計稅辦法，考慮採取工資薪金所得的均勻分攤法，即將較高月份與較低月份的工資進行平均，削掉「山頭」來降低適用稅率，減輕稅負。

【籌劃過程】

方案 1：按照每月實際發放的工資來繳納個人所得稅。則該員工全年應納個人所得稅如下。

2016 年度應納個人所得稅 =（6,500-3,500）×10%-105+（5,800-3,500）×10%-105+（6,700-3,500）×10%-105+（6,500-3,500）×10%-105+（6,800-3,500）×10%-105+（7,100-3,500）×10%-105=1,210（元）

方案 2：先按年估計該員工的總工資額，然後按月平均發放，最後一個月多退少補。本例中根據該職工上年的工資水準，預估其每月平均工資為 4,000 元，全年工資為 48,000 元。則該員工：

前 11 個月每月繳納個人所得稅 =（4,000-3,500）×3%×12=180（元）

最後一個月實際發放工資 =（52,400-48,000）=4,400（元）

最後一個月應交個人所得稅 =（4,400-3,500）×3%=27（元）

2016 年度該員工應納個人所得稅 =180+27=207（元）

【籌劃結論】方案 2 比方案 1 少繳納個人所得稅為 1,210-207=1,003（元），因

此選擇方案 2 更優。

【籌劃點評】現實生活中，為鼓勵員工努力工作，採取基本工資加提成的方式發放報酬的單位越來越多，另外還有些行業的月份之間的營業額和收入額均不同，如果按照工作量來發放報酬，也會導致每月所發放工資多少不等，因此，這種平均多次所得進行納稅籌劃的方式，其適用範圍會越來越廣。

6.2.2 合理轉移費用，降低名義收入

6.2.2.1 勞務報酬的費用轉移

勞務報酬所得是按次納稅，根據不同勞務項目的特點，分別規定：只有一次收入的，以該項收入為一次；屬於同一事項連續取得收入的，以 1 個月取得收入為一次。

【例 6-4】李某是某研究機構的高級研究員，經常接受邀請到全國各地進行講學。2016 年 8 月，李某接受某協會的邀請，讓他為該協會下屬的企業經理人講課。勞務報酬為 10 萬元人民幣。李某的開銷如下：往返機票 3,000 元，住宿費 5,000 元，伙食費 2,000 元，其他開支 3,000 元。

【工作要求】對李某上述收入進行納稅籌劃。

【稅法依據】勞務報酬所得的適用稅率為 20% 的比例稅率，但對於一次收入畸高的，在適用 20% 稅率的基礎上，實行加成徵收；對應稅所得額超過 20,000 ~ 50,000 元的部分，依照稅法規定計算應納稅額後，再按照應納稅額加徵五成；對超過 50,000 元的部分，按應納稅額加徵十成，這等於對應稅所得額超過 20,000 元和超過 50,000 元的部分分別適用 30% 和 40% 的稅率。

【籌劃思路】納稅人在提供勞務時，將費用開支（如交通費、食宿費）的責任歸於接受勞務的企業，然後通過適當降低勞務報酬的方法對接受勞務的企業進行補償，這樣接受勞務的單位沒有損失，但由於勞務報酬（名義收入）降低了，最終應繳納的個人所得稅也降低了。

【籌劃過程】

方案 1：李某與協會簽訂協議，李某收取講座收入 100,000 元，但講座期間的交通食宿等費用由李某自己承擔。

李某應繳納的個人所得稅 = 100,000×80%×40%-7,000 = 25,000 元

協會支付講課費 = 100,000-25,000 = 75,000（元）

李某純收入 = 75,000-（3,000+5,000+2,000+3,000）= 62,000 元

方案 2：李某和協會的協議約定，李某講座期間的交通、食宿等費用由協會支付，扣除這些費用後，李某的最終勞務費用為 100,000 元扣減上述費用。

李某應納稅所得額 = 100,000-（3,000+5,000+2,000+3,000）= 87,000（元）

李某應納個人所得稅 = 87,000×80%×40%-7,000 = 20,840（元）

李某稅收收益 = 87,000-20,840 = 66,160（元）

【籌劃結論】方案 2 相比方案 1，李某的收入增加了 66,160 - 62,000 = 4,160（元），而企業並未增加負擔，卻可以獲得好處，既增加了企業所得稅的抵扣額，還能降低企業所得稅稅負。

【籌劃點評】訂立勞務合同時，最好約定由企業提供餐飲服務、報銷交通費用、提供住宿、提供辦公用具、安排實驗設備等。這樣就等於擴大了費用開支，相應地降低了自己的勞務報酬總額，從而使得該項勞務報酬所得適用較低的稅率。這些日常開支是不可避免的，如果納稅人自己負擔就不能在應納稅所得額中扣除，而由對方提供則能夠扣除，這樣做雖然減少了名義報酬額，但實際收益卻會有所增加。

6.2.2.2 提高職工福利水準，降低名義收入

工資薪金所得適用七級超額累進稅率，稅率為 3%～45%，月收入越高，稅率越高，從根本上講，個人取得工資的目的在於用貨幣購買產品或服務，滿足人們的生活需要，通常的消費都是繳納個人所得稅之後的消費，如果將這些消費和支出用在納稅之前，無疑會給員工帶來更多的生活上的收益，也就等於是滿足了員工工作的根本目的，也達到了節稅的效果。在依法的基礎上，公司可以根據實際情況採取的方法有：

（1）為員工提供免費上下班交通工具或班車。

（2）為員工提供免費午餐。

（3）提供教育福利。如為員工提供培訓機會，為員工子女提供助學金、獎學金等。

（4）為員工提供宿舍或者為員工購房提供一定期限的貸款，之後每月從其工資額中扣除部分款項，用於歸還貸款。這樣可以減輕員工的貸款利息負擔。

（5）參加社會保險。稅法規定，個人按照國家或者地方政府規定的比例提取並向指定金融機構實際繳付的住房公積金、醫療保險金、基本養老保險金，不計入當期的工資、薪金收入，免予徵收個人所得稅。

（6）為員工提供報銷健康衛生、美容護理、快遞、家政服務、電話福利等。

【例6-5】某公司新招一名高級程序員張某，張某每月從公司獲取工資薪金收入10,000元，用於租住房屋，每月向外支付房租 2,000 元。

【工作要求】如何通過稅收籌劃來提高張某每月的實際可支配收入？

【稅法依據】稅法規定，工資薪金所得，是指個人因任職或受雇而取得的工資、薪金、年終加薪、勞動分紅、津貼、補貼以及與任職和受雇有關的其他所得。對於一些不屬於工資薪金性質的補貼和津貼或者不居於納稅人本人工資薪金所得項目的收入，不予徵稅。這些項目包括：獨生子女補貼，執行公務員工資制度，未納入基本工資總額的補貼、津貼差額和家屬成員的副食補貼，托兒補助費，差旅費補貼和誤餐補助。

【籌劃思路】工資薪金所得使用 7 級超額累進稅率表，月收入越高，稅率就越高。從根本上說，人們取得工資的目的在於用貨幣購買產品或者服務，滿足一定的

需求。如果企業能夠減少工資而合法地滿足員工的部分需求，也就等於減少了名義工資，達到節稅的目的。

【籌劃過程】

方案1：張某取得工資10,000元，自己租房。

每月張某應交個人所得稅＝（10,000-3,500）×20%-555＝745元

張某扣除房租後實際收入＝10,000-2,000-745＝7,255元

方案2：如果張某和公司約定選擇由公司統一租房，免費提供給員工居住，張某實際工資為8,000元。

每月張某應交個人所得稅＝（8,000-3,500）×20%-555＝345元

張某實際收入＝8,000-345＝7,655元

【籌劃結論】 方案2相比方案1，張某的實際收入增加了7,655-7,255＝400（元）。

【籌劃點評】 取得高薪是提高個人消費水準的主要手段。但因為稅法對工資、薪金項目採用累進稅率徵收個人所得稅，因此，當工資、薪金水準增長到一定程度後，新增薪金帶給納稅人的可支配現金將會逐步減少，所以，把納稅人現金性工資轉為提供福利，不但可以提高其消費水準，而且可以少繳個人所得稅。

6.3 個人所得稅稅率的稅收籌劃

根據個人所得稅的規定，工資薪金所得、勞務報酬所得、企事業單位承租承包經營所得以及個體工商戶生產經營所得等稅目適用於超額累進稅率計算方式。

6.3.1 年終獎金支付方式的稅收籌劃

根據《國家稅務總局關於調整個人取得全年一次性獎金等計算徵收個人所得稅方法問題的通知》的規定。全年一次性獎金是指行政機關、企事業單位等扣繳義務人根據其全年經濟效益和對雇員全年工作業績的綜合考核情況，向雇員發放的一次性獎金。上述一次性獎金也包括年終加薪、實行年薪制和績效工資辦法的單位根據考核情況兌現的年薪和績效工資。

【例6-6】 2016年，企業員工張某年終獎為55,000元，當年12月張某的基本工資為3,500元。

【工作要求】 請計算張某全年應當繳納的個人所得稅，並提出籌劃方案。

【稅法依據】 納稅義務人取得的全年一次性獎金，單獨作為1個月工資、薪金所得計算納稅，由扣繳義務人發放時代扣代繳。具體計稅辦法如下：

先將雇員當月內取得的全年一次性獎金，除以12個月，按其商數確定適用稅率和速算扣除數。

情況一：如果在發放年終一次性獎金的當月，雇員當月工資薪金所得高於（或等於）稅法規定的費用扣除數（3,500元），計算公式如下：

應納稅額＝雇員當月取得全年一次性獎金×適用稅率-速算扣除數

情況二：如果在發放年終一次性獎金的當月，雇員當月工資薪金所得低於稅法規定的費用扣除數（3,500元），應將全年一次性獎金減除「雇員當月工資薪金所得與費用扣除額的差額」後的餘額，按上述辦法確定全年一次性獎金的適用稅率和速算扣除數。計算公式如下：

應納稅額＝（雇員當月取得全年一次性獎金-雇員當月工資薪金所得與費用扣除額的差額）×適用稅率-速算扣除數

【籌劃思路】由於先要將全年一次性獎金除以12個月，再按其商數確定使用稅率和速算扣除數，所以該商數若剛剛超過個人所得稅的某一計稅級數，就要按高一檔的稅率計稅，這樣就有可能導致個人收入的增加，但稅收的增加使得個人稅後收入反而下降。因此，在某些情況下，可以將年終獎和月工資統一籌劃。

【籌劃過程】

方案1：張某12月工資為3,500元，年末確定張某的獎金為55,000元。

張某每月的基本工資不交稅，年終獎的計算過程如下：

（1）55,000/12＝4,584（適用稅率為20%，速算扣除數為555）

（2）應繳納的個人所得稅＝55,000×20%-555＝10,445（元）

張某12月的實際淨收入＝58,500-10,445＝48,055（元）

方案2：張某12月的基本工資為4,500元，年末確定張某的獎金為54,000（元）。

每年張某工資應繳納個人所得稅＝（4,500-3,500）×3%＝30（元）

年末張某的年終獎應納稅計算過程如下：

（1）54,000/12＝4,500（適用稅率為10%，速算扣除數105）

（2）應繳納的個人所得稅＝54,000×10%-105＝5,295（元）

本年張某的實際淨收入＝58,500-30-5,295＝53,175（元）

【籌劃結論】方案2與方案1相比，實際收入多出53,175-48,055＝51,208（元）。

【籌劃點評】在臨界點處適當降低年終獎發放金額，反而會增加個人的稅後收益，企業應合理測算，並在合乎規則的情況下，選擇合適的年終獎發放方式。還要注意，年終獎的計算方式一年只能用一次。

6.3.2 勞務報酬增加支付次數的籌劃

勞務報酬所得，是指個人獨立從事非雇傭的各種勞務所取得的所得。勞務報酬所得以個人每次取得的收入定額或定率減除規定費用後的餘額為應納稅所得額。每次收入不超過4,000元的，定額減除費用800元；每次收入在4,000元以上的，定

率減除20%的費用。

勞務報酬所得的適用稅率為20%的比例稅率，但對於一次收入畸高的，在適用20%稅率的基礎上，實行加成徵收；對應稅所得額超過20,000~50,000元的部分，依照稅法規定計算應納稅額後，再按照應納稅額加徵五成；對超過50,000元的部分，按應納稅額加徵十成，這等於對應稅所得額超過20,000元和超過50,000元的部分分別適用30%和40%的稅率。

【例6-7】劉某為某高校教授，具有註冊會計師資格，同時兼職擔任某大型民營企業的財務顧問，該企業每年支付其60,000元作為勞務報酬。

【工作任務】從納稅角度考慮，劉某該如何與事務所簽訂報酬支付合約？

【稅法依據】勞務報酬所得，屬於一次性收入的，以取得該收入為一次；屬於同一項目連續性收入的，以一個月取得的收入為一次。

【籌劃思路】納稅人取得的屬於同一項目連續性收入的，以1個月內取得的為一次，這樣，納稅人連續好幾個月作業於同一個項目，項目完成後才能取得一筆收入。基於這樣的情況，納稅人可以通過對勞務時間的安排，合理合法地將應稅收入在不同月份進行分攤，從而通過增減收入次數來降低每次的收入額，進而能降低稅率等級，達到減輕稅負的目的。

【籌劃過程】
方案1：該民營企業在年末一次性支付勞務費。
劉某應繳納的個人所得稅=60,000×80%×30%-2,000=12,400元
方案2：劉某與企業協商，劉某作為財務顧問，每月到企業指導工作，勞務費在全年分月支付，每月支付5,000元。
劉某每月應繳納的個人所得稅=5,000×80%×20%=800（元）
全年累計繳納的個人所得稅=800×12=9,600（元）

【籌劃結論】方案2比方案1少繳納個人所得稅12,400-9,600=2,800元。

【籌劃點評】現實生活中，由於種種原因，某些行業收入的獲得具有一定的階段性，即在某個時期的收入可能較多，而在另一段時期的收入可能會很少甚至沒有收入。這樣就有可能在收入較多時適用較高的稅率，而在收入較少時適用較低稅率，甚至可能連基本的抵扣費也不夠，造成總體稅負較重。因此納稅人可以和支付勞務報酬的業主商議，把本應該在短期內支付的勞務報酬在一個較長時期內均衡支付，從而使該項所得適用較低的稅率。同時，這種支付方式也使得業主用不著一次性支付較高費用，減輕了其經濟負擔。

6.4 個人所得稅應稅項目轉換的稅收籌劃

6.4.1 勞務報酬與工資薪金相互轉換的稅務籌劃

勞務報酬所得與工資薪金所得都屬於勞動所得，但二者應納稅所得額的確定、適用稅率等均不一樣，實際稅負存在差異，這就為納稅人勞動所得進行納稅項目的選擇提供了空間。

【例6-8】劉某為某退休高級工程師，長期為某企業提供技術指導服務，雙方約定每年的服務費為60,000元。

【工作任務】劉某該與企業建立怎樣的用工關係，請從納稅籌劃的角度來進行分析。

【稅法依據】工資薪金所得適用3%~45%的7級超額累進稅率，勞務報酬所得適用的是20%的比例稅率，對一次收入畸高的，實行加成徵收。

【籌劃思路】勞務報酬與工資薪金在稅率設置方法上的差異給籌劃帶來空間。工資薪金實行的是七級超額稅率，最低稅率是3%，最高稅率是45%。而勞務報酬實質上實行的是三級超額累進稅率，最低稅率為20%，最高稅率為40%。當個人的月應稅所得額較低時（如低於20,000元），由於工資薪金所得的前三個檔次的稅率分別是3%、10%，它們均低於勞務報酬所得適用的20%的最低稅率。工資薪金所得的第三檔次稅率雖然等於勞務報酬所得適用的最低稅率20%，但由於工資薪金所得在適用20%的稅率時，還可減去速算扣除數555元，而勞務報酬所得適用20%的稅率時沒有速算扣除數可減，故當應稅所得額較低（不超過20,000元）時，按工資薪金所得項目納稅的稅負會較低。

【籌劃過程】

方案1：雙方簽署勞務合同，確定勞務關係，並且按月支付勞務費，則按照勞務報酬來納稅。

劉某每月應納稅＝60,000/12×（1-20%）×20%＝800（元）

劉某全年應納稅＝800×12＝9,600（元）

方案2：雙方簽署勞動合同，確定雇傭關係，則按照工資、薪金所得來納稅。

劉某每月工資應納稅＝（60,000/12-3,500）×3%＝45（元）

劉某全年應納稅＝45×12＝540（元）

【籌劃結論】兩個方案相比，方案2比方案1少繳稅為800-540＝260元。

【籌劃點評】我們在簽訂用工合同時，就可以根據報酬的數額進行具體籌劃，決定是以勞務合同形式發報酬還是以勞動合同形式發工資，當然要以提供勞務的形式計稅，工作的性質需要符合稅法對「勞務」的界定，此外還應考慮到保險、福利等其他非貨幣報酬因素對實際收益的影響。

6.4.2 工資薪金所得與稿酬相互轉換的稅收籌劃

個人取得的工資薪金所得與稿酬所得都應當繳納個人所得稅，但二者應納稅所得額的確定、適用稅率等均不一樣，實際稅負存在差異，這就為納稅人工資薪金與稿酬所得進行納稅項目的轉換提供了空間。

【例6-9】劉某為某出版社的專職編輯，每月的工資薪金收入為5,000元。2016年，他計劃出版一本圖書，該圖書可以在本單位出版，也可以在其他雜誌社出版，劉某出版圖書取得的收入都是20,000元。

【工作任務】請通過納稅籌劃，分析李某應該在那裡出版圖書。

【稅法依據】單位職工在本單位的報刊、雜誌上發表作品取得的所得，屬於因任職、受雇而取得的所得，應與當月的其他收入合併，按照「工資薪金」所得項目來繳納個人所得稅。

【籌劃思路】通過「工資薪金所得」項目、「稿酬」所得項目，計算劉某應繳納的個人所得稅的多少，選擇稅負比較低的方案。

【籌劃過程】

方案1：劉某選擇在本單位出版圖書，則取得的所得和當月的工資合併，按照工資薪金所得來納稅。

當月劉某應納稅額＝（5,000+20,000-3,500）×30%-2,775＝3,675（元）

當月劉某實際收入＝5,000+20,000-3,675＝21,325（元）

方案2：劉某選擇在其他雜誌社出版圖書，則取得的所得按照稿酬所得來納稅。

當月劉某稿酬所得應納稅＝20,000×（1-20%）×20%×（1-30%）＝2,240（元）

當月劉某工資薪金所得應納稅＝（5,000-3,500）×3%＝45（元）

當月劉某實際取得的收入＝5,000+20,000-2,240-45＝22,715（元）

【籌劃結論】方案2比方案1少繳納個人所得稅為3,675-2,240-45＝1,390（元），因此應該選擇方案2。

【籌劃點評】應當注意，隨著工資、發表文章獲得的報酬金額的變動，計算結果也會有所差異。同時，在現實中，對於打算在報刊、雜誌上發表作品的上述專職人員而言，在本單位的刊物上發表作品、出版圖書，相對於在其他單位的刊物上發表作品、出版圖書，更容易些，這需要納稅人根據自己所面臨的實際情況，來做出具體的決策。

6.4.3 個體工商戶生產經營所得和企業事業單位承租、承包經營所得轉換的稅收籌劃

【例6-10】劉某通過競投獲得某賓館的經營權（賓館工商登記為企業）。承包期為2016年1月1日至2017年12月31日。租賃後，劉某每年應繳納承包費9萬

元。2016年，劉某在未扣除上繳的承包費的情況下，取得利潤25萬元（其中扣除了劉某自己的工資薪酬，即5,000元/月）。

【工作要求】試為劉某制訂納稅籌劃方案。

【稅法依據】稅法規定，個人對企事業單位承包、承租經營後，工商登記改變為個體工商戶的，應依照個體工商戶的生產、經營所得項目徵收個人所得稅，不再徵收企業所得稅；個人對企事業單位承包、承租經營後，工商登記仍為企業的，不論其分配方式如何，均應該先按照企業所得稅的有關規定繳納企業所得稅，然後根據承包、承租人是否對經營成果擁有所有權，按照不同的應稅項目繳納個人所得稅。具體為：

（1）承包、承租人對企業經營成果不擁有所肖權，僅按合同（協議）規定取得一定所得的，應該按照工資、薪金所得項目徵收個人所得稅。

（2）承包、承租人按照合同（協議）規定只向發包方、出租方繳納一定的費用後，企業的經營成果歸承包人、承租人所有的，其取得的所得按企事業單位承包經營、承租經營所得項目徵收個人所得稅。

【籌劃思路】納稅人在承包、承租經營企事業單位時，是否變更營業執照以及採用何種方式簽訂承包經營、承租經營合同（決定承包人、求租人是否對經營成果擁有所有權）直接影響納稅人的稅負輕重。納稅人在簽訂承包經營、承租經營合同時，應該考慮稅收因素。

【籌劃過程】

方案1：劉某將原企業工商登記改變為個體工商戶。按照規定，個體戶在生產經營過程中以經營租賃方式租入固定資產的租賃費，可以據實扣除。個體工商戶業主的工資薪酬支出不得稅前扣除，但可以每月扣除3,500元的費用。

劉某2016年應納的個人所得稅＝（250,000＋5,000×12－90,000－3,500×12）×35%－14,750＝47,550（元）

劉某2016年的實際承包所得＝25,000－47,550－90,000＝112,450（元）

方案2：劉某仍使用原企業營業執照。但在承包協議裡規定，賓館的主管部門不再對賓館實施管理，扣除上交的承包費後，經營成果全部歸劉某個人所有。

這種情況下，賓館需要先交納企業所得稅，然後劉某再按照企業事業承租、承包經營交納個人所得稅。

賓館交納的企業所得稅＝250,000×25%＝62,500元

劉某交納的個人所得稅＝（250,000－62,500－90,000＋5,000×12－42,000）×35%－14,750＝25,675（元）

劉某2016年實際承包所得＝250,000－62,500－25,675－90,000＝71,825元

【籌劃結論】比較上述計算結果，不難看出，變更營業執照使劉某實際所得增加112,450－71,825＝40,625元。劉某若想減輕稅負，必須將原企業營業執照變更為個體營業執照，這樣就能免去一次企業所得稅，只徵一次個人所得稅，從而使實際

收入增加。

【籌劃點評】將企業性質改為個體工商戶，不利於擴大企業的經營規模和長期發展，因此，應綜合考慮，權衡利弊，以做出合理決策。

在實際操作中，稅務部門判斷承包和承租人對企業經營成果是否擁有所有權，一般是按照對經營成果的分配方式進行的。如果是定額上繳，成果歸承包（租）人，則屬於承包和承租所得；如果對經營成果按比例分配，或者承包和承租人按定額取得成果，其餘成果上繳，則屬於工資薪金所得。因此，納稅人可以根據預期的經營成果測算個人所得稅稅負，然後再確定具體的承包分配方式，以達到降低稅負的目的。

6.4.4 股東分紅與稅前發放工資選擇的稅收籌劃

股東分紅應當按照「利息、股息、紅利所得」繳納20%的個人所得稅。工資薪金所得實行的是七級超額稅率，最低稅率是3%，最高稅率是45%，由於工資薪金所得的前兩個檔次的稅率分別是3%、10%，它們均低於「利息、股息、紅利所得」適用的最低稅率為20%。因此，可以考慮將股東的分紅轉換為工資薪金發放，這樣可以降低股東分紅的稅負。

【例6-11】ABC公司是由4個股東每人出資150萬元成立的有限責任公司。4個股東平時不領取工資，年終按照利潤情況分紅。2017年，該公司職工人數為40人，年工資總額為120萬元，實現稅前利潤為100萬元，假設沒有納稅調整項目，則應納企業所得稅為100×25%＝25（萬元），提取公積金和公益金為（100－25）×15%＝11.25（萬元），可供分配的利潤為100－25－11.25＝63.75（萬元）。年終，4個股東決定將其中的24萬元進行分紅，每人分得紅利6萬元。

【工作要求】請對上述業務進行稅收籌劃。

【稅法依據】工資薪金適用七級超額累進稅率，最低稅率為3%，最高為45%；而紅利的個人所得適用比例稅率，其稅率為20%。工資在公司所得稅前列支，而紅利在稅後列支。

【籌劃思路】由於稅率的不同以及稅前、稅後的列支不同，因此，支付工資與紅利所導致的稅負是不同的，納稅人可以通過測算發放工資與發放紅利的稅負大小來選擇合理的項目。

【籌劃過程】

方案1：每人發放紅利6萬元，應納企業所得稅為25萬元，4個股東分得的紅利應按照股息紅利所得計算繳納的個人所得稅。

個人所得稅＝6×20%×4＝4.8（萬元）

4個股東淨收益＝24－4.8＝19.2（萬元）

公司及個人稅負總額＝25＋4.8＝29.8（萬元）

方案2：發放工資與紅利相結合，每人全年發放3萬元的工資，年終獎發3萬

元的紅利。

由於每個股東年發放工資 3 萬元，相對於每月發放 2,500 元工資，很明顯，屬於合理的工資、薪金支出，可以在公司所得稅前扣除。因此：

可以抵減企業所得稅＝2,500×12×25%×4＝3（萬元）

應納企業所得稅＝25－3＝22（萬元）

由於工資薪金的免徵額為 3,500 元，因此 4 個股東全年工資薪金應納個人所得稅為零。

股息紅利所得應納個人所得稅＝3×20%×4＝2.4（萬元）

公司及個人稅負總額＝22＋2.4＝24.4（萬元）

方案 3：每人發放工資 6 萬元，且被稅務機關認定為合理的工資、薪金支出。

由於每個股東年發放工資 6 萬元，則相當於每月發放工資薪金 5,000 元，可以在企業所得稅前扣除。由此

可以抵減的企業所得稅＝5,000×12×4×25%＝6（萬元）

則應納企業所得稅＝25－6＝19（萬元）

4 個股東全年工資薪金應納個人所得稅＝(5,000－3,500)×3%×12×4＝2,160（元）

公司及個人稅負總額＝19＋0.216＝19.216（萬元）

【籌劃結論】方案 3 比方案 2 少繳稅為 24.4－19.216＝5.184（萬元），方案 3 比方案 1 少繳稅為 29.8－19.216＝10.584（萬元）。因此應選擇方案 3。

【籌劃點評】通過轉換個人應稅所得的形式有可能達到節稅的目的，但要注意，發放的工資應當為合理的工資，以避免被稅務機關認定為變相發放紅利。

6.5　利用個人所得稅稅收優惠政策的稅收籌劃

6.5.1　免稅、減稅的優惠規定

6.5.1.1　免稅項目

（1）省級人民政府、國務院部委和中國人民解放軍軍以上單位，以及外國組織、國際組織頒發的科學、教育、技術、文化、衛生、體育、環境保護等方面的獎金。

（2）國債和國家發行的金融債券利息。

（3）按照國家統一規定發放的補貼、津貼（兩院院士的特殊津貼每人每年 1 萬元，免徵個人所得稅）。

（4）福利費、撫恤金、救濟金。

（5）保險賠款。

（6）軍人的轉業費、復員費。

（7）按照國家統一規定發給幹部、職工的安家費、退職費、退休工資、離休工資、離休生活補助費。

（8）依照中國有關法律規定的應予免稅的各國駐華使館、領事館的外交代表、領事官員和其他人員的所得。

（9）中國政府參加的國際公約、簽訂的協議中規定免稅的所得。

（10）在中國境內無住所，但是在一個納稅年度中在中國境內連續或者累計居住不超過90日的個人，其來源於中國境內的所得，由境外雇主支付並且不由該雇主在中國境內的機構、場所負擔的部分，免予繳納個人所得稅。

（11）對外籍個人取得的探親費免徵個人所得稅。可以享受免徵個人所得稅優惠待遇的探親費，僅限於外籍個人在中國的受雇地與其家庭所在地（包括配偶或父母居住地）之間搭乘交通工具，且每年不超過2次的費用。

（12）按照國家規定，單位為個人繳付和個人繳付的住房公積金、基本醫療保險費、基本養老保險費、失業保險費，從納稅義務人的應納稅所得額中扣除。

（12）個人取得的拆遷補償款按有關規定免徵個人所得稅。

（13）經國務院財政部門批准免稅的其他所得。

6.5.1.2　減稅項目

（1）殘疾、孤老人員和烈屬的所得。

（2）因嚴重自然災害造成重大損失的。

（3）其他經國務院財政部門批准減免的。

上述減稅項目的減徵幅度和期限，由省、自治區、直轄市人民政府規定。

6.5.1.3　暫免徵稅項目

（1）外籍個人以非現金形式或實報實銷形式取得的住房補貼、伙食補貼、搬遷費、洗衣費。

（2）外籍個人按合理標準取得的境內、境外出差補貼。

（3）外籍個人取得的語言訓練費、子女教育費等，經當地稅務機關審核批准為合理的部分。

（4）外籍個人從外商投資企業取得的股息、紅利所得。

（5）符合特殊條件的外籍專家取得的工資、薪金所得，可免徵個人所得稅。

（6）對股票轉讓所得暫不徵收個人所得稅。

（7）個人舉報、協查各種違法、犯罪行為而獲得的獎金。

（8）個人辦理代扣代繳手續，按規定取得的扣繳手續費。

（9）個人轉讓自用達5年以上，並且是唯一的家庭生活用房取得的所得，暫免徵收個人所得。

（10）對個人購買福利彩票、賑災彩票、體育彩票，一次中獎收入在1萬元以下的（含1萬元）暫免徵收個人所得稅，超過1萬元的，全額徵收個人所得稅。

（11）個人取得單張有獎發票獎金所得不超過800元（含800元）的，暫免徵

收個人所得稅。

（12）達到離休、退休年齡，但確因工作需要，適當延長離休、退休年齡的高級專家（指享受國家發放的政府特殊津貼的專家、學者），其在延長離休、退休期間的工資、薪金所得，視同離休、退休工資，免徵個人所得稅。

（13）對國有企業職工，因企業依照《中華人民共和國企業破產法（試行）》宣告破產，對破產企業取得的一次性安置費收入，免予徵收個人所得稅。

（14）個人領取原提存的住房公積金、基本醫療保險金、基本養老保險金，以及失業保險金，免予徵收個人所得稅。

（15）對工傷職工及其近親屬按照《工傷保險條例》規定取得的工傷保險待遇，免徵個人所得稅。

（16）自2008年10月9日（含）起，對儲蓄存款利息所得暫免徵收個人所得稅。

（17）自2009年5月25日（含）起，以下情形的房屋產權為無償贈與，對當事雙方不徵收個人所得稅，包括：①房屋產權所有人將房屋產權無償贈與配偶、父母、子女、祖父母、外祖父母、孫子女、外孫子女、兄弟姐妹；②房屋產權所有人將房屋產權無償贈與對其承擔直接撫養或者贍養義務的撫養人或者贍養人；③房屋產權所有人死亡，依法取得房屋產權的法定繼承人、遺囑繼承人或者受遺贈人。

6.5.2 個人捐贈的納稅籌劃

【例6-12】李某（中國公民）系某單位職工，2017年5月份應稅工資收入（不包括按規定繳納的「三險一金」）為6,300元。5月下旬，李先生通過新聞媒體獲悉國內某地區發生了洪澇災害，遂決定從其當月工資中拿出1,000元進行捐贈。

【工作任務】請對上述業務進行納稅籌劃。

【稅法依據】

（1）個人將其所得通過中國境內的社會團體、國家機關向社會公益事業以及遭受嚴重自然災害的地區、貧困地區捐贈。捐贈額未超過納稅人申報的應納稅所得額30%的部分，可以從其應納稅所得額中扣除。

（2）個人將其所得通過非營利性的社會團體和國家機關向紅十字公益事業等的捐贈，準予在個人所得稅前全額扣除。

（3）個人直接向受災對象進行的捐贈，捐贈額不能在稅前扣除。

【籌劃思路】納稅人在選擇捐贈對象時，應優先選擇通過非營利性社團和政府部門進行公益性捐贈。

【籌劃過程】

方案1：李某直接將1,000元捐贈給當地受災人員。

李某當月應納稅額=（6,300-3,500）×10%-105=175（元）

方案2：李某通過當地民政部門向受災地區捐贈1,000元。

捐贈的扣除限額＝（6,300-3,500）×30%＝840（元）

當月李某實際捐贈1,000元，只能扣除840元。

當月李某應納稅＝（6,300-3,500-840）×10%-105＝91（元）

方案3：李某當月通過當地民政部門向受災地區捐贈840元，下月再通過同樣的途徑捐贈160元。

5月份李某應納稅額＝（6,300-3,500-840）×10%-105＝91（元）

6月份李某應納稅額＝（6,300-3,500-160）×10%-105＝159（元）

【籌劃結論】方案2相比方案1，當月節稅為175-91＝84元，方案3相比方案2，下月節稅為160×10%＝16元。所以，個人捐贈應選擇公益性捐贈的方式，如果捐贈超出限額，還可以通過分次捐贈的籌劃，既做了好事，又節約了稅款。

【籌劃點評】應加以說明的是，個人所進行的公益性捐贈籌劃行為，在財務上體現為資金利益的淨流出，因此無論納稅人如何進行籌劃，恐怕都無法直接獲得顯性的經濟利益。個人利用捐贈業務進行納稅籌劃的利益在於，通過採取公益性損贈，在幫助別人的前提下，使自己少承擔稅負。

6.5.3 企業年金的籌劃

【例6-13】假設某企業共有員工50人，每位職工月均工資10,000元，個人承擔的「五險一金」為2,000元，如果實行年金制度，企業按4%繳納，個人按4%繳納，未設立年金之前，企業的利潤總額為6,500,000元。假設企業沒有其他的納稅調整項目。

【工作要求】請對上述業務進行納稅籌劃。

【稅法依據】企事業單位根據國家有關規定，為本單位任職或者受雇的職工繳付的企業年金的單位繳費部分，在計入個人帳戶時，個人不再繳納個人所得稅；個人繳費的部分，在不超過本人繳費工資計稅基數的4%的標準部分，暫從個人當期的應納稅額中扣除。

【籌劃思路】企業年金對企業職工來說，可以享受個人所得稅遞延繳納的優惠政策。企業年金對企業來說，企業為員工繳納的部分，在計算企業所得稅時，在國家規定的標準以內可以稅前扣除。

【籌劃過程】

方案1：企業不建立企業年金制度。

50名員工應納個人所得稅總額＝[（10,000-2,000-3,500）×10%-105]×50×12＝20,700（元）

企業應納企業所得稅＝6,500,000×25%＝162,500（元）

方案2：企業建立年金制度。

50名員工應納個人所得稅總額＝[（10,000-2,000-400-3,500）×10%-105]×50×12＝18,300（元）

企業應納企業所得稅＝(6,500,000－400×12×50)×25％＝102,500（元）

【籌劃結論】方案 2 比方案 1 少繳納個人所得稅為 20,700－18,300＝2,400 元。企業少繳納企業所得稅為 162,500－102,500＝60,000 元，因此，方案 2 優於方案 1。

【籌劃點評】企業年金個人所得稅遞延納稅的政策，不僅可以使參保者延期納稅，還可以促使更多的企業實行年金制度。

本章小結：

個人所得稅是指國家以個人（自然人）的各項應稅所得作為徵稅對象徵收的一種所得稅。個人所得稅的納稅義務人包括中國公民、個體工商業戶、個人獨資企業、合夥企業投資者以及在中國有所得的外籍人員（包括無國籍人員）和港澳臺同胞。按照國際慣例，依據住所和居住時間兩個標準，中國個人所得稅的納稅人分為居民納稅人和非居民納稅人。

根據個人所得稅的特點以及對居民和非居民的稅收待遇的差異，個人所得稅的稅收籌劃主要側重於合理利用納稅人身分進行稅收籌劃；通過工資薪金所得均勻分攤法、合理轉移費用，降低名義收入，轉換應稅項目，對計稅依據進行稅收籌劃；合理利用稅率差異和稅收優惠政策進行稅收籌劃，以降低納稅人稅負，增加納稅人實際收益。

關鍵術語：

居民　　非居民　　工資薪金　　勞務報酬　　企業年金

思考題

1. 簡述工資薪金所得均勻分攤法的籌劃思路。
2. 簡述稿酬「次」的確定。
3. 簡述提高職工福利水準，降低名義收入的基本方法。
4. 簡述應稅項目轉換籌劃的基本思想。
5. 簡述個人捐贈稅前扣除的條件。

第 7 章
關稅及其他稅種的稅收籌劃

培養能力目標
（1）掌握關稅的稅務籌劃方法；
（2）理解印花稅的稅務籌劃方法；
（3）理解城市維護建設稅的稅務籌劃方法；
（4）理解契稅的稅務籌劃方法；
（5）熟悉房產稅的稅務籌劃方法；
（6）熟悉車船稅的稅務籌劃方法；
（7）熟悉車輛購置稅的稅務籌劃方法；
（8）熟悉城鎮土地使用稅的稅務籌劃方法；
（9）熟悉資源稅的稅務籌劃方法；
（10）熟悉土地增值稅的稅務籌劃方法。

案例導入

納稅籌劃案例認知

甲鋁合金門窗生產公司受乙建築公司委託，負責加工一批鋁合金門窗。加工所需原材料由甲公司提供。甲公司收取加工費及原材料費共計300萬元，其中，提供的原材料價值為200萬元，收取的加工費為100萬元。

工作要求 請對上述業務進行稅收籌劃。
案例解析 見本章的7.8.1。

7.1 關稅的稅收籌劃

當今國際貿易迅速發展，在商品交易中不可避免地會涉及進出口的問題。就關稅的稅務籌劃而言，該稅稅負彈性較小，其在稅目、稅基、稅率以及減免優惠等方面都規定得相當詳盡。所以，其籌劃空間不如所得稅類廣。

7.1.1 合理控制進口貨物完稅價格

《中華人民共和國海關法》規定，進出口貨物的完稅價格，由海關以該貨物的成交價格為基礎，進行審查確定。成交價格不能確定時，完稅價格由海關依法估定。自中國加入世界貿易組織後，中國海關已全面實施《世界貿易組織估價協定》，遵循客觀、公平、統一的估價原則，並依據 2014 年 2 月 1 日起實施的《中華人民共和國海關審定進出口貨物完稅價格辦法》（以下簡稱《完稅價格辦法》），審定進出口貨物的完稅價格。

7.1.1.1 進口貨物的完稅價格

根據《中華人民共和國海關法》規定，進口貨物的完稅價格包括貨物的貨價、貨物運抵中國境內輸入地點起卸前的運輸及其相關費用、保險費。貨物的貨價以成交價格為基礎。進口貨物的成交價格是指買方為購買該貨物，並按《完稅價格辦法》有關規定調整後的實付或應付價格。

下列費用或者價值未包括在進口貨物的實付或者應付價格中，應當計入完稅價格，具體包括：由買方負擔的除購貨佣金以外的佣金和經紀費；由買方負擔的與該貨物視為一體的容器費用；由買方負擔的包裝材料和包裝勞務費用；該貨物的生產和向中華人民共和國境內銷售有關的，由買方以免費或者以低於成本的方式提供並可以按適當比例分攤的料件、工具、模具、消耗材料及類似貨物的價款，以及在境外開發、設計等相關服務的費用；與該貨物有關並作為賣方向中國銷售該貨物的一項條件，應當由買方直接或間接支付的特許權使用費；賣方直接或間接從買方對該貨物進口後轉售、處置或使用所得中獲得的收益。

下列費用，如能與該貨物實付或者應付價格區分，不得計入完稅價格，具體包括：廠房、機械、設備等貨物進口後的基建、安裝、裝配、維修和技術服務的費用；貨物運抵境內輸入地點之後的運輸費用、保險費和其他相關費用；進口關稅及其他國內稅收；為在境內複製進口貨物而支付的費用；境內外技術培訓及境外考察費用。

進口貨物的價格不符合成交價格條件或者成交價格不能確定的，海關應當依次以相同貨物成交價格方法、類似貨物成交價格方法、倒扣價格方法、計算價格方法及其他合理方法確定的價格為基礎，估定完稅價格。如果進口貨物的收貨人提出要求，並提供相關資料，經海關同意，可以選擇倒扣價格方法和計算價格方法的適用次序。

7.1.1.2 出口貨物的完稅價格

出口貨物的完稅價格，由海關以該貨物向境外銷售的成交價格為基礎審查確定，並應包括貨物運至中國境內輸出地點裝載前的運輸及其相關費用、保險費，但其中包含的出口關稅稅額，應當扣除。

出口貨物的成交價格，是指該貨物出口銷售到中國境外時買方向賣方實付或應付的價格。出口貨物的成交價格中含有支付給境外的佣金的，如果單獨列明，應當

扣除。

在稅率確定的情況下，完稅價格的高低決定了關稅的輕重。完稅價格的確定是關稅彈性較大的一環，在同一稅率下，完稅價格如果高，從價計徵的稅負則重，如果低，稅負則輕，而且在許多情況下，完稅價格的高低還會影響關稅的稅率。所以，關稅籌劃的一個切入點就是合理地控制完稅價格。

【例7-1】中國的甲公司欲引進一種特殊的用於鋼結構產品生產的全自動機器設備，可選擇從美國或日本進口。如從美國進口，境外成交價為1,200萬元。該設備運抵中國入關前發生的運費和保險費為100萬元，另外需支付由買方負擔的經紀費為8萬元，包裝材料和包裝勞務費為48萬元，特許權使用費為30萬元，與該設備有關的境外開發設計費為24萬元。如從日本進口，境外成交價為1,100萬元，該設備運抵中國入關前發生的運費和保險費為80萬元，另需支付由買方負擔的經紀費為8元，包裝材料和包裝勞務費為47萬元，特許權使用費為28萬元，與該設備有關的境外設計開發費為32萬元。關稅稅率為30%。

【工作要求】請對上述業務進行稅收籌劃。

【稅法依據】根據《中華人民共和國海關法》（以下簡稱《海關法》）規定，進口貨物的完稅價格包括貨物的貨價、貨物運抵中國境內輸入地點起卸前的運輸及其相關費用、保險費。貨物的貨價以成交價格為基礎，進口貨物的成交價格是指買方為購買該貨物，並按有關規定調整後的實付或應付價格。如下列費用或者價值未包括在進口貨物的實付或者應付價格中，應當計入完稅價格，具體包括：第一，由買方負擔的除購貨佣金以外的佣金和經紀費；第二，由買方負擔的與該貨物視為一體的容器費用；第三，由買方負擔的包裝材料和包裝勞務費用；第四，與該貨物的生產和向中華人民共和國境內銷售有關的，由買方以免費或者以低於成本的方式提供並可以按適當比例分攤的料件、工具、模具、消耗材料及類似貨物的價款，以及在境外開發、設計等相關服務的費用；第五，與該貨物有關並作為賣方向中國銷售該貨物的一項條件，應當由買方直接或間接支付的特許權使用費；第六，賣方直接或間接從買方對該貨物進口後轉售、處置或使用所得中獲得的收益。

【籌劃思路】在稅率確定的前提下，完稅價格的高低決定了關稅的輕重。納稅人進口貨物時，應選擇同類產品中成交價格比較低的，且運費、雜項費用相對較小的貨物，以降低關稅。

【籌劃過程】

方案1：從美國進口。

關稅完稅價格 = 1,200+100+8+48+30+24 = 1,410（萬元）

應納關稅 = 1,410×30% = 423（萬元）

應納增值稅 =（1,410+423）×16% = 293.28（萬元）

方案2：從日本進口。

關稅完稅價格 = 1,100+80+8+47+28+32 = 1,295（萬元）

应纳关税 = 1,295×30% = 388.5（万元）

应纳增值税 =（1,295+388.5）×16% = 269.36（万元）

【筹划结论】 方案 2 比方案 1 少缴纳关税为 423−388.5 = 34.5 万元，少缴纳增值税为 293.28−269.36 = 24.02 万元，因此应当选择方案 2。

【筹划点评】 在进行纳税筹划时，不能把完税价格的筹划方法片面地理解为降低申报价格，如果为了少缴税而降低申报价格，就会构成偷税。同时，还应综合考虑货物质量、售后服务等多种因素。

7.1.2 充分利用原产地标准进行纳税筹划

中国进口税设有最惠国税率、协定税率、特惠税率、普通税率共四栏税率。同一进口货物的原产国不同，适用的税率也有很大的区别。而关于原产国的认定，中国基本采取了「全部产地生产标准」和「实质性加工标准」两种国际上通用的原产地标准。

全部产地生产标准是指进口货物「完全在一个国家内生产或制造」，生产国或制造国即为该货物的原产国。实质性加工标准是适用于确定有两个或两个以上国家参与生产的产品的原产国的标准。

目前许多跨国公司在全球不同国家设立了分支机构，这些机构在某种商品的生产过程中扮演了一定的角色。可以说，成品是由不同国家生产的零部件组装起来的。那么最后组装成最终产品的地点（即原产国）就非常重要，一般应选择在同进口国签订有优惠税率的国家或地区，避开进口国征收特别关税的国家和地区。

【例7-2】 2017 年，某外贸进出口公司主要从事进口某国际知名品牌空调的销售，年销售数量为 10,000 台，每台国内的销售价格为 5,000 元，进口完税价格为 3,000 元，假定适用进口环节的关税税率为 20%，增值税率为 16%。该公司管理层提出议案：在取得该品牌空调厂商的同意和技术协作的情况下，进口该品牌空调的主要零部件，进口完税价格为整机价格的 60%，假定适用进口环节的关税税率为 15%。其他配件委托国内技术先进的公司加工，并完成整机组装，所发生的成本费用为进口完税价格的 50%，购进配件及劳务的增值税税率为 16%。

【工作要求】 请分析该管理层议案的经济可行性。

【税法依据】 境内纳税人进口货物除了采用一般的进口产成品的方式之外，还可以选择进口原材料、零部件的方式。因为通常情况下，原材料、零部件的关税税率最低，半成品次之，产成品的税率最高。

【筹划思路】 公司在条件允许的情况下，可以考虑先进口原材料与零部件，然后在国内再进行加工生产，生成自己所需的产成品，从而降低关税税负。

【筹划过程】

方案 1：直接购进整机的税负与收益。

应纳关税额 = 1×3,000×20% = 600（万元）

進口環節應納增值稅額＝（1×3,000+600）×16%＝576（萬元）
國內銷售空調應納增值稅＝1×5,000×16%-576＝224（萬元）
收益額＝1×5,000-1×3,000-600＝1,400（萬元）
方案2：購進部件及其組裝的稅負與收益。
應納關稅額＝1×3,000×60%×15%＝270（萬元）
進口環節應納增值稅額＝（1×3,000×60%+270）×16%＝331.2（萬元）
國內組裝銷售空調應納增值稅＝1×5,000×16%-331.2＝468.9（萬元）
收益額＝1×5,000-1×3,000×60%-270-1×3,000×50%＝1,430（萬元）

【籌劃結論】方案2比方案1少繳納關稅為600-270＝330萬元。收益增加1,430-1,400＝30萬元，故應選擇方案2。

【籌劃點評】作為管理層應當選擇從國外購進部件並在國內組裝的方式，雖然購進成本比整機方式多300萬元，但關稅降低了330萬元，增加收益額30萬元。

7.1.3 個人行李、郵寄物品的關稅籌劃

中國關稅稅率分為從價稅、從量稅、選擇稅、複合稅、滑準稅。

從價稅是一種最常用的關稅計稅標準。它是以貨物的價格或者價值為徵稅標準，以應徵稅額占貨物價格或者價值的百分比為稅率，價格越高，稅額越高。貨物進口時，以此稅率和海關審定的實際進口貨物完稅價格相乘，計算應徵稅額。目前，中國海關計徵關稅的標準主要是從價稅。進出口貨物，應當按照納稅義務人申報進口或者出口之日實施的稅率徵稅。

郵運的進口貨物，應當以郵費作為運輸及其相關費用、保險費；以境外邊境口岸價格條件成交的鐵路或公路運輸進口貨物，海關應當按照貨價的1%計算運輸及其相關費用、保險費；作為進口貨物的自駕進口的運輸工具，海關在審定完稅價格時，可以不另行計入運費。

納稅人可以在入境時選擇攜帶低稅率的物品，以避免被徵收高稅。

【例7-3】李先生是一位具有英國國籍的華僑，現工作於曼徹斯特某公司，於2015年10月乘飛機回國探親，欲從國外購買禮物送給姐姐。根據姐姐的需求，李先生可以選擇購買某型號的照相機一臺，其價格為24,000元，進口關稅稅率為20%；也可以選擇某知名品牌的金首飾一件，其價格為也24,000元，但進口關稅稅率為10%。

【工作要求】請為李先生進行稅收籌劃。

【稅法依據】關稅的徵稅對象是準予進出境的貨物和物品。其中，貨物是指貿易性商品；物品是非貿易性商品。入境旅客行李物品和個人郵遞物品是指進入中國關境的非貿易性的自用物品。具體包括：一切入境旅客和運輸工具服務人員攜帶的行李物品、個人郵寄物品、饋贈物品以及以其他方式入境的個人自用物品。對這些物品徵收的進口稅為包括關稅、增值稅、消費稅三稅合一而收的一種稅。該稅的納

稅人是入境行李物品的攜帶人和進口郵件的收件人。

【籌劃思路】當個人攜帶物品回國時，將會面臨各種不同稅率的關稅的繳納。中國稅法對菸、酒、化妝品、金銀及其製品、包金飾品、紡織品及其製成品、電器用具、手錶、照相機、錄像機、汽車等關稅稅率的規定差異也很大。若想在國外購買禮物回國饋贈親友，可以選擇購買稅率較低的外國商品，已達到降低進口關稅的目的。

【籌劃過程】
方案 1：購買某型號的照相機為禮物。
應納關稅額＝24,000×20%＝4,800（元）
方案 2：購買某知名品牌的金首飾為禮物。
應納關稅額＝24,000×10%＝2,400（元）

【籌劃結論】方案 2 比方案 1 少繳納關稅 2,400 元。

【籌劃點評】購買禮物不僅僅要考慮關稅稅負的大小，還應考慮到個人的愛好、需求等多方面的要求。

7.2　城市維護建設稅的稅收籌劃

城市維護建設稅是對從事工商經營的繳納增值稅和消費稅的單位和個人徵收的一種稅。

7.2.1　合理利用公司選址進行納稅籌劃

城市維護建設稅以納稅人實際繳納的增值稅和消費稅稅額為計稅依據。納稅人違反增值稅和消費稅有關稅法而加收的滯納金和罰款，是稅務機關對納稅人違法行為的經濟制裁，不作為城市維護建設稅的計稅依據。

城市維護建設稅的稅率，是指納稅人應繳納的城市維護建設稅稅額與納稅人實際繳納的增值稅和消費稅稅額之間的比率。城市維護建設稅按納稅人所在地的不同，設置了三檔地區差別比例稅率：納稅人所在地為市區的，稅率為 7%；納稅人所在地為縣城、鎮的，稅率為 5%；納稅人所在地不在市區、縣城或者鎮的，稅率為 1%。

城市維護建設稅以增值稅和消費稅稅額為計稅依據並同時徵收，如果要免徵或者減徵增值稅和消費稅的，也就要同時免徵或者減徵城市維護建設稅。

【例 7-4】實力公司在設立選址時有兩個方案可以選擇：一是將公司設立在市區；二是將公司設立在縣城。假定無論選擇哪種方案，都不會影響公司經濟效益。公司當期增值稅與消費稅合計為 800 萬元。

【工作要求】請對實力公司上述業務進行稅務籌劃。

【稅法依據】城市維護建設稅採用地區差別比例稅率。納稅人所在地為市區的，稅率為7%，納稅人所在地在縣城、鎮的，稅率為5%，不在市區、縣城或鎮的，稅率為1%。

【籌劃思路】由於不同的地區，規定了不同的城建稅稅率，因此公司可以根據自身的情況，在不影響經濟效益的前提下，選擇在城建稅適用稅率低的區域設立公司，這樣不可以少繳城建稅，而且還能降低房產稅與城鎮土地使用稅的稅負。

【籌劃過程】

方案1：設在市區。

應納城建稅稅額=800×7%=5.6（萬元）

方案2：設在縣城。

應納城建稅稅額=800×5%=4（元）

【籌劃結論】方案2比方案1少繳納城建稅為5.6-4=1.6萬元，因此應當選擇方案2。

【籌劃點評】將公司設在縣城，在有些情況下，會導致公司生產經營成本發生變化，從而影響公司的經營業績。因此，公司不能只單純地考慮城建稅稅負來對公司進行選址，而應該結合公司自身發展，綜合考慮各方面的因素。

7.2.2 利用委託加工進行納稅籌劃

稅法規定，城市維護建設稅的適用稅率，應當按納稅人所在地的規定稅率執行。但是，對下列兩種情況，可按繳納增值稅和消費稅所在地的規定稅率就地繳納城市維護建設稅：

（1）由受託方代扣代繳、代收代繳增值稅和消費稅的單位和個人，其代扣代繳、代收代繳的城市維護建設稅按受託方所在地適用稅率執行；

（2）流動經營等無固定納稅地點的單位和個人，在經營地繳納增值稅和消費稅的，其城市維護建設稅的繳納按經營地適用稅率執行。

代扣代繳、代收代繳增值稅和消費稅的單位和個人，同時也是城市維護建設稅的代扣代繳、代收代繳義務人，其城市維護建設稅的納稅地點在代扣代收地。

【例7-5】保潔公司2015年擬委託加工一批總價值400萬元的化妝品，由受託加工單位代收代繳消費稅200萬元。現有兩個受託單位可以選擇：一是設在市區的甲公司；二是設在縣城的乙公司。

【工作要求】請對保潔公司上述業務進行稅務籌劃。

【稅法依據】對由受託方代收代繳消費稅的單位和個人，由受託方按其所在地適用的稅率代收代繳城市維護建設稅。受託方是個人的除外。

【籌劃思路】納稅人在進行委託加工時，可以選擇城建稅稅率比自己低的地區的受託單位進行委託。

【籌劃過程】

方案1：選擇設在市區的甲公司作為受託方。

應納城建稅＝200×7%＝14（萬元）

方案2：選擇設在縣城的乙公司作為受託方。

應納城建稅＝200×5%＝10（萬元）

【籌劃結論】方案2比方案1少繳納城建稅為14−10＝4萬元，因此應當選擇方案2。

【籌劃點評】公司不能只考慮受託方的地址，還應考慮受託方的信譽、加工質量等各種因素。

7.3 資源稅的稅收籌劃

資源稅是對在中華人民共和國領域及管轄海域從事應稅礦產品開採和生產鹽的單位和個人課徵的一種稅。資源稅的納稅義務人是指在中華人民共和國領域及管轄海域開採應稅資源的礦產品或者生產鹽的單位和個人。

7.3.1 利用綜合回收率和選礦比進行稅務籌劃

資源稅實行從價定率和從量定額徵收。實行從價定率徵收的以銷售額作為計稅依據，銷售額是指為納稅人銷售應稅產品向購買方收取的全部價款和價外費用，但不包括收取的增值稅銷項稅額；實行從量定額徵收的以銷售數量為計稅依據。

其中，對於連續加工前無法正確計算原煤移送使用量的煤炭，可按加工產品的綜合回收率，將加工產品實際銷量和自用量折算成原煤數量，以此作為課稅數量。金屬和非金屬礦產品原礦，因無法準確掌握納稅人移送使用原礦數量的，可將其精礦按選礦比折算成原礦數量，以此作為課稅數量。這就給稅務籌劃提供了一定的空間。

【例7-6】某銅礦10月份銷售銅礦石原礦10,000噸，移送入選精礦2,000噸，選礦比為20%，該礦山銅礦屬於五等，按規定適用1.2元/噸的單位稅額，假定該礦山的實際選礦比為20%，稅務機關確定的選礦比為35%。

【工作要求】請對該銅礦上述業務進行稅務籌劃。

【稅法依據】《中華人民共和國資源稅法》規定，對於連續加工前無法正確計算原煤移送使用數量的煤炭，可以按照加工產品的綜合回收率，將加工產品實際銷售量和自用銷售量折算成原煤數量作為課稅數量；對於金屬和非金屬礦產品原礦，無法準確掌握納稅人移送使用原礦數量的，可將其精礦按照選礦比折算成原礦數量作為課稅數量。

【籌劃思路】公司如果確知自身煤炭回收率或選礦比低於同行業平均綜合回收

率或平均選礦比，則可不提供應稅資源銷售數量或自用數量，在這種情況下，稅務機關就會根據同行業平均綜合回收率或平均選礦比來折算，計算出來的應稅產品的數量則會少於實際使用數量，達到節稅目的。反之，如果公司的加工技術或選礦技術比較先進，本公司煤炭的加工生產綜合回收率或金屬礦選礦比相比同行業較高，則應該準確核算回收率或選礦比，向稅務機關提供準確的應稅產品銷售數量或者移送使用數量。

【籌劃過程】

方案1：按實際選礦比計算。

應納資源稅＝10,000×1.2＋2,000÷20%×1.2＝24,000（元）

方案2：按稅務機關確定的選礦比計算。

應納資源稅＝10,000×1.2＋2,000÷25%×1.2＝21,600（元）

【籌劃結論】方案2比方案1少繳納資源稅為24,000－21,600＝2,400元，因此應當選擇方案2。

【籌劃點評】當公司實際綜合回收率高於稅務機關確定的綜合回收率時，應當加強財務核算，準確提供應稅產品銷售數量或移送數量，方可免除不必要的稅收負擔。

7.3.2 分開核算的稅務籌劃

稅法規定，納稅人同時銷售（包括視同銷售）應稅原煤和洗選煤的，應當分別核算原煤和洗選煤的銷售額；未分別核算或者不能準確提供原煤和洗選煤銷售額的，一併視同銷售原煤按計算繳納資源稅。

納稅人的減免稅項目，應當單獨核算課稅數量和銷售額，未單獨核算或者不能準確提供減免稅產品課稅數量或銷售額的，不予減稅或者免稅；納稅人開採或生產不同稅目應稅產品的，應當分別核算不同稅目或應稅產品的課稅數量或銷售額，否則從高適用稅率。

因此，納稅人可以通過準確核算各稅目的課稅數量或銷售額，分清免稅產品與徵稅產品，分清不同稅率產品，從而充分享受稅收優惠，節約資源稅。

【例7-7】華北某礦產開採公司2016年11月份開採銷售原油10,000噸，每噸銷售價格為3,900元，生產銷售原煤5,000噸，開採銷售天然氣10萬立方米（其中，5萬立方米為開採原油時伴生，5萬立方米為開採煤炭時伴生），天然氣銷售價格為3元/立方米。其適用的單位稅額或稅率為：原油8%，原煤11.5元/噸，天然氣8%。

【工作要求】請對該公司上述業務進行稅務籌劃。

【稅法依據】《中華人民共和國資源稅法》規定，納稅人的減免稅項目，應當單獨核算課稅數量或銷售額；未單獨核算或者不能準確提供減免稅產品課稅數量或銷售額的，不予減稅或者免稅；納稅人開採或生產不同稅目應稅產品的，應當分別核

算不同稅目應稅產品的課稅數量或銷售額,否則從高適用稅率。

【籌劃思路】根據稅法規定,煤炭開採時生產的天然氣免稅,如果該公司將採煤時伴生的天然氣分開核算,則可以享受免稅。

【籌劃過程】

方案1:公司未分開核算。

應納資源稅=3,900×8%+5,000×11.5÷10,000+10×3×8%=320.15(萬元)

方案2:甲公司將天然氣分開核算。

應納資源稅=3,900×8%+5,000×11.5÷5,000+10×3×8%=318.95(萬元)

【籌劃結論】方案2比方案1少繳納資源稅為320.15-318.95=1.2萬元,因此應當選擇方案2。

【籌劃點評】分別核算在一定程度上會加大核算成本,但與節稅額相比,還是非常合算的。

7.4 房產稅的稅收籌劃

房產稅是以房屋為徵稅對象,按照房屋的計稅餘值或租金收入,向產權所有人徵收的一種財產稅。房產稅以在徵稅範圍內的房屋產權所有人為納稅人。

7.4.1 利用徵稅範圍的稅務籌劃

房產稅以房產為徵稅對象。所謂房產,是指有屋面和圍護結構(有牆或兩邊有柱),能夠遮風避雨,可供人們在其中生產、學習、工作、娛樂、居住或儲藏物資的場所。房地產開發企業建造的商品房,在出售前,不徵收房產稅;但對出售前房地產開發企業已使用或出租、出借的商品房應按規定徵收房產稅。

房產稅的徵稅範圍為城市、縣城、建制鎮和工礦區,不包括農村。

房產稅依照房產原值一次減除10%~30%後的餘值計算繳納。各地扣除比例由當地省、自治區、直轄市人民政府確定。房產原值是指納稅人按照會計制度規定,在會計核算帳簿「固定資產」科目中記載的房屋原價。房產原值應包括與房屋不可分割的各種附屬設備或一般不單獨計算價值的配套設施。主要包括:暖氣、衛生、通風、照明、煤氣等設備;各種管線,如蒸汽、壓縮空氣、石油、給水排水等管道及電力、電信、電纜導線;電梯、升降機、過道、曬臺等。屬於房屋附屬設備的水管、下水道、暖氣管、煤氣管等應從最近的探視井或三通管起,計算原值;電燈網、照明線從進線盒連接管起,計算原值。

對於與地上房屋相連的地下建築,如房屋的地下室、地下停車場、商場的地下部分等,應將地下部分與地上房屋視為一個整體,按照地上房屋建築的有關規定計算徵收房產稅。

【例7-8】華美公司擬在某市市區興建工業園，工業園區計劃除建造廠房、辦公用房外，還包括廠區圍牆、菸囪、水塔、變電站、停車場、游泳池等建築物，預計工程造價40,000萬元，其中，廠房、辦公用房工程造價30,000萬元，其他建築設施造價10,000萬元，當地政府規定的費用扣除比例為30%。

【工作要求】請對該華美公司上述業務進行稅務籌劃。

【稅法依據】中國房產稅在城市、縣城、建制鎮和工礦區徵收，不包括農村，房產是以房屋形態出現的財產。房屋則是指有屋面和圍護結構（有牆或兩邊有柱），能夠遮風避雨，可供人們在其中生產、工作、學習、娛樂、居住或儲藏物資的場所。獨立於房屋之外的建築物，如圍牆、菸囪、水塔、變電塔、油池油櫃、酒窖菜窖、酒精池、糖蜜池、室外游泳池、玻璃暖房、磚瓦石灰窯以及各種油氣罐等，則不屬於房產。與房屋不可分割的附屬設施，屬於房產。

【籌劃思路】如果將除廠房、辦公用房以外的建築物，如停車場、游泳池等建成露天的，並且將其造價與廠房、辦公用房造價分開，並在會計帳簿中單獨核算，則這部分就可以不計入房產原值，不繳納房產稅。

【籌劃過程】
方案1：將所有的建築物造價都作為房產計入房產原值。
應納房產稅=40,000×（1-30%）×1.2%=336（萬元）
方案2：將停車場、游泳池等建成露天的，並單獨在會計帳簿中反應其造價。
應納房產稅=30,000×（1-30%）×1.2%=252（萬元）

【籌劃結論】方案2比方案1少繳納房產稅336-252=84萬元，因此應當選擇方案2。

【籌劃點評】此種籌劃方法可以作為房產稅的計稅依據，從而降低公司房產稅稅負。但是也要從公司實際使用需要出發。

7.4.2 改變租賃方式的稅務籌劃

中國現行房產稅採用的是比例稅率。由於房產稅的計稅依據分為從價計徵和從租計徵兩種形式，所以房產稅的稅率也有兩種：一種是按房產原值一次減除10%~30%後的餘值計徵的，稅率為1.2%；另一種是按房產出租的租金收入計徵的，稅率為12%。從2001年1月1日起，對個人按市場價格出租的居民住房，用於居住的，可暫減按4%的稅率徵收房產稅。自2008年3月1日起，對個人出租住房，不區分用途，按4%的稅率徵收房產稅。

【例7-9】甲公司在A市擁有一處閒置庫房，原值為2,000萬元，淨值為1,600萬元，現在乙公司擬承租甲公司的閒置庫房，當地規定從價計徵房產稅的減除比例為30%。現有兩種方案可供選擇，一是與乙公司簽訂租賃合同，初步商定年租金為150萬元，二是與乙公司簽訂倉儲合同，替乙公司保管貨物，年倉儲收入為150萬元。

【工作要求】請對甲公司上述業務進行稅務籌劃。
【稅法依據】房產出租的，房產稅採用從租計徵方式，以租金收入作為計稅依據，按照12%稅率徵收。
【籌劃思路】如果甲公司與乙公司協商，將房屋的租賃行為改為倉儲業務，即由甲公司代為保管乙公司原準備承租房屋後擬存放的貨物，則甲公司就可以選擇從價計徵房產稅。
【籌劃過程】
方案1：甲公司與乙公司簽訂租賃合同。
應納房產稅＝150×12%＝18（萬元）
方案2：甲公司與乙公司簽訂倉儲合同。
應納房產稅＝2,000×（1-30%）×1.2%＝16.8（萬元）
【籌劃結論】方案2比方案1少繳納房產稅為18-16.8＝1.2萬元，因此應當選擇方案2。
【籌劃點評】租賃與倉儲是兩個完全不同的概念，對於甲公司而言，倉儲合同會增加一定的成本，到底簽訂何種合同，還需要公司經過嚴格測算，並結合合同雙方利益進行綜合決策。

7.4.3 房產投資方式選擇的稅務籌劃

稅法規定針對房產餘值還做出了兩個特別規定。

首先，對投資聯營的房產，在計徵房產稅時應予以區別對待。對於以房產投資聯營，投資者參與投資利潤分紅，並共擔風險的，按房產餘值作為計稅依據計徵房產稅；對通過房產投資獲得固定收入，不承擔聯營風險的，實際是以聯營名義取得房產租金的，應根據《中華人民共和國房產稅暫行條例》的有關規定，由出租方按租金收入計繳房產稅。

其次，對融資租賃房屋的情況，由於租賃費包括購進房屋的價款、手續費、借款利息等，與一般房屋出租的「租金」內涵不同，且租賃期滿後，當承租方償還最後一筆租賃費時，房屋產權要轉移到承租方。這實際是一種變相的分期付款購買固定資產的形式，所以在計徵房產稅時應以房產餘值計算徵收。根據財稅〔2009〕128號文件的規定，融資租賃的房產，由承租人自融資租賃合同約定開始日的次月起依照房產餘值繳納房產稅。合同未約定開始日期的，由承租人自合同簽訂的次月起依照房產餘值繳納房產稅。

【例7-10】楠木公司將其自有房屋用於投資聯營，該房產的帳面原值是300萬元。現有兩套對外投資的方案可供選擇：方案1，收取固定收入，不承擔風險，當年取得的固定收入為30萬元；方案2，投資者參與投資利潤分紅，共擔風險。當地房產原值的扣除比例為30%。

【工作要求】請對楠木公司上述業務進行稅務籌劃。

【稅法依據】對於以房產投資聯營，投資者參與投資利潤分紅，共擔風險的，被投資方要求以房產餘值作為計稅依據計徵房產稅；對於以房產投資，獲取固定收入，不承擔聯營風險的，實際是以聯營名義取得房產租金，應由投資方按照租金收入計徵房產稅。

【籌劃思路】兩種方案下的房產稅的計稅依據與稅率都不同，通過比較兩種計稅方式下房產稅稅負的大小，最終選擇稅負低的方案。

【籌劃過程】
方案1：收取固定收入，不承擔風險。
應納房產稅＝30÷（1+11%）×12%＝3.24（萬元）
方案2：投資者參與投資利潤分紅，共擔風險。
應納房產稅＝3,00×（1-30%）×1.2%＝2.52（萬元）

【籌劃結論】方案2比方案1少繳納房產稅為3.24-2.52＝0.72萬元，因此應當選擇方案2。

【籌劃點評】不同的房產投資方案，其投資風險和收益是不同的，投資者不僅僅要考慮稅負因素，還可以進行成本效益分析，以決定投資偏好。

7.4.4 利用稅收優惠的稅務籌劃

目前，房產稅的稅收優惠政策如下：

（1）國家機關、人民團體、軍隊自用的房產免徵房產稅。但上述免稅單位的出租房產以及非自身業務使用的生產、營業用房，不屬於免稅範圍；

（2）由國家財政部門撥付事業經費的單位：如學校、醫療衛生單位、托兒所、幼兒園、敬老院、文化、體育、藝術這些實行全額或差額預算管理的事業單位所有的，其本身業務範圍內使用的房產免徵房產稅；

（3）宗教寺廟、公園、名勝古跡自用的房產免徵房產稅；

（4）個人所有非營業用的房產免徵房產稅；

（5）經財政部批准免稅的其他房產。

此外，稅法規定房產大修半年以上的，經稅務機關審核，在大修期間可以免稅。因此，納稅人應充分利用稅收優惠進行稅務籌劃。

【例7-11】希望公司有一棟廠房，計稅帳面價值為2,500萬元，使用年限為20年，已使用15年，需進行大修理方可繼續使用。2015年1月，希望公司擬對該廠房進行大修理，修理後可使該廠房延長使用年限至10年。現有兩個方案可供選擇：一是對廠房進行修理，自2015年1月1日開始，所耗用時間為5個月，領用生產用原材料100萬元，進項稅額為17萬元，人工費為15萬元；二是耗用相同的成本，自2015年1月1日開始，所耗用的時間為7個月。假設當地房產原值扣除比例為30%。

【工作要求】請對希望公司上述業務進行稅務籌劃。

【稅法依據】納稅人因房屋大修導致連續停用半年以上的，在房屋大修理期間免徵房產稅，免稅額由納稅人在申報繳納房產稅時自行計算扣除，並在申報表附表或者備註欄中做相應說明。納稅人對原有房屋進行改建、擴建的，要相應增加房屋的原值。

【籌劃思路】納稅人對房屋進行修理，應盡量使房屋停用半年以上，這樣可以獲取大修理期間免徵房產稅的稅收優惠。

【籌劃過程】

方案1：對廠房進行修理，所耗用時間為5個月。

1—5月應納房產稅合計＝2,500×（1－30%）×（5/12）×1.2%＝8.08（萬元）

6—12月應納房產稅合計＝（2,500＋100＋17＋15）×（1－30%）×（7/12）×1.2%＝12.9（萬元）

全年應繳納房產稅合計＝8.08＋12.9＝20.98（萬元）

方案2：對廠房進行修理，所耗用時間為7個月。

1—7月免徵房產稅。

8—12月應納房產稅合計＝（2,500＋100＋17＋15）×（1－30%）×（5/12）×1.2%＝9.21（萬元）

【籌劃結論】方案2比方案1少繳納房產稅為20.98－9.21＝11.77萬元，因此應當選擇方案2。

【籌劃點評】公司在修理房產時，應創造條件，充分利用相關的稅收優惠政策，以獲得最大限度的節稅利益。

7.5 車船稅的稅收籌劃

車船稅是以車船為徵稅對象，向擁有車船的單位和個人徵收的一種稅。

7.5.1 利用稅率臨界點進行稅務籌劃

車船稅的徵稅範圍是指在中華人民共和國境內屬於車船稅法所附《車船稅稅目稅額表》規定的車輛、船舶。

車船稅實行定額稅率。定額稅率，也稱固定稅額，是稅率的一種特殊形式。定額稅率計算簡便，是適宜從量計徵的稅種。車船稅的適用稅額，依照車船稅法所附的《車船稅稅目稅額表》執行。

車船稅確定稅額總的原則是：非機動車船的稅負輕於機動車船；人力車的稅負輕於畜力車；小噸位船舶的稅負輕於大船舶。由於車輛與船舶的行駛情況不同，車船稅的稅額也有所不同。

由於對載貨汽車、三輪汽車、低速貨車以「自重噸位」為單位，對船舶以「淨

噸位」為單位分級規定稅率，從而就產生了應納車船稅稅額相對噸位數變化的臨界點。在臨界點上下，噸位數雖然只相差一噸，但臨界點兩邊的稅額卻有很大變化，這種情況下進行稅收籌劃非常必要。

【例7-12】山東省的甲公司需購置20輛乘用車，市場上有兩種類似的乘用車可供選擇，一種車的發動機氣缸容量（排氣量）為2.5升，另一種車的發動機氣缸容量（排氣量）為2.7升。

【工作要求】請對上述業務進行稅務籌劃。

【稅法依據】根據中國《車船稅稅目稅額表》以及山東省的具體規定，機動車發動機氣缸容量（排氣量）為2.0升至2.5升（含）排量的，年基準稅額為900元；排氣量為2.5升至3.0升（含）的，年基準稅額為1,920元。

【籌劃思路】車船稅的稅率實質上是一種全額累進的定額稅率，即車船的單位稅額達到哪一個等級，即全部按照相應的單位稅額徵稅，等級越高，適用的單位稅額越高。對於這種形式的稅率，納稅人應當充分利用稅率臨界點，避免在稍高於各級的臨界點處購買車船，否則會出現稅額大幅增長的現象。

【籌劃過程】
方案1：購買發動機氣缸容量（排氣量）為2.5升的小汽車。
年應納車船稅稅額=900×20=18,000元。
方案2：購買發動機氣缸容量（排氣量）為2.5升的小汽車。
年應納車船稅稅額=1,920×20=38,400元。

【籌劃結論】方案2比方案1每年少繳納車船稅為38,400-18,000=20,400元，因此應當選擇方案2。

【籌劃點評】本例中，兩種不同的方案產生了每年20,400元的稅額差異，若不影響納稅人的使用，選擇低排放量的汽車是大有益處的。

7.5.2 利用稅收優惠進行稅務籌劃

中國車船稅的減免稅規定如下：

1. 法定減免

（1）捕撈、養殖漁船。是指在漁業船舶登記管理部門登記為捕撈船或者養殖船的船舶。

（2）軍隊、武裝警察部隊專用的車船。是指按照規定在軍隊、武裝警察部隊車船管理部門登記，並領取軍牌、武警牌照的車船。

（3）警用車船。是指公安機關、國家安全機關、監獄、勞動教養管理機關和人民法院、人民檢察院領取警用牌照的車輛和執行警務的專用船舶。

（4）依照法律規定應當予以免稅的外國駐華使領館、國際組織駐華代表機構及其有關人員的車船。

（5）對節約能源的車船，減半徵收車船稅；對使用新能源的車船，免徵車船

稅；減半徵收車船稅的節約能源採用車和商用車、免徵車船稅的使用新能源汽車均應符合規定的標準；使用新能源的車輛包括純電動汽車、燃料電池汽車和混合動力汽車。純電動汽車、燃料電池汽車不屬於車船稅徵收範圍，其他混合動力汽車按照同類車輛適用稅額減半徵稅。

（6）省、自治區、直轄市人民政府根據當地實際情況，可以對公共交通車船，農村居民擁有並主要在農村地區使用的摩托車、三輪汽車和低速載貨汽車定期減徵或者免徵車船稅。

2. 特定減免

（1）經批准臨時入境的外國車船和中國香港特別行政區、澳門特別行政區、臺灣地區的車船，不徵收車船稅。

（2）按照規定繳納船舶噸稅的機動船舶，自車船稅法實施之日起5年內免徵車船稅。

（3）依法不需要在車船登記管理部門登記的機場、港口、鐵路站場內部行駛或作業的車船，自車船稅法實施之日起5年內免徵車船稅。

納稅人可以利用以上稅收優惠進行稅務籌劃。

【例7-13】北京市的王先生擬購買一輛發動機排氣量為1.8升的自用小汽車，有兩種方案可供選擇，一種為排氣量為1.8升的傳統汽油動力車，另一種為排氣量為1.8升的插電式混合動力汽車，且第二種汽車符合國家對使用新能源車輛的減免稅政策。該地區乘用車的車船稅稅率為：排氣量1.6升至2.0升（含）的，年基準稅額為660元。

【工作要求】請對上述業務進行稅務籌劃。

【稅法依據】根據《中華人民共和國車船稅法》（以下簡稱《車船稅法》）的相關規定：對於節約能源的車船，減半徵收車船稅；對使用新能源的車船，免徵車船稅。減半徵收車船稅的節約能源採用車和商用車、免徵車船稅的使用新能源汽車均應符合規定的標準。使用新能源的車輛包括純電動汽車、燃料電池汽車和混合動力汽車。

【籌劃思路】納稅人購買車輛時，可以考慮購買新能源汽車，從而享受國家給與的減免稅優惠政策。

【籌劃過程】

方案1：購買排氣量為1.8升的傳統汽油動力汽車。其年應納車船稅稅額為660元。

方案2：排氣量為1.8升的插電式混合動力汽車免徵車船稅。

【籌劃結論】方案2比方案1每年少繳納車船稅660元，因此應當選擇方案2。

【籌劃點評】本例中，購買插電式混合動力汽車，一方面有利於環境保護，另一方面也可以給納稅人帶來節稅效應，實在是一舉兩得。

7.6 車輛購置稅的稅收籌劃

車輛購置稅是以在中國境內購置規定車輛為課稅對象、在特定的環節向車輛購置者徵收的一種稅。就其性質而言，屬於直接稅的範疇。

7.6.1 選擇車輛銷售商的身分進行稅務籌劃

車輛購置稅以應稅車輛為課稅對象，考慮到中國車輛市場供求的矛盾、價格差異變化、計量單位不規範以及徵收車輛購置附加費的做法，實行從價定率、價外徵收的方法計算應納稅額，應稅車輛的價格即計稅價格就成為車輛購置稅的計稅依據。

納稅人購買自用的應稅車輛，計稅價格為納稅人購買應稅車輛而支付給銷售者的全部價款和價外費用，不包含增值稅稅款。

【例7-14】豐利公司欲購買一輛北京現代BH汽車，有兩個經銷商可供選擇：一是從被認定為增值稅一般納稅人的汽車經銷商甲處購進，車價款為105,000元（含增值稅，增值稅稅率為16%）；二是從小規模納稅人的汽車經銷商乙處購買同類型車，價格同樣為105,000元（含增值稅，徵收率為3%）。

【工作要求】請對豐利公司上述業務進行稅務籌劃。

【稅法依據】納稅人購買應稅車輛的計稅依據，為納稅人購買應稅車輛而支付給銷售方的全部價款和價外費用（不包含增值稅稅款）。

【籌劃思路】納稅人購買同類型機動車，付同樣的購車款，從具有一般納稅人資格經銷商手中購買比從小規模納稅人經銷商處購買可少繳車輛購置稅。

【籌劃過程】

方案1：從一般納稅人甲經銷商處購買。

應交車輛購置稅＝105,000÷（1+16%）×10%＝9,051.72（元）

方案2：從小規模納稅人乙經銷商處購買。

應交車輛購置稅＝105,000÷（1+3%）×10%＝10,194.17（元）。

【籌劃結論】方案1比方案2每年少繳納車輛購置稅為10,194.17－9,051.72＝1,142.45元，因此應當選擇方案1。

【籌劃點評】選擇車輛經銷商的納稅人身分，不能單純地以車輛購置稅的稅負大小為標準，還應綜合考慮售後服務等各方面的綜合因素。

7.6.2 車輛購置稅計稅依據的稅務籌劃

納稅人購買自用的應稅車輛，計稅價格為納稅人購買應稅車輛而支付給銷售者的全部價款和價外費用，不包含增值稅稅款。價外費用是指銷售方價外向購買方收取的基金、集資費、違約金（延期付款利息）、手續費、包裝費、儲存費、優質費、

運輸裝卸費、保管費以及其他各種性質的價外收費，但不包括銷售方代辦保險等而向購買方收取的保險費，以及向購買方收取的代購買方繳納的車輛購置稅、車輛牌照費。

納稅人購買自用或者進口自用應稅車輛，申報的計稅價格低於同類型應稅車輛的最低計稅價格，且無正當理由的，按照最低計稅價格徵收車輛購置稅。也就是說，納稅人購買和自用的應稅車輛，首先應分別按前述計稅價格、組成計稅價格來確定計稅依據。當申報的計稅價格偏低又無正當理由的，應以最低計稅價格作為計稅依據。

【例7-15】李先生從甲汽車銷售公司購得一輛小汽車供自己使用，支付車款159,800元（含增值稅，增值稅稅率為16%），另外支付給甲汽車銷售公司代辦的各項費用有：牌照費200元，保險金6,500元，全年車船使用稅為1,200元，車輛裝飾費為10,000元，各項款項匯總後由甲汽車銷售公司開具在一張發票上。

【工作要求】請對上述業務進行稅務籌劃。

【稅法依據】納稅人購買應稅車輛的計稅依據，為納稅人購買應稅車輛而支付給銷售方的全部價款和價外費用（不含增值稅）。價外費用是指銷售方向購買方收取的手續費、補貼、基金、集資費、返還利潤、獎勵費、違約金（延期付款利息）、包裝費、包裝物租金、儲備費、優質費、運輸裝卸費、代收款項、代墊款項及其他各種性質的價外收費。需要注意的兩點是：

（1）價外費用中不包括代辦保險費、代收牌照費、代收車船使用稅；

（2）支付的車輛裝飾費應作為價外費用，並入汽車的銷售額中徵收車輛購置稅。

【籌劃思路】納稅人可以要求銷售方將不屬於價外費用的代收保險費、牌照費、車船使用費另開票據。此外，對於車輛裝飾費，納稅人可以選擇在購車後的其他時間對車輛進行裝飾，或者選擇其他汽車裝飾公司對汽車進行裝飾，從而降低車輛銷售總價款，已達到降低車輛購置稅稅負的目的。

【籌劃過程】

方案1：各款項由汽車銷售公司匯總開具在一張發票上。

應交車輛購置稅＝（159,800+200+6,500+1,200+10,000）÷（1+16%）×10%＝15,318.97（元）。

方案2：各項費用由汽車銷售公司另行開具票據。

應交車輛購置稅＝159,800÷（1+16%）×10%＝13,775.86（元）。

【籌劃結論】方案2比方案1每年少繳納車輛購置稅為15,318.97－13,775.86＝1,543.11元，因此應當選擇方案2。

【籌劃點評】各項費用由銷售方另行開具發票，可以降低車輛購置稅的計稅依據，從而降低車輛購置稅的稅負。

7.7　城鎮土地使用稅的稅收籌劃

城鎮土地使用稅是以國有土地或集體土地為徵稅對象，對擁有土地使用權的單位和個人徵收的一種稅。在城市、縣城、建制鎮、工礦區範圍內使用土地的單位和個人，為城鎮土地使用稅的納稅人。

7.7.1　利用土地級別的不同進行稅務籌劃

中國城鎮土地使用稅採用定額稅率，即採用有幅度的差別稅額，按大、中、小城市和縣城、建制鎮、工礦區分別規定每平方米土地使用稅的年應納稅額。具體標準為：大城市 1.5～30 元；中等城市 1.2～24 元；小城市 0.9～18 元；縣城、建制鎮、工礦區 0.6～12 元。大、中、小城市以公安部門登記在冊的非農業正式戶口人數為依據，按照國務院頒布的《城市規劃條例》中規定的標準劃分。人口在 50 萬人以上者為大城市；人口在 20 萬～50 萬人之間者為中等城市；人口在 20 萬人以下者為小城市。

各省、自治區、直轄市人民政府可根據市政建設情況和經濟繁榮程度在規定稅額幅度內，確定所轄地區的適用稅額幅度。經濟落後地區，土地使用稅的適用稅額標準可適當降低，但降低額不得超過上述規定最低稅額的 30%。經濟發達地區的適用稅額標準可以適當提高，但須報財政部批准。

土地使用稅規定幅度稅額主要考慮到中國各地區存在著懸殊的土地級差收益，同一地區內不同地段的市政建設情況和經濟繁榮程度也有較大的差別。把土地使用稅稅額定為幅度稅額，拉開檔次，而且將每個幅度稅額的差距規定為 20 倍。這樣，各地政府在劃分本轄區不同地段的等級、確定適用稅額時，有選擇餘地，便於具體操作。幅度稅額還可以調節不同地區、不同地段之間的土地級差收益，盡可能地平衡稅負。

【例 7-16】甲、乙二人擬投資新設一個公司，現有兩個地址可供選擇：一是將公司設立在某中等城市的市區，當地城鎮土地使用稅為 22 元/平方米；二是將公司設在某小城市的城區，當地城鎮土地使用稅的稅率為 10 元/平方米，公司需要占地 20,000 平方米。假設不考慮其他因素。

【工作要求】請對上述業務進行稅務籌劃。

【稅法依據】凡在城市、縣城、建制鎮、工礦區範圍內使用土地的單位和個人，為城鎮土地使用稅的納稅義務人。城鎮土地使用稅實行分級幅度稅額。每平方米土地年稅額規定為：第一，大城市 1.5～30 元；第二，中等城市 1.2～24 元；第三，小城市 0.9～18 元；第四，縣城、建制鎮、工礦區 0.6～12 元。

【籌劃思路】納稅人可以結合自身生產經營的需要，從以下幾方面進行考慮：

一是將公司設置在城市、縣城、建制鎮、工礦區以外的農村；二是由於稅法允許經濟落後地區土地使用稅的稅額適用稅額標準可以適當降低，經濟發達地區的土地使用稅的適用稅額標準可以適當提高，因此可將公司設立在經濟落後地區；三是在同一省份內的大中小城市以及縣城和工礦區之中選擇稅率低的地區設立公司；四是在同一城市、縣城和工礦區之內的不同等級的土地之中，選擇在稅率最低的土地上設立公司。

【籌劃過程】

方案1：將公司設立在某中等城市的市區。

應納城鎮土地使用稅＝2×22＝44（萬元）

方案2：將公司設立在某小城市的城區。

應納城鎮土地使用稅＝2×10＝20（萬元）。

【籌劃結論】方案2比方案1每年少繳納城鎮土地使用稅為44-20＝24萬元，因此應當選擇方案2。

【籌劃點評】將公司設立在小城市或縣城，有可能會影響公司的生產經營業績。因此公司不能只單純地考慮城鎮土地使用稅稅率因素來對公司進行選址。

7.7.2 準確核算用地，推進稅務籌劃

城鎮土地使用稅以納稅人實際占用的土地面積為計稅依據，土地面積計量標準為每平方米。即稅務機關根據納稅人實際占用的土地面積，按照規定的稅額計算應納稅額，向納稅人徵收土地使用稅。

目前，中國稅法規定的法定免繳土地使用稅的主要有：國家機關、人民團體、軍隊自用的土地；由國家財政部門撥付事業經費的單位自用的土地；宗教寺廟、公園、名勝古跡自用的土地；市政街道、廣場、綠化地帶等公共用地；直接用於農、林、牧、漁業的生產用地；經批准開山填海整治的土地和改造的廢棄土地，從使用的月份起免繳土地使用稅5～10年；對非營利性醫療機構、疾病控制機構和婦幼保健機構等衛生機構自用的土地，免徵城鎮土地使用稅；企業辦的學校、醫院、托兒所、幼兒園，其用地能與企業其他用地明確區分的，免徵城鎮土地使用稅。

如果納稅人能準確核算用地，就可以充分享受土地使用稅設定的優惠條款。如將農、林、牧、漁的生產用地與農副產品加工場地和生活辦公用地相分離，就可以享受生產用地的免稅條款。

【例7-17】某公司全年實際占地共計24,460平方米。其中廠房占地17,600平方米，公司倉庫占地6,300平方米，公司自辦幼兒園占地360平方米，廠區內道路及綠化占地200平方米。當地城鎮土地使用稅稅率為12元/平方米。

【工作要求】請對上述業務進行稅務籌劃。

【稅法依據】公司辦的學校、醫院、幼兒園、托兒所，其用地能與公司其他用地明確區分的，可以比照由國家財政部門撥付經費的單位自用的土地，免徵土地使

用稅。對公司廠區（包括生產、辦公及生活區）以內的綠化用地，應當照章徵收土地使用稅；廠區以外的公共綠化用地和向社會開放的公園用地，暫免徵收土地使用稅。

【籌劃思路】公司辦的學校、醫院、托兒所、幼兒園，其用地如果能準確核算，就能使納稅人充分享受土地使用稅設定的優惠條款。

【籌劃過程】

方案1：各種用地未做明確區分，未分別核算面積。

應納城鎮土地使用稅＝24,460×12＝293,520（元）

方案2：各種土地進行明確區分，分別核算各自面積，幼兒園占地不需繳納城鎮土地使用稅。

應納城鎮土地使用稅＝（24,460-360）×12＝289,200（元）。

【籌劃結論】方案2比方案1每年少繳納城鎮土地使用稅為293,520-289,200＝4,320元，因此應當選擇方案2。

【籌劃點評】分別核算可能會增加一部分核算支出，但相對於省下的城鎮土地使用稅來說，一般情況下是值得的。

7.8　印花稅的稅收籌劃

印花稅是以經濟活動和經濟交往中，書立、領受應稅憑證的行為為徵稅對象徵收的一種稅。印花稅的納稅義務人，是在中國境內書立、使用、領受印花稅法所列舉的憑證並應依法履行納稅義務的單位和個人。

印花稅的納稅義務人按照書立、使用、領受應稅憑證的不同，可以分別確定為立合同人、立據人、立帳簿人、領受人、使用人和各類電子應稅憑證的簽訂人。

印花稅共有購銷合同、加工承攬合同、建設工程勘察設計合同、建築安裝工程承包合同、財產租賃合同、貨物運輸合同、倉儲保管合同、借款合同、財產保險合同、技術合同、產權轉移書據、營業帳簿、權利許可證照共13個稅目。印花稅的稅率有兩種形式，即比例稅率和定額稅率。比例稅率共分為4個檔次，分別是0.05‰、0.3‰、0.5‰、1‰；「權利許可證照」和「營業帳簿」稅目中的其他帳簿，使用定額稅率，每件5元。

7.8.1　分開核算進行稅務籌劃

一個合同如果涉及若干項經濟業務，應當分別核算各項業務的金額，因為業務類型不同，適用的印花稅的稅率也不同，而稅法明確規定同一憑證載有兩個或兩個以上經濟事項而適用不同稅目、稅率，如分別記載金額的，應分別計算其應納稅額，相加後按照合計稅額貼花，如未分別記載金額的，按稅率較高的計稅貼花。

【例7-18】廣州市某家具廠接受本市一家家私城的委託，加工一批家具，加工所需材料由家具廠提供。家具廠收取加工費及材料費共計1,000萬元，其中加工所需原材料為700萬元，零配件為100萬元。

【工作要求】請對上述業務進行稅務籌劃。

【稅法依據】稅法規定同一憑證載有兩個或兩個以上經濟事項適用不同稅目、稅率。如果分別記載金額的，應當分別計算應納稅額，相加後按合計稅額貼花；如未分別記載金額，按稅率較高的計稅貼花。

【籌劃思路】納稅人若在合同中未分別記載，則從高適用稅率，即全部金額按照加工承攬合同，適用0.5‰稅率計稅貼花；所以，根據稅法規定，納稅人應當將合同金額分開核算，分別按照「加工承攬合同」和「購銷合同」計稅，適用加工承攬合同0.5‰的稅率和材料購銷合同0.3‰的稅率，兩項稅額相加，即為合同應貼印花數額。

【籌劃過程】

方案1：合同記載家具廠收取合同款項共計1,000萬元。

家具廠應納印花稅＝10,000,000×0.5‰＝5,000（元）

方案2：合同記載家具廠收取原材料價款700萬元，零配件價款100萬元，收取加工費200萬元。

家具廠應納印花稅＝7,000,000×0.3‰＋1,000,000×0.3‰＋2,000,000×0.5‰＝3,400（元）。

【籌劃結論】方案2比方案1每年少繳納印花稅為5,000－3,400＝1,600元，因此應當選擇方案2。

【籌劃點評】在合同中將受託方提供的加工費金額和材料費金額分開記載，避免按照較高稅率計稅，從而到達了節稅的目的。

【例7-19】工作引例解析

【稅法依據】對於由受託方提供原材料的加工、定做合同，凡在合同中分別記載加工費金額和材料費金額的，分別按照「加工承攬合同」和「購銷合同」計稅。

【籌劃思路】在合同中將委託方所提供的加工費金額與原材料金額分開記載，便能達到節稅的效果。

【籌劃過程】

方案1：合同記載甲鋁合金門窗生產公司收取的合同金額共計300萬元。

甲公司應繳納印花稅＝3,000,000×0.5‰＝1,500（元）

方案2：合同記載家具廠收取原材料價款200萬元，收取加工費100萬元。

甲公司應納印花稅＝2,000,000×0.3‰＋1,000,000×0.5‰＝1,100（元）。

【籌劃結論】方案2比方案1每年少繳納印花稅為1,500－1,100＝400元，因此應當選擇方案2。

【籌劃點評】在合同中將委託方提供的加工費金額與原材料金額分開記載，使

得加工費金額按照加工承攬合同適用 0.5‰稅率計稅，原材料金額按照購銷合同適用 0.3‰稅率計稅，從而為納稅人達到節稅目的。

7.8.2 採取保守金額進行稅務籌劃

對已貼花的憑證，修改後所載金額增加的，其增加部分應當補貼印花稅票。凡多貼印花稅票者，不得申請退稅或者抵用。

所以，對於在簽訂時無法確定計稅金額的合同，可在簽訂時先按定額 5 元貼花，以後結算時再按實際金額計稅，補貼印花。這項規定提供了利用不確定金額籌劃的可能性。

納稅人在簽訂金額較大的合同時，可有意識地使合同中所載金額不能確定，從而在簽訂合同時先按定額 5 元貼花，從而在簽訂時先按定額 5 元貼花，以達到少繳印花稅稅款的目的。或者雙方在訂立合同時，充分考慮以後經濟交往中可能會遇到的各種情況，確定比較合理、保守的金額，防止所載金額大於合同履行後的實際結算金額。

【例 7-20】甲房地產開發公司，與乙建築工程公司簽訂工程施工合同，金額為 8,500 萬元，合同簽訂後，印花稅已繳納。由於該工程建築圖紙做了重大修改，工程竣工時的實際工程決算金額為 5,500 萬元。印花稅稅率為 1‰。

【工作要求】請對上述業務進行稅務籌劃。

【稅法依據】中國稅法規定，已貼印花的憑證，修改後所載金額增加的，其增加部分應當補貼印花稅票；減少部分不退印花稅。

【籌劃思路】納稅人在設計合同時，雙方當事人應充分考慮以後的經濟交往中可能遇到的各種情況，盡可能先簽訂框架合同，或簽訂不確定金額或者確定的金額較低的合同，待工程竣工後，按工程實際決算金額計算繳納印花稅，這樣就可以避免多交印花稅。

【籌劃過程】

方案 1：將合同金額確定為 8,500 萬元。

甲和乙共需要繳納印花稅 = 8,500×1‰×2 = 17（萬元）

方案 2：將合同金額確定為 5,500 萬元，實際履行過程中若有增加，再就增加部分補貼印花稅稅票。

甲和乙共需繳納印花稅 = 5,500×1‰×2 = 11（萬元）

【籌劃結論】方案 2 比方案 1 每年少繳納印花稅為 17-11 = 6 萬元，因此應當選擇方案 2。

【籌劃點評】將合同金額保守記載，可降低印花稅的計稅依據，從而降低印花稅稅負。但過低記載合同金額，有可能會為日後結算帶來不必要的經濟糾紛。

7.8.3 利用不同借款方式進行稅務籌劃

【例 7-21】新興公司欲借款 30,000 萬元，現有兩處借款方可供選擇，一是從某

商業銀行借款，二是從關係較好的希望公司處借款。假設年利率均為4%，其他借款條件相同。

【工作要求】請對新興公司上述業務進行稅務籌劃。

【稅法依據】銀行及其他金融機構與借款人（不包含同業拆借）所簽訂的合同，以及只填開借據並且作為合同使用而取得銀行借款的借據，應按照「借款合同」稅目，按借款金額0.05‰的稅率貼花，而公司之間的借款合同不屬於印花稅的徵稅範圍，不用貼花。

【籌劃思路】對公司來說，當貸款利率相同或者是差異較小時，與從金融機構借款相比，從其他公司借款可以降低印花稅稅負。

【籌劃過程】

方案1：從商業銀行借款。

新興公司需繳納印花稅＝30,000×0.05‰＝1.5（萬元）

方案2：從希望公司借款。

新興公司不需要繳納印花稅。

【籌劃結論】方案2比方案1每年少繳納印花稅1.5萬元，因此應當選擇方案2。

【籌劃點評】由於在現實生活中，從其他公司借款的利率一般都高於從商業銀行借款的利率，因此公司應綜合考慮，而不應該只考慮印花稅稅負因素。

7.8.4 利用分期租賃方式進行稅務籌劃

【例7-22】甲公司欲從乙租賃公司租賃生產設備一臺，雙方於2016年1月1日簽訂了租賃合同，合同規定，該設備的租賃期為10年，每年租金200萬元，10年共計2,000萬元。

【工作要求】請對上述業務進行稅務籌劃。

【稅法依據】應納稅憑證應當於書立或者領受時貼花。也就是說，經濟當事人在書立合同時，其納稅義務已經發生，就應當按照規定繳納印花稅。

【籌劃思路】若對該設備的租賃不具有稀缺性，即可以隨時在市場上租到，甲公司在與出租房簽訂合同時，可以分期簽訂，即可以規避設備在短期內被淘汰的風險，又可以使得印花稅分期繳納，充分利用了貨幣的時間價值。

【籌劃過程】

方案1：雙方於2016年1月1日簽訂租賃期為10年的租賃合同。

雙方分別需繳納印花稅＝2,000×1‰＝2（萬元）

方案2：雙方於2016年1月1日簽訂了租賃期為1年的租賃合同，以後連續9年的每年的1月1日都簽訂租期為1年的租賃合同。

雙方分別需繳納印花稅＝200×1‰＝0.2（萬元）

【籌劃結論】方案2與方案1相比，甲公司和乙租賃公司均在2016年少繳納印

花稅為2-0.2=1.8萬元，因此應當選擇方案2。

【籌劃點評】通過分次簽訂合同，使得雙方分10年繳納印花說，雖然印花稅在總體上數額不變，但是延緩了納稅時間，利用了貨幣的時間價值。

7.9 契稅的稅收籌劃

契稅是以在中華人民共和國境內轉移土地、房屋權屬為徵稅對象，向產權承受人徵收的一種財產稅。

契稅的徵稅對象是境內轉移的土地、房屋權屬。具體包括五項內容：國有土地使用權出讓；土地使用權的轉讓；房屋買賣；房屋贈與；房屋交換。

7.9.1 利用房屋交換進行稅務籌劃

契稅的計稅依據為不動產的價格。由於土地、房屋權屬轉移方式不同、定價方法不同，因而具體計稅依據視不同情況而決定。

（1）國有土地使用權出讓、土地使用權出售、房屋買賣，以成交價格為計稅依據；

（2）土地使用權贈與、房屋贈與，由徵收機關參照土地使用權出售、房屋買賣的市場價格核定；

（3）以劃撥方式取得土地使用權，經批准轉讓房地產時，由房地產轉讓者補交契稅；

（4）個人無償贈與不動產行為（法定繼承人除外），應對受贈人全額徵收契稅；

（5）土地使用權交換、房屋交換，契稅的計稅依據為所交換的土地使用權、房屋的價格差額。也就是說，交換價格相等時，免徵契稅；交換價格不等時，由多交付的貨幣、實物、無形資產或者其他經濟利益的一方繳納契稅。

由此可見，進行房屋交換所納契稅顯然遠遠低於普通的房屋購置，所以納稅人可以將原來不屬於交換的行為，通過合法的途徑變為交換行為，如果能想辦法保持雙方的價格差額較小甚至沒有，就可以達到降低稅負的目的。

【例7-23】王某和陳某各擁有一套價值200萬元的房屋，楊某意欲購買王某的房屋，而王某也想在購買陳某的房屋後出售自己的房屋，假設契稅稅率為5%。

【工作要求】請對上述業務進行稅務籌劃。

【稅法依據】契稅的納稅義務人，是指在中國境內承受土地、房屋權屬轉移的單位和個人。土地使用權交換、房屋交換，以交換土地使用權、房屋的價格差額為計稅依據。計稅依據為其價格的差額。交換價格不相等的，由多交付貨幣、實物、無形資產或其他經濟利益的一方繳納契稅；交換價格相等的，免徵契稅。

【籌劃思路】納稅人可以將原來不屬於交換的行為，通過合法的途徑變為交換

行為，減輕稅負。更進一步說，如果雙方當事人進行交換的價值相等，由於差價為零，任何一方都不用繳納契稅。在本例中，王某可先和陳某交換房屋，再由陳某將房屋出售給楊某，同樣可以達到前述的買賣結果，還節省了契稅稅負。

【籌劃過程】

方案1：楊某購買王某的房屋，王某購買陳某的房屋後出售自己的原有房屋。

楊某購買王某的房屋時：

楊某應繳納契稅＝200×5%＝10（萬元）

王某購買陳某的房屋時：

王某應繳納契稅＝200×5%＝10（萬元）

方案2：先由王某和陳某交換房屋，再由陳某將房屋出售給楊某。

王某和陳某交換房屋所有權為等價交換，沒有價格差別，不需繳納契稅。

陳某將房屋出售給楊某時：

楊某應繳納契稅＝200×5%＝10（萬元）

【籌劃結論】方案2比方案1總體少繳納契稅為20-10＝10萬元，因此應當選擇方案2。

【籌劃點評】這種籌劃方案在現實中較少。

7.9.2 分開核算進行稅務籌劃

對於獨立於房屋之外的建築物、構築物，如圍牆、水塔、菸囪、油池油櫃、變電塔、酒精池、玻璃暖房、室外游泳池等，由於與房屋不相關，不屬於「房屋」的範疇，因此，承受獨立於房屋之外的建築物、構築物的使用權或土地使用權的行為，不屬於契稅的徵稅範圍。

【例7-24】紅葉公司擬將一化肥生產車間出售給綠蘿公司，該化肥生產車間有一棟生產廠房及其他附屬設施（包括菸囪、圍牆、水塔、變電站、蓄水池等），該化肥生產車間總占地面積3,000平方米，整體估價600萬元，其中廠房估價160萬元，土地使用權估價240萬元，其他附屬設施估價200萬元。以上價格均不含增值稅。假定契稅稅率為4%。

【工作要求】請對上述業務進行稅務籌劃。

【稅法依據】對於與房屋相關的附屬設施（包括停車位汽車庫、自行車庫、頂層閣樓以及儲藏室，下同）的所有權或土地使用權的行為，徵收契稅；對於不涉及土地使用權和房屋所有權轉移變動的，不徵收契稅。

【籌劃思路】核算不動產時，凡不屬於房屋的部分應分別核算。

【籌劃過程】

方案1：紅葉公司與綠蘿公司簽訂一份銷售合同。

綠蘿公司應繳納的契稅＝600×4%＝24（萬元）

方案2：紅葉公司與綠蘿公司簽訂兩份銷售合同，一份銷售廠房及土地使用權，

合同價款為400萬元,另一份銷售附屬設施,合同價款為200萬元。

綠蘿公司應繳納契稅=400×4%=16(萬元)

【籌劃結論】方案2比方案1總體少繳納契稅為24-16=8萬元,因此應當選擇方案2。

【籌劃點評】購入不動產時,凡不屬於房屋的部分,一定要細分,以降低契稅的徵稅依據。

7.9.3 利用稅收優惠進行稅務籌劃

中國契稅優惠的規定如下:

(1) 國家機關、事業單位、社會團體、軍事單位承受土地、房屋用於辦公、教學、醫療、科研和軍事設施的,免徵契稅;

(2) 城鎮職工按規定第一次購買公有住房,免徵契稅;

(3) 因不可抗力滅失住房而重新購買住房的,酌情減免;

(4) 土地、房屋被縣級以上人民政府徵用、占用後,重新承受土地、房屋權屬的,由省級人民政府確定是否減免;

(5) 承受荒山、荒溝、荒丘、荒灘土地使用權,並用於農、林、牧、漁業生產的,免徵契稅;

(6) 經外交部確認,依照中國有關法律規定以及中國締結或參加的雙邊和多邊條約或協定,應當予以免稅的外國駐華使館、領事館、聯合國駐華機構及其外交代表、領事官員和其他外交人員承受土地、房屋權屬,免徵契稅。

【例7-25】甲公司因嚴重虧損準備關閉,尚欠主要債權人乙公司5,000萬元,準備用公司一塊價值5,000萬元的土地償還所欠債務。假定契稅稅率為4%。

【工作要求】請對上述業務進行稅務籌劃。

【稅法依據】根據規定,以土地、房屋權屬抵債的,視同土地使用權轉讓、房屋買賣。但公司按照有關法律、法規的規定實施關閉、破產後,債權人(包括關閉、破產公司職工)承受關閉、破產公司土地、房屋權屬以抵償債務的,免徵契稅。

【籌劃思路】乙公司可以改變接受甲公司以土地償還債務的時間,先以主要債權人的身分到法院申請甲公司破產,待甲公司破產清算後再以主要債權人的身分以5,000萬元土地抵償甲公司債務,可享受契稅免稅。

【籌劃過程】

方案1:乙公司在甲公司破產前直接承受其以土地抵償債務。

乙應繳納的契稅=5,000×4%=200(萬元)

方案2:乙公司待甲公司破產後再承受其以土地抵償債務。

乙公司免交契稅。

【籌劃結論】方案2比方案1為乙公司節約契稅20萬元,因此應當選擇方案2。

【籌劃點評】破產申請有可能會造成乙公司的債權不能全部得到償付的後果，所以不能僅站在契稅稅負的角度考慮此類問題。

7.10 土地增值稅的稅收籌劃

土地增值稅是國家對有償轉讓國有土地使用權、地上建築物、其他附著物產權並取得增值性收入的單位和個人所徵收的一種稅。如何把握政策的要點，充分利用政策，是土地增值稅稅收籌劃的關鍵。

7.10.1 利用增值額進行稅收籌劃

1. 稅法規定

土地增值稅的計稅依據是轉讓房地產所取得的增值額。根據《中華人民共和國土地增值稅暫行條例》和《中華人民共和國土地增值稅暫行條例實施細則》的規定，轉讓房地產的增值額，是指轉讓房地產的收入減除稅法規定的扣除項目金額後的餘額。稅法規定的扣除項目包括：取得土地使用權所支付的金額、開發土地的成本、開發土地的費用、與轉讓房地產有關的稅金以及財政部規定的其他扣除項目。而房地產開發費用不能按照實際發生額扣除，而是要根據《中華人民共和國土地增值稅暫行條例實施細則》的規定，分以下兩種情況處理：

（1）財務費用中的利息支出，納稅人能夠按轉讓房地產項目計算分攤利息支出，並能提供金融機構的貸款證明的，允許據實扣除，但最高不能超過按商業銀行同類同期貸款利率計算的金額。其他房地產開發費用，按照取得土地使用權所支付的金額和房地產開發成本之和，在5%以內計算扣除。

（2）凡不能按轉讓房地產項目計算分攤利息支出或不能提供金融機構貸款證明的，其房地產開發費用，按照取得土地使用權所支付的金額和房地產開發的成本之和，在10%以內計算扣除。

2. 稅收籌劃基本思路

在累進稅制下，納稅人若要想降低增值額，可以採用分解籌劃的手段，即將可以分開單獨處理的部分（如房屋配套的各種設施）從整個房地產中分離出來，從而使得轉讓收入減少，降低納稅人應納土地增值稅。

對於期間費用，國家規定房地產開發企業是不能據實扣除的，必須按照稅法規定進行扣除。稅法規定了兩種不同情況，這就為納稅人進行稅收籌劃提供了可能性，主要思路是確定兩種房地產開發費用扣除方法的平衡點，然後根據平衡點確定扣除方法。

我們假設利息支出為 P，取得土地使用權所支付的金額為 F，房地產開發成本為 C，則有：

$$P + (F + C) \times 5\% = (F + C) \times 10\%$$
$$P = (F + C) \times 5\%$$

如果 $P > (F + C) \times 5\%$，則使用第一種方法的期間費用扣除額較多；反之則使用第二種方法的期間費用扣除額較多。

納稅人能否按轉讓房地產項目計算分攤利息支出，並能提供金融機構的貸款證明，在很大程度上取決於納稅人的主觀行為，只要事前按上述方法進行預算，就可以使土地增值稅的增值額在一定程度上有所降低，從而達到節稅的目的。

【例7-26】某房地產開發公司9月開發一處房地產，為取得土地使用權支付的金額為1,200萬元，房地產開發成本為1,500萬元，財務費用按轉讓房地產項目計算分攤利息支出為250萬元，沒有超過商業銀行的同類同期貸款利率。假設該項目所在地省政府規定計徵土地增值稅時，房地產開發費用扣除比例按國家規定允許的最高比例執行。

【工作要求】請對房地產公司上述業務進行稅收籌劃。

【稅法依據】根據《中華人民共和國土地增值稅暫行條例》和《中華人民共和國土地增值稅暫行條例實施細則》的相關規定，房地產開發費用是指與房地產開發項目有關的銷售費用、管理費用和財務費用。當納稅人能夠按轉讓房地產項目計算分攤利息支出，並能提供金融機構的貸款證明的，其最多允許扣除的房地產開發費用為：利息+（取得土地使用權所支付的金額+房地產開發成本）×5%；納稅人不能按轉讓房地產項目計算分攤利息支出或不能提供金融機構貸款證明的，其最多允許扣除的房地產開發費用為：（取得土地使用權所支付的金額+房地產開發成本）×10%。

【籌劃思路】通過比較兩種計稅方法下房地產開發費用的大小，選擇使得房地產開發費用扣除最多的方法，從而降低增值額，進而降低土地增值稅稅負。

【籌劃過程】

方案1：不按轉讓房地產項目計算分攤利息支出或不能提供金融機構證明的情況。

允許扣除的房地產開發費用=(1,200+1,500)×10%=270（萬元）

方案2：按轉讓房地產項目計算分攤利息支出，並提供金融機構證明的情況。

允許扣除的房地產開發費用=250+(1,200+1,500)×5%=385（萬元）

【籌劃結論】房地產開發公司使用方案2比方案1多扣除開發費用為385-270=115萬元。因此，房地產開發公司應選擇方案2。

【籌劃點評】如果房地產開發公司主要依靠負債籌資，利息支出較高，可考慮分攤利息並提供金融機構證明，據實扣除並加扣其他開發費用。如果房地產開發公司進行房地產開發主要依靠權益資本，利息支出較少，則可考慮不計算分攤利息，這樣可以多扣除房地產開發費用。

7.10.2 利用稅收優惠政策進行稅收籌劃

1. 稅收法律規定

根據《中華人民共和國土地增值稅法》的規定，納稅人建造普通標準住宅出售，增值額未超過扣除項目金額20%的，免徵土地增值稅；增值額超過扣除項目金額20%的，應就其全部增值額按規定計稅。對於納稅人既建造普通標準住宅又搞其他房地產開發的，應分別核算增值額，不分別核算增值額或不能準確核算增值額的，其建造的普通標準住宅不能適用這一免稅規定。

2. 稅收籌劃基本思路

房地產開發公司如果既建造普通住宅，又搞其他房地產開發項目，那麼分開核算和不分開核算會產生納稅差異，這主要取決於兩種住宅的銷售額和扣除額。在分開核算的情況下，納稅人對於建造的普通住宅可以充分利用起徵點的規定進行稅收籌劃。在起徵點附近，會出現稅收負擔大幅度起落的現象。為了獲得免稅優惠，在增值額超過扣除項目金額的比率略高於20%的情況下，納稅人可以通過減少收入或者加大扣除項目金額的辦法，使增長率略低於20%，進而享受免徵土地增值稅的優惠。

【例7-27】某房地產開發公司在某城市開發一批商品房，計劃銷售價格總額為5,000萬元（不含增值稅），按照稅法規定計算扣除項目的金額為4,000萬元。

【工作要求】請對房地產公司上述業務進行稅收籌劃。

【稅法依據】根據《中華人民共和國土地增值稅暫行條例》和《中華人民共和國土地增值稅暫行條例實施細則》的相關規定，納稅人建造普通標準住宅出售，增值額未超過扣除項目金額之和20%的，免徵土地增值稅；增值額超過扣除項目金額之和20%的，應就其全部增值額按規定計稅。

【籌劃思路】納稅人建造普通住宅出售的，應考慮增值額增加帶來的效益和放棄起徵點的優惠而增加的稅收負擔間的關係，避免出現增值率稍高於起徵點而多納稅的現象。即在普通住宅增值率略高於20%時，可以適當減少銷售收入或採用加大扣除項目金額的手段，將增值率控制在20%以內。

【籌劃過程】

方案1：銷售價格總額為5,000萬元，可扣除項目金額為4,000萬元。

增值額=5,000-4,000=1,000（萬元）

增值率=1,000÷4,000=25%

由於增值率為25%，超過了20%，不能享受土地增值稅免稅的優惠政策。經核實，適用30%的稅率，則

應納土地增值稅額=1,000×30%=300（萬元）

方案2：銷售價格總額為5,000萬元，可扣除項目金額仍保持4,000萬元，則

增值額=4,800-4,000=800（萬元）

增值率＝800÷4,000＝20%

由於增值率為20%，能享受土地增值稅免稅的優惠政策，此時免繳土地增值稅。

【籌劃結論】房地產開發公司選擇方案2比方案1少繳納土地增值稅300萬元，因此應選擇方案2。

【籌劃點評】一方面，雖然減少的收入為5,000－4,800＝200萬元，但由於少繳納了土地增值稅300萬元，總體支出仍然減少了300－200＝100萬元；另一方面，通過降低銷售價格，會擴大銷售，增加規模效益。當然也可在銷售收入5,000萬元不變的情況下，適當增加扣除項目金額，使之增值率不超過20%，同樣可以享受免繳納土地增值稅的稅收優惠政策。

本章小結：

本章是關稅和其他稅種的稅收籌劃介紹。這些稅種是中國現行稅制體系的重要組成部分，也是影響納稅人稅收負擔不可忽略的因素。作為中國稅制體系中的輔助稅和地方稅種，關稅、財產稅、資源稅和行為稅稅收制度具有更多的靈活性和地方差異性，其稅收優惠政策也相當豐富。因此，根據關稅及其各個稅種的特點及其不同的稅收優惠政策，進行案例分析，使讀者對關稅和其他稅種的稅收籌劃產生感性認識。針對不同的小稅種從不同的角度進行稅收籌，可以小見大，使納稅人的利益最大化。

關鍵術語：

關稅	關稅完稅價格	全部產地生產標準	實質性加工標準
城市維護建設稅	資源稅	房產稅	車船稅
車輛購置稅	城鎮土地使用稅	印花稅	契稅是
土地增值稅			

思考題

1. 簡述進口貨物關稅完稅價格的確定。
2. 簡述房產稅的計稅依據及其稅率。
3. 簡述房產稅的徵稅對象及其範圍。
4. 簡述印花稅徵稅範圍及其稅率。
5. 簡述契稅的徵稅對象。
6. 簡述土地增值稅稅收籌劃基本思路。
7. 簡述土地增值稅稅法規定的扣除項目。

下篇　企業經濟活動中的稅收籌劃

第8章
企業成長的稅收籌劃

培養能力目標
（1）理解企業設立過程中稅收籌劃的基本方法；
（2）掌握分公司與子公司的稅收籌劃；
（3）理解創建與收購的稅收籌劃；
（4）掌握企業合併、分立、債務重組過程的稅收籌劃；
（5）掌握企業清算過程的稅收籌劃。

案例導入

廣告費超支的稅收籌劃

甲公司設有生產部門和銷售部門兩個非獨立核算部門。假定2018年預計實現銷售收入為5,000萬元，預計全年發生廣告費和業務宣傳費支出共計1,200萬元。其他可以稅前扣除的成本費用為2,600萬元。

工作要求 請對上述業務進行稅收籌劃。
案例解析 見本章的8.3。

8.1 企業設立的稅收籌劃

8.1.1 企業設立時組織形式的稅收籌劃

在現代高度發達的市場經濟條件下，企業的形式也出現創新。依據財產組織形式和法律責任，國際上通常將企業的組織形式分為三類：個人獨資企業、合夥企業和公司制企業。個人獨資企業和合夥企業屬於自然人企業，出資者需要承擔無限責任；公司制企業屬於法人企業，出資者以其出資額為限承擔有限責任。從稅收角度看，個人獨資和合夥企業不繳納企業所得稅，個人獨資的投資者和合夥企業的自然人投資者，分得收益比照「個體工商戶生產經營所得」繳納個人所得稅；而公司制企業和合夥企業的法人投資者要繳納企業所得稅。公司的自然人投資者分得的股息和紅利還應按「利息股息紅利所得」繳納個人所得稅。從自然人投資者的眼光看，

公司制企業存在著雙重納稅義務。

【例8-1】王某和張某擬設立一家企業，兩人股份分別為60%和40%，當年利潤總額（假定與應納稅所得額相同）為40萬元，假設當年淨利潤全部按比例在兩人之間進行分配。王某和張某就企業的組織形式產生了分歧。

【工作要求】從稅收籌劃的角度，為王某和張某做出設立企業的決策。

【稅法依據】個人獨資和合夥企業不繳納企業所得稅，個人獨資的投資者和合夥企業的自然人投資者，分得收益比照「個體工商戶生產經營所得」繳納個人所得稅；而公司制企業和合夥企業的法人投資者要繳納企業所得稅。公司的自然人投資者分得的股息和紅利還應按「利息股息紅利所得」繳納個人所得稅。從自然人投資者的眼光看，公司制企業存在著雙重納稅義務。

【籌劃思路】設立不同組織形式的企業，比較兩個自然人的稅後可支配收入，進而做出籌劃決策。

【籌劃過程】

方案1：設立公司。

公司應納企業所得稅=40×25%=10（萬元）

公司淨利潤=40-10=30（萬元）

王某分得股息紅利=30×60%=18（萬元）

王某應納個人所得稅=18×20%=3.6（萬元）

王某個人可支配收入=18-3.6=14.4（萬元）

張某分得股息紅利=30×40%=12（萬元）

張某應納個人所得稅額=12×20%=2.4（萬元）

張某個人可支配收入=12-2.4=9.6（萬元）

方案2：設立合夥企業。

王某生產經營所得=40×60%=24（萬元）

王某應納個人所得稅=24×35%-1.475=6.925（萬元）

王某個人可支配收入=24-6.925=17.075（萬元）

張某生產經營所得=40×40%=16（萬元）

張某應納個人所得稅額=16×35%-1.475=4.125（萬元）

張某個人可支配收入=16-4.125=11.875（萬元）

【籌劃結論】方案2與方案1相比，王某個人可支配收入增加2.675萬元（17.075-14.4=2.675萬元）；張某個人可支配收入增加2.275萬元（11.875-9.6=2.275萬元）。因此，應該設立合夥企業。

【籌劃點評】值得注意的是，合夥企業不繳納企業所得稅，但普通合夥人要承擔無限責任；公司繳納企業所得稅，但投資人只承擔有限責任。因此，投資人既要考慮稅收利益，也要考慮非稅利益，權衡利弊，實現經濟利益的最大化。

8.1.2 企業設立規模的稅收籌劃

企業的投資規模會影響企業的稅負。因而，企業設立時，對投資規模的稅收籌劃也是需要考慮的因素之一。例如，增值稅將增值稅納稅人按會計核算水準和經營規模分為一般納稅人和小規模納稅人，分別採取不同的管理辦法，其稅收負擔明顯不同。再如，企業所得稅依據納稅人的規模，有一般企業和小型微利企業之分，前者適用25%的稅率，後者可適用20%的低稅率。參見【例5-6】小型微利企業的稅收籌劃。

8.1.3 企業的註冊地點的稅收籌劃

國家為了各地區的平衡發展，在不同的時期，制定了不同的地區稅收政策。這為企業通過註冊地點來進行稅收籌劃提供了便利。投資者應在設立企業或者擴大經營投資時，選擇低稅負的地區註冊，享受稅收優惠的好處。現行稅法中所規定的享受減免稅優惠政策的地區主要有：國務院批准的「老、少、邊、窮」地區、西部地區、東北老工業基地、經濟特區、經濟技術開發區、沿海開放城市、保稅區、旅遊度假區等。

8.1.4 企業人員招聘的稅收籌劃

《中華人民共和國企業所得稅法》規定：企業安置殘疾人員所支付工資費用的加計扣除，是指企業安置殘疾人員的，在按照支付給殘疾職工工資據實扣除的基礎上，按照支付給殘疾職工工資的100%加計扣除。殘疾人員的範圍適用《中華人民共和國殘疾人保障法》的有關規定。

因此，企業在人員招聘時，應進行稅收籌劃，在同等條件下，優先招聘殘疾人員可享受稅收優惠。

8.2 企業擴張的稅收籌劃

8.2.1 分公司與子公司的稅收籌劃

公司對外擴張，按所承擔的經濟、法律責任的不同，設立的分支機構有分公司和子公司之別。《中華人民共和國公司法》規定：「公司可以設立分公司。設立分公司，應當向公司登記機關申請登記，領取營業執照。分公司不具有法人資格，其民事責任由公司承擔。公司可以設立子公司，子公司具有法人資格，依法獨立承擔民事責任。」但是，分公司與子公司在稅收上通常存在以下差異：

（1）在稅款承擔方面。

分公司不具備獨立法人資格，其稅收負擔一般由總公司承擔；而子公司具備獨

立法人資格，自行承擔稅收負擔。《關於印發（跨地區經營匯總納稅企業所得稅徵收管理暫行辦法）的通知》（國稅發〔2008〕28號）規定：實行法人所得稅制度是新的企業所得稅法的重要內容，也是促進中國社會主義市場經濟進一步發展和完善的客觀要求。企業實行「統一計算、分級管理、就地預繳、匯總清算、財政調庫」的企業所得稅徵收管理辦法。

（2）在虧損抵減方面。

分公司的虧損一般可以沖抵總公司的利潤，減輕稅收負擔；而子公司的虧損不能衝減母公司的利潤。《中華人民共和國企業所得稅法》規定：居民企業在中國境內設立不具有法人資格的營業機構的，應當匯總計算並繳納所得稅。除國務院另有規定外，企業之間不得合併繳納企業所稅，但企業在匯總計算繳納企業所得稅時，其境外營業機構的虧損不得抵減境內營業機構的盈利。

（3）在優惠享受方面。

分公司不能享受當地的稅收優惠，而子公司可以享受當地的稅收優惠。比如，《關於經濟特區和上海浦東新區新設立高新技術企業實行過渡性稅收優惠的通知》（國發〔2007〕40號）規定：對經濟特區和上海浦東新區在2008年1月1日（含）之後完成登記註冊的國家需要重點扶持的高新技術企業（以下簡稱新設高新技術企業），在經濟特區和上海浦東新區內取得的所得，自取得第一筆生產經營收入所屬納稅年度起，第一年至第二年免徵企業所得稅，第三年至第五年按照25%的法定稅率減半徵收企業所得稅。

（4）在稅收扣除方面。

分公司向總公司支付的合理的管理費用可以扣除，但不能扣除利息、租金、特許權使用費；子公司向母公司支付的合理的利息、租金、特許權使用費可以扣除，但不能扣除管理費用。《中華人民共和國企業所得稅法實施細則》規定：企業之間支付的管理費、企業內營業機構之間支付的租金和特許權使用費，以及非銀行企業內營業機構之間支付的利息，不得扣除。非居民企業在中國境內設立的機構、場所，就其中國境外總機構發生的與該機構、場所生產經營有關的費用，能夠提供總機構出具的費用匯集範圍、定額、分配依據和方法等證明文件，並合理分攤的，準予扣除。

在進行稅收籌劃時，企業可以通過分公司與子公司轉換來實現減輕企業稅負的目的。一般來說，當外地的營業活動處於初始階段時，可在外地設立分公司，使外地的營業虧損能在匯總納稅時減少總公司的應納稅額；當外地營業活動開始盈利時，此時就有必要建立一個子公司，以保證其享受外地利潤僅繳納低於母公司所在地的稅款。

【例8-2】A公司執行擴張戰略，為了占領外地市場，擬在外地設立B公司，有兩個可供選擇的方案：

方案1：B公司作為分公司，不獨立核算。

方案 2：B 公司作為子公司。

【工作要求】從稅收籌劃的角度，為 A 公司在外地設立 B 公司的身分進行決策。

【稅法依據】根據《中華人民共和國企業所得稅法》的有關規定，分公司不具備獨立法人資格，其稅收負擔一般由總公司承擔；而子公司具備獨立法人資格，自行承擔稅收負擔；分公司一般可以沖抵總公司的利潤，減輕稅收負擔；而子公司的虧損不能衝減母公司的利潤；分公司不能享受當地的稅收優惠，而子公司可以享受當地的稅收優惠。

【籌劃過程】

假設 1，A 公司與 B 公司稅率相等，均為 25%。A 公司當年實現利潤為 1,000 萬元，B 公司當年虧損 200 萬元，均無納稅調整事項。

當 B 公司為分公司時，稅收情況如表 8-1 所示。

表 8-1

利潤與所得稅	A 公司（總公司）	B 公司（分公司）	公司匯總
應納稅所得額	1,000 萬元	-200 萬元	800 萬元
稅率	25%	25%	25%
應納所得稅			200 萬元

當 B 公司為子公司時，稅收情況如表 8-2 所示。

表 8-2

利潤與所得稅	A 公司（總公司）	B 公司（分公司）	集團合計
應納稅所得額	1,000 萬元	-200 萬元	800 萬元
稅率	25%	25%	
應納所得稅	250 萬元	0 萬元	250 萬元

【籌劃結論】此時 B 公司作為分公司可以少納稅。

假設 2，A 公司稅率低於 B 公司，A 公司稅率為 15%，B 公司稅率為 25%。A 公司當年實現利潤 1,000 萬元，B 公司當年虧損 200 萬元，均為納稅調整事項。

當 B 公司為分公司時，稅收情況如表 8-3 所示。

表 8-3

利潤與所得稅	A 公司（總公司）	B 公司（分公司）	公司匯總
應納稅所得額	1,000 萬元	-200 萬元	800 萬元
稅率	15%	25%	15%
應納所得稅			120 萬元

當 B 公司為子公司時，稅收情況如表 8-4 所示。

表 8-4

利潤與所得稅	A 公司（總公司）	B 公司（分公司）	集團合計
應納稅所得額	1,000 萬元	-200 萬元	800 萬元
稅率	15%	25%	
應納所得稅	150 萬元	0 萬元	150 萬元

【籌劃結論】此時 B 公司作為分公司可以少納稅。

假設 3，A 公司稅率高於 B 公司，A 公司稅率為 25%，B 公司稅率為 15%。A 公司當年實現利潤 1,000 萬元，B 公司當年虧損 200 萬元，均為納稅調整事項。

當 B 公司為分公司時，稅收情況如表 8-5 所示。

表 8-5

利潤與所得稅	A 公司（總公司）	B 公司（分公司）	公司匯總
應納稅所得額	1,000 萬元	-200 萬元	800 萬元
稅率	25%	15%	25%
應納所得稅			200 萬元

當 B 公司為子公司時，稅收情況如表 8-6 所示。

表 8-6

利潤與所得稅	A 公司（總公司）	B 公司（分公司）	集團合計
應納稅所得額	1,000 萬元	-200 萬元	800 萬元
稅率	25%	15%	
應納所得稅	250 萬元	0 萬元	250 萬元

【籌劃結論】此時 B 公司作為分公司可以少納稅。

假設 4，A 公司稅率高於 B 公司，A 公司稅率 25%，B 公司稅率為 15%。A 公司當年實現利潤 1,000 萬元，B 公司當年實現利潤 200 萬元，均無納稅調整事項。

當 B 公司為分公司時，稅收情況如表 8-7 所示。

表 8-7

利潤與所得稅	A 公司（總公司）	B 公司（分公司）	公司匯總
應納稅所得額	1,000 萬元	200 萬元	1,200 萬元
稅率	25%	15%	25%
應納所得稅			300 萬元

當 B 公司為子公司時，稅收情況如表 8-8 所示。

表 8-8

利潤與所得稅	A 公司（總公司）	B 公司（分公司）	集團合計
應納稅所得額	1,000 萬元	200 萬元	800 萬元
稅率	25%	15%	
應納所得稅	250 萬元	30 萬元	280 萬元

【籌劃結論】此時 B 公司作為子公司，子公司利潤不論是否分配，可少納稅。

【籌劃點評】公司執行擴張戰略，在外地設立公司，當預計外地公司初期會出現虧損時，應設立不獨立核算的分公司，其虧損可用總公司利潤彌補，可降低當期稅負，從而推遲納稅。當外地公司適用低稅率，能實現盈利時，應設立子公司享受低稅優惠，可實現少繳稅或推遲納稅。

8.2.2 創建與收購的稅收籌劃

公司對外擴張，按投資的法定程序不同，有收購和創建兩種。投資購買現有企業的股份或者現有企業，這種投資形式被稱為收購；投資設立新的企業，這種投資形式被稱為創建。

公司進行收購，有股權支付方式和非股權支付，不同的支付方式和比例，其稅收待遇不一樣。在收購中，應具體問題具體分析，選擇恰當的收購方式。

8.3　企業重組的稅收籌劃

8.3.1　企業重組的法律界定

企業重組，是指企業在日常經營活動以外發生的法律結構或經濟結構重大改變產生的交易，包括企業法律形式改變、債務重組、股權收購、資產收購、合併、分立等。

企業法律形式改變，是指企業註冊名稱、住所以及企業組織形式等的簡單改變。

債務重組，是指在債務人發生財務困難的情況下，債權人按其與債務人達成的書面協議或者法院裁定書，就其債務人的債務做出處理的事項。

股權收購，是指一家企業（以下稱為收購企業）購買另一家企業（以下稱為被收購企業）的股權，以實現對被收購企業控制的交易。收購企業支付對價的形式包括股權支付、非股權支付或兩者的組合。

資產收購，是指一家企業（以下稱為「受讓企業」）購買另一家企業（以下稱為「轉讓企業」）實質經營性資產的交易。

合併，是指一家或多家企業（以下稱為「被合併企業」）將其全部資產和負債轉讓給另一家現存或新設企業（以下稱為「合併企業」），被合併企業股東換取合併企業的股權或非股權支付，實現兩個或兩個以上企業的依法合併。

分立，是指一家企業（以下稱為「被分立企業」）將部分或全部資產分離轉讓給現存或新設的企業（以下稱為「分立企業」），被分立企業股東換取分立企業的股權或非股權支付，實現企業的依法分立。

其中，股權支付，是指企業重組中購買、換取資產的一方支付的對價中，以本企業或其控股企業的股權、股份作為支付的形式。非股權支付，是指以本企業的現金、銀行存款、應收款項、本企業或其控股企業股權和股份以外的有價證券、存貨、固定資產、其他資產以及承擔債務等作為支付的形式。

企業併購中稅收問題主要有三個：第一，虧損是否可以承繼結轉。公司購並後，存續公司或新設公司是否可以承繼被購並公司的虧損，結轉沖抵以後若干年度的所得，直至虧算全部沖抵完才開始繳納企業所得稅。第二，採用何種支付方式。即股權支付還是非股權支付。實際中常見的支付方式為現金支付、股票支付和承擔債券債務三種方式。第三，購並是否可以繼承稅收優惠。

8.3.2 企業合併的稅收籌劃

企業因戰略調整或生產經營需要，進行重組，重組有股權重組和債務重組，而股權重組又包括企業合併和企業分立。

企業合併是指兩個或兩個以上的企業依照法定程序變更為一個企業的行為。企業合併可以採取吸收合併或者新設合併。吸收合併是指一個企業或幾個企業的全部或實質上幾乎全部資產、負債轉讓給一個受讓企業，被合併的企業解散。新設合併一般是指兩個或兩個以上的被合併企業將其資產和負債轉讓給一個新設立的企業的行為。

從稅務角度看，企業合併可以分為普通合併（非稅務動機企業合併）與特殊合併（稅務動機企業合併）。企業合併有時可以節省稅收，多個企業在合併前繳納更多的稅收，合併成一個企業後繳納相對較少的稅收。

8.3.2.1 普通合併

企業合併，當事各方應按照下列規定處理：

（1）合併企業應按照公允價值確定接受被合併企業的各項資產和負債的計稅基礎；

（2）被合併企業及其股東都應按清算進行所得稅處理；

（3）被合併企業的虧損不得在合併企業結轉彌補；

（4）註銷的被合併企業未享受完的稅收優惠，不能由存續企業承續，合併而新設的企業不得再存續或重新享受上述政策。

在普通合併中，被合併企業應按照《財政部 國家稅務總局關於企業清算業務企

業所得稅處理若干問題的通知》（財稅〔2009〕60號）的規定進行清算。被合併企業在報送《企業清算所得納稅申報表》時，應當附送以下資料：

（1）企業合併的工商部門或其他政府部門的批准文件；
（2）企業全部資產和負債的計稅基礎以及評估機構出具的資產評估報告；
（3）企業債務處理或歸屬情況說明；
（4）主管稅務機關要求提供的其他資料證明。

8.3.2.2 特殊合併

企業合併同時具備以下條件的，適用特殊性稅務處理規定：

（1）具有合理的商業目的，且不以減少、免除或推遲繳納稅款為主要目的；
（2）企業股東在該企業合併發生時取得的股權支付金額不低於其交易支付總額的85%，以及同一控制下不需要支付對價；
（3）企業重組後的連續12個月不改變重組資產原來的實質性經營活動；
（4）企業重組中取得股權支付的原主要股東在重組後的連續12個月內，不得轉讓其所取得的股權。

同一控制是指參與合併的企業在合併前後均受同一方或者相同的多方的最終控制，且該控制並非暫時性的。能夠對參與合併的企業在合併前後均實施最終控制權的相同多方，是指根據合同或協議的約定，對參與合併企業的財務和經營政策擁有決定控制權的投資者群體。在企業合併前後，參與合併的各方受最終控制方的控制時間為12個月以上，企業合併後所形成的主體對最終控制方的控制時間也應持續12個月。

特殊合併可以選擇以下規定處理：

第一，合併企業接受被合併企業資產和負債的計稅基礎，以被合併企業的原有計稅基礎確定。

第二，被合併企業合併前的相關所得稅事項由合併企業繼承。合併後的企業性質及適用稅收優惠條件未發生改變的，可以繼續享受合併前各企業剩餘期限的稅收優惠。合併前各企業剩餘的稅收優惠年限不一致的，合併後企業每年度的應納稅所得額，應統一按合併日的各合併前的企業資產占合併後企業總資產的比例進行劃分，再分別按相應的剩餘優惠計算應納稅額。

第三，可由合併企業彌補的被合併企業虧損的限額＝被合併企業淨資產公允價值×截至合併業務發生的當年年末國家發行的最長期限的國債利率。

第四，被合併企業股東取得合併企業股權的計稅基礎，根據其原持有的被合併企業股權的計稅基礎確定。

【例8-3】A公司打算合併B公司，B公司在被合併時的淨資產公允價值為1,500萬元，尚未彌補的虧損為300萬元，稅前彌補虧損期限尚有3年，雙方股東達成協議，A公司股東於2016年1月1日以價值1,200萬元的股份和300萬元的現金合併B公司。假設合併後的A公司在2016年、2017年、2018年未彌補虧損前的

應稅所得額分別為 200 萬元、300 萬元、300 萬元，2016 年、2017 年、2018 年國家發行的最長期限的國債利率為 4%。

【工作要求】請對 A 公司、B 公司上述業務進行稅收籌劃。

【稅法依據】根據稅法規定，企業在進行特殊合併時，企業股東在該合併發生時取得的股權支付金額不低於其交易支付總額的 85%，並且在同一控制下不需要支付企業合併的對價，可以按照以下規定處理：第一，合併企業接受被合併企業資產和負債的計稅基礎，以被合併企業的原有計稅基礎確定。第二，被合併企業合併前的相關所得稅事項由合併企業繼承。第三，可由合併企業彌補的被合併企業虧損的限額為：被合併企業淨資產公允價值×截至合併業務發生當年年末國家發行的最長期限的國債利率。第四，被合併企業股東取得合併企業股權的計稅基礎，根據其原持有的被合併企業股權的計稅基礎確定。

【籌劃思路】公司在合併過程中，應當盡量使公司股東在該合併發生時取得的股權支付金額不低於其支付總額的 85% 的比例，此時，公司可以進行特殊稅務處理，可以彌補被合併企業未彌補的虧損，從而達到抵減公司企業所得稅的目的。

【籌劃過程】

方案 1：A 公司以價值 1,200 萬元的股份和 300 萬元的現金合併 B 公司。

股權支付比例 = 1,200÷（1,200+300）= 80%<85%

不能彌補被合併企業 B 公司的虧損，因此

A 公司三年共計應納企業所得稅 =（200+300+300）×25% = 200（萬元）

方案 2：A 公司以價值 1,300 萬元的股份和 200 萬元的現金合併 B 公司。

股權支付比例 = 1,300÷（1,300+200）= 86.67%>85%

可以彌補被合併企業 B 公司的虧損。

在 2016 年中：

2016 年可以彌補的虧損限額 = 1,500×4% = 60（萬元）

由於 60 萬元<300 萬元，因此

A 公司 2016 年應納企業所得稅 =（200-60）×25% = 35（萬元）

在 2017 年中：

2017 年可以彌補的虧損限額 = 1,500×4% = 60（萬元）

由於 60 萬元<240 萬元（300-60），因此

A 公司 2017 年應納企業所得稅 =（300-60）×25% = 60（萬元）

在 2018 年中：

2018 年可以彌補的虧損限額 = 1,500×4% = 60（萬元）

由於 60 萬元<180 萬元（240-60 = 180 萬元），因此

A 公司 2018 年應納企業所得稅 =（300-60）×25% = 60（萬元）

所以：

三年（2016 年、2017 年、2018 年）共計應納企業所得稅 = 35+60+60 = 155（萬元）

【籌劃結論】方案 2 比方案 1 少繳納企業所得稅 45 萬元（200-155＝45 萬元），因此應選擇方案 2。

【籌劃點評】事實上，特殊性的稅務處理的後續處理最終還是要繳稅的，也就是說特殊性稅務處理只是遞延納稅，最終既不會多繳稅，也不會少繳稅。

8.3.2.3 與普通合併、特殊合併有關的其他稅種的處理

1. 增值稅

納稅人在資產重組中，通過合併、分立、出售、置換等方式，將全部或者部分實物資產以及與其相關聯的債權、負債和勞動力一併轉讓給其他單位和個人，不屬於增值稅徵稅範圍，其涉及的貨物、不動產、土地使用權轉讓，不徵收增值稅。

2. 土地增值稅

按照法律規定或者合同約定，兩個或兩個以上的企業合併為一個企業，且原企業投資主體存續的，對原企業將國有土地、房屋權屬變更到合併後的企業的，暫不徵土地增值稅。

3. 印花稅

以合併或分立方式成立的新企業，其新啟用的資金帳簿記載的資金，凡原已貼花的部分不再貼花，未貼花的部分和以後新增加的資金按規定貼花。

4. 契稅

兩個或兩個以上的企業依照法律規定或者合同約定合併改建為一個企業，且原投資主體存續的，對其合併後的企業承受原合併各方的土地、房屋權屬，免徵契稅。

8.3.3 分立的稅收籌劃

企業分立是指一個企業按照法律規定，將部分或全部業務分離出去，分成兩個或兩個以上新企業的法律行為。企業分立有存續分立和新設分立兩種形式。存續分立是公司以其財產設立另一種新公司的行為。存續分立在中國較為普遍。新設分立是將公司全部財產分解為若干份，重新設立幾個新公司，而原公司解散的行為。

從稅務角度看，企業分立的動機主要是出於對增值稅、消費稅、所得稅的考慮。

在流轉稅中，一些特殊產品，或者適用稅率較低的產品，這類產品在稅收核算上有一些特殊要求，而企業往往由於種種原因不能滿足這些核算要求而喪失了稅收上的一些利益。如果將這些特殊產品的生產部門分立成為獨立企業，可能會獲得流轉稅優惠的好處。

某些貨物在生產銷售環節繳納消費稅後，在以後流通環節不再繳納消費稅。如果將這些應稅貨物的銷售部門分立成為獨立企業，生產企業在合理的範圍內以相對較低的價格銷售給銷售企業，則整體消費稅稅負會降低。

在企業所得稅中，有一些費用支出要按照收入的一定比例限額列支，比如業務招待費、廣告費和業務宣傳費等，企業可以將企業的銷售部門分立成為一個獨立核算的銷售公司，以增加計算限額的基數。

在企業所得稅中，特定項目所得可以免徵、減徵企業所得稅；綜合利用資源，生產符合國家產業政策規定的產品所取得的收入，可以在計算應納稅所得額時減計收入。如果這些項目或者產品屬於企業內部的中間生產環節而非最終生產銷售環節，並不對外銷售，沒有收入的實現，也就無法享受稅收優惠政策。企業可以考慮將負責這些項目或者產品的內設非法人分支機構分立出來，從而享受稅收優惠待遇。

8.3.3.1 普通分立

企業分立，當事各方應按照下列規定處理：

（1）被分立企業對分立出去的資產應按公允價值確認資產轉讓所得或損失；

（2）分立企業應按公允價值確認接受資產的計稅基礎；

（3）被分立企業繼續存在時，其股東取得的對價應視同被分立企業分配進行繼續處理；

（4）被分立企業不再繼續存在時，被分立企業及其股東都應按清算進行所得稅處理；

（5）企業分立相關企業的虧損不得相互結轉彌補；

（6）註銷的被分立企業未享受完的稅收優惠，不再由存續企業繼承；分立而新設的企業不得再繼承或重新享受上述優惠。

在普通分立中，被分立企業不再繼續存在，應按照《財政部 國家稅務總局關於企業清算業務企業所得稅處理若干問題的通知》（財稅〔2009〕60號）的規定進行清算。被分立企業在報送《企業清算所得納稅申報表》時，應附送以下資料：

第一，企業分立的工商部門或其他政府部門的批准文件；

第二，被分立企業全部資產的計稅基礎以及評估機構出具的資產評估報告；

第三，企業債務處理或歸屬情況說明；

第四，主管稅務機關要求提供的其他資料證明。

8.3.3.2 特殊分立

企業分立同時符合以下條件的，適用特殊性稅務處理規定：

（1）具有合理的商業目的，且不以減少、免除或推遲繳納稅款為主要目的；

（2）被分立企業所有股東按原持股比例取得分立企業的股權；

（3）企業重組後的連續12個月不改變重組資產原來的實質性經營活動；分立企業和被分立企業均不改變原來的實質性經營活動；

（4）被分立企業股東在該企業分立發生時取得的股權支付金額不低於其交易支付總額的85%；

（5）企業重組中取得股權支付的原主要股東在重組後連續12個月內，不得轉讓所取得的股權。

特殊分立可以選擇按以下規定處理：

第一，分立企業接受被分立企業資產和負債的計稅基礎以被分立企業的原有計稅基礎確定。

第二，被分立企業已分立出去的資產的相應所得稅事項由分立企業承繼。分立後的企業性質及適用稅收優惠條件未發生改變的，可以繼續享受分立前被分立企業剩餘期限的稅收優惠。

第三，被分立企業未超過法定彌補期限的虧損額可按分立資產占全部資產的比例進行分配，由分立企業繼續彌補。

第四，被分立企業的股東取得分立企業的股權（以下簡稱「新股」），如需部分或全部放棄原持有的被分立企業的股權（以下簡稱「舊股」），新股的計稅基礎應以放棄舊股的計稅基礎確定；如無須放棄舊股，則其取得新股的計稅基礎可從以下兩種方法中選擇確定：直接將新股的計稅基礎確定為零，或者以被分立企業分立出去的淨資產占被分立企業全部淨資產的比例先調減原持有的舊股計稅基礎，再將調減的計稅基礎平均分配到新股上。

第五，重組交易各方對交易中的股權支付部分暫不確認有關資產的轉讓所得或損失，但對於非股權支付仍應在交易當期確認相應的資產轉讓所得或損失，並調整相應資產的計稅基礎。

$$\text{非股權支付對應的資產轉讓所得或損失} = (\text{被轉讓資產的公允價值} - \text{被轉讓資產的計稅基礎}) \times (\text{非股權支付金額} \div \text{被轉讓資產的公允價值})$$

第六，在企業存續分立中，分立後的存續企業性質及適用稅收優惠的條件未發生改變的，可以繼續享受分立前該企業剩餘期限的稅收優惠，其優惠金額按該企業分立前一年的應納稅所得額（虧損計為零）乘以分立後存續企業資產占分立前該企業全部資產的比例計算。

【例 8-4】導入案例解析

【稅法依據】根據企業所得稅法規定，企業廣告費和業務宣傳費支出不超過當年銷售收入 15% 的部分，可以據實扣除，超過比例的部分可以結轉到以後年度扣除。

【籌劃思路】企業可以將企業的銷售部門分立成為一個獨立核算的銷售公司，以增加計算限額的基數，這樣原本超額不能列支的費用就可以在銷售公司列支了，從而達到降低企業集團所得稅稅負的作用。

【籌劃過程】

方案 1：甲公司保持現狀，不設立獨立核算的銷售公司，則

企業廣告費和業務宣傳費扣除限額 = 5,000×15% = 750（萬元），超支 450 萬元（1,200-750 = 450 萬元），因此甲公司只能按照 750 萬元進行稅前扣除。

甲公司應納企業所得稅 =（5,000-2,600-750）×25% = 412.5（萬元）

甲公司稅後利潤 = 5,000-2,600-1,200-412.5 = 787.5（萬元）

方案 2：甲公司把銷售部門分立出來，成為獨立核算的銷售公司。假設甲公司以 4,000 萬元的價格先把產品銷售給銷售公司，銷售公司再以 5,000 萬元的價格對外銷售。由甲公司負擔廣告費和業務宣傳費支出 600 萬元，同時銷售公司負擔廣告

費和業務宣傳費支出600萬元。

經計算，廣告費和業務宣傳費可以全部稅前扣除（計算方法同方案1）。

但是，因甲公司和銷售公司之間構成銷售關係，需要多交納印花稅，本題暫不考慮。

甲公司和銷售公司共計應納企業所得稅＝（5,000-2,600-600-600）×25%＝300（萬元）

甲公司和銷售公司共計稅後利潤＝5,000-2,600-600-600-300＝900（萬元）

【籌劃結論】方案2比方案1少繳納企業所得稅112.5萬元（412.5-300＝112.5萬元），多獲得稅後利潤112.5萬元（900-787.5＝112.5萬元），因此應選擇方案2。

【籌劃點評】通過分立新設立銷售公司必然要產生一定的開辦費以及後續的管理費用，因此要綜合分析，避免顧此失彼。

8.3.3.3 與普通分立、特殊分立有關的其他稅種的處理

1. 增值稅

納稅人在資產重組中，通過合併、分立、出售、置換等方式，將全部或者部分實物資產以及與其相關聯的債權、負債和勞動力一併轉讓給其他單位和個人，不屬於增值稅徵稅範圍，其涉及的貨物、不動產、土地使用權轉讓，不徵收增值稅。

2. 土地增值稅

按照法律規定或者合同約定，企業分設為兩個或兩個以上與原企業投資主體相同的企業，對原企業將國有土地、房屋權屬變更到分立後的企業的，暫不徵土地增值稅。

3. 印花稅

分立後的兩家企業實收資本和資本公積之和與原被分立企業實收資本與資本公積之和相比，新增金額由新設企業貼花。

4. 契稅

企業依照法律規定或者合同約定分設兩個或兩個以上投資主體相同的企業，對派生方、新設方承受原企業土地、房屋權屬的，不徵契稅。

8.3.4 企業債務重組的稅收籌劃

債務重組，是指在債務人發生財務困難的情況下，債權人按照其與債務人達成的書面協議或者法院的裁定書，就其債務人的債務做出讓步的事項。

8.3.4.1 普通債務重組

根據《財政部 國家稅務總局關於企業重組業務企業所得稅處理若干問題的通知》（財稅〔2009〕59號）規定，企業債務重組，相關交易按以下規定處理：

（1）以非貨幣資產清償債務，應當分解為轉讓相關非貨幣性資產、按非貨幣性資產公允價值清償債務兩項業務，確認相關資產的所得或損失。

（2）發生債權轉股權的，應當分解為債務清償和股權投資兩項業務，確認有關

債務清償所得或損失。

（3）債務人應當按照支付的債務清償額低於債務計稅基礎的差額，確認債務重組所得；債權人應當按照收到的債務清償額低於債權計稅基礎的差額，確認債務重組損失。

（4）債務人的相關所得稅納稅事項原則上保持不變。現舉例說明：2017年，甲公司欠乙公司材料款4,000萬元。當年，甲公司發生財務困難，在短期內無法歸還這筆材料款。經協商，甲公司以其貨物償還債務，該批貨物實際成本2,000萬元，市場價格2,400萬元（不含稅價）。雙方均為增值稅一般納稅人，適用的增值稅稅率為17%。則：

甲公司有關帳務處理如下（單位：萬元）：

借：應付帳款——乙公司　　　　　　　　　　　4,000
　貸：主營業務收　　　　　　　　　　　　　　2,400
　　　應交稅費———應交增值稅（銷項稅）　　　408
　　　營業外收入———債務重組利得　　　　　　1,192

同時結轉存貨成本：

借：主營業務成本　　　　　　　　　　　　　　2,000
　貸：庫存商品　　　　　　　　　　　　　　　2,000

企業發生普通債務重組，應準備以下相關資料，以備稅務機關檢查：

（1）以非貨幣資產清償債務，應保留當事各方簽訂的清償債務的協議或合同，以及非貨幣資產公允價格確認的合法證據等；

（2）債權轉股權的，應當保留當事各方簽訂的債權轉股權協議或合同。

8.3.4.2 特殊債務重組

債務重組符合《財政部 國家稅務總局關於企業重組業務企業所得稅處理若干問題的通知》（財稅〔2009〕59號）的第五條規定條件的，交易各方對其交易中的股權支付部分，可以按以下規定進行特殊性稅務處理：

（1）企業債務重組確認的應納稅所得額占該企業當年應納稅所得額50%以上的，可以在5個納稅年度的期間內，均勻計入各年度的應納稅所得額。

（2）企業發生債權轉股權業務，對債務清償和股權投資兩項業務暫不確認有關債務清償所得或損失，股權投資的計稅基礎以原債權的計稅基礎確定。企業的其他相關所得稅事項保持不變。

【例8-5】甲、乙兩公司均為增值稅一般納稅人，增值稅稅率為16%，企業所得稅稅率為25%。甲公司賒銷一批商品給乙公司，價稅合計232萬元。債務到期時，乙公司當期可抵扣進項稅額為15萬元，由於乙公司資金週轉出現暫時困難，雙方協議進行債務重組。乙公司有兩個重組方案可供選擇。

方案1：將債務的償還期限延長半年，半年後只需償還債務本金232萬元，不計利息。

方案2：乙公司以10萬件商品抵償債務，這批商品的帳面價值為180萬元，公允價值為220萬元。

【工作要求】 請對上述業務進行稅收籌劃。

【稅法依據】 根據《財政部 國家稅務總局關於企業重組業務企業所得稅處理若干問題的通知》（財稅〔2009〕59號）、《企業重組業務企業所得稅管理辦法》（國家稅務總局公告2010年第4號）、《國家稅務總局關於企業重組業務企業所得稅徵收管理若干問題的公告》（國家稅務總局2015年第48號）的相關規定。

【籌劃思路】 分析上述兩方案所繳納的增值稅與企業所得稅的多少，進而進行決策。

【籌劃過程】

如果乙公司採用方案1，可選擇將其擁有的10萬件商品降價促銷，假定單價降為20元/件後，可在半年後將商品全部銷售，獲得現金為 $10\times20\times1.16=232$ 萬元，用於償還甲公司債務。則乙公司就該項業務應納稅額計算如下（城市維護建設稅和教育費附加忽略不計）：

乙公司應納增值稅 = $10\times20\times16\%-15=19$（萬元）

乙公司應納所得稅 = $10\times(20-18)\times25\%=5$（萬元）

方案1：乙公司應納稅款總額 = $17+5=22$（萬元）

如果乙公司採用方案2，則乙公司就該項業務應納稅額計算如下：

乙公司應納增值稅 = $220\times16\%-15=20.2$（萬元）

乙公司應納所得稅 = $10\times(22-18)\times25\%=10$（萬元）

方案2：乙公司應納稅款總額 = $20.2+10=30.2$（萬元）

【籌劃結論】 兩個方案相比，方案1較方案2節省稅收 $30.2-22=8.2$ 萬元，因此應選擇方案1，先將商品降價銷售，再用現金償還債務。

【籌劃結論】 將商品降價銷售，再用現金償還債務這一方式中，涉及降價多少的問題，同時涉及降價貨物的自身成本問題，因此要認真分析，否則得不償失，增加企業的稅收負擔。

8.4 企業清算的稅收籌劃

8.4.1 企業清算的法律規定

企業清算是指企業由於經濟或契約等原因，不能或不再繼續經營時，按照國家有關法律法規以及企業具有法律效力的章程協議等文件精神，依照法定的程序，對企業的資產、債權、債務等進行清理與結算，並對企業剩餘財產進行分配，解除企業法人資格的一系列行為。

《中華人民共和國公司法》規定，公司因下列原因解散：

（1）公司章程規定的營業期限屆滿或者公司章程規定的其他解散事由出現；
（2）股東會或者股東大會決議解散；
（3）因公司合併或者分立需要解散；
（4）依法被吊銷營業執照、責令關閉或者被撤銷；
（5）公司經營管理發生嚴重困難，繼續存續會使股東利益受到重大損失，通過其他途徑不能解決的，持有公司全部股東表決權百分之十以上的股東，可以請求人民法院解散公司。人民法院依照該規定予以解散。

公司解散的（除公司合併或者分立需要解散的外），應當在解散事由出現之日起十五日內成立清算組，開始清算。有限責任公司的清算組由股東組成，股份有限公司的清算組由董事或者股東大會確定的人員組成。逾期不成立清算組進行清算的，債權人可以申請人民法院指定有關人員組成清算組進行清算。人民法院應當受理該申請，並及時組織清算組進行清算。

《中華人民共和國企業所得稅法》規定：企業依法清算時，應當以清算期間作為一個納稅年度。企業在年度中間終止經營活動的，應當自實際經營終止之日起六十日內，向稅務機關辦理當期企業所得稅匯算清繳。企業應當在辦理註銷登記前，就其清算所得向稅務機關申報並依法繳納企業所得稅。

《中華人民共和國企業所得稅法實施條例》規定：清算所得，是指企業的全部資產可變現價值或者交易價格減除資產淨值、清算費用以及相關稅費等後的餘額。投資方企業從被清算企業分得的剩餘資產，其中相當於從被清算企業累計未分配利潤和累計盈餘公積中應當分得的部分，應當確認為股息所得；剩餘資產減除上述股息所得後的餘額，超過或者低於投資成本的部分，應當確認為投資資產轉讓所得或者損失。

8.4.2　企業清算的籌劃思路

雖然永續經營是任何一個企業設立之初都毫無例外採用的理想假設，但在現實中，優勝劣汰是自然法則，在眾多企業發展壯大的同時，也有許多企業因種種原因而清算破產。2007年6月1日，《中華人民共和國企業破產法》開始正式實施，為企業破產清算過程的規範操作提供了有效的依據。

企業清算籌劃的籌劃思路主要包括兩方面：一是通過推遲或提前企業清算開始日期，合理調整清算所得和正常經營所得，盡量將虧損提前到生產經營期間，降低企業整體稅收負擔；二是在原有減免稅到期的企業消失後，重新設立新的企業繼續享受有關的稅收優惠政策。

8.4.3　企業清算的稅收籌劃

8.4.3.1　調整清算日期的稅收籌劃

由於清算期間單獨作為一個納稅年度，清算期間的虧損在今後不可能再彌補，

因此，納稅人應選擇解散日期，合理調整生產經營期間與清算期間的利潤，盡量將虧損提前到生產經營期間，從而節省企業所得稅。

【例8-6】甲公司董事會於2017年8月16向股東會提交解散申請書，股東會於8月20日通過並作出決議，清算開始日定於9月1日，9月1日至10月10日的期間作為清算期間，清算期間的清算所得為8萬元。其中，9月1日至9月20日共發生有關支出20萬元。甲公司在成立清算組前進行內部清算中發現，當年1至8月份公司應納稅所得額為15萬元。該公司適用25%的所得稅稅率。

【工作要求】請對上述企業清算進行稅收籌劃。

【稅法依據】根據《中華人民共和國企業所得稅稅法》第五十三條規定：企業依法清算期間作為一個納稅年度，清算所得應當繳納企業所得稅。

【籌劃思路】由於公司將1月至8月作為一個納稅年度，應納稅所得額為15萬元，應當繳納企業所得稅，而清算期間作為一個納稅年度，其應納稅所得額為8萬元，不納企業所得稅。

因此將清算開始日推遲到9月21日，進而比較兩種方案的所得稅稅負做出決策。

【籌劃過程】

方案1：清算開始日定於9月1日，則

甲企業生產經營年度（1月1日至8月31日）應納企業所得稅=15×25%=3.75（萬元）

清算年度（9月1日至10月10日）應納稅額=0

方案2：清算開始日推遲到9月21日，則

甲公司1月1日至9月20日的生產經營稅年度虧損為20-15=5萬元，清算期間清算所得為12萬元。該公司應納稅額計算如下：

甲公司生產經營年度（1月1日至9月20日）應納稅額=0

清算年度（9月21日至10月10日）應納稅額=（12-5）×25%=1.75（萬元）

【籌劃結論】方案2較方案1少繳納企業所得稅3.75-1.75=2萬元，因此應選擇方案2。

【籌劃點評】由於清算期間單獨作為一個納稅年度，清算期間的虧損在今後不可能再彌補，因此，納稅人應選擇清算日期，合理調整生產經營期間與清算期間的利潤，盡量將虧損提前到生產經營期間，從而節省企業所得稅。

8.4.3.2 重新設立新的企業繼續享受有關優惠政策的稅收籌劃

目前，中國有許多企業所得稅定期減免稅收優惠政策。針對這種定期減免稅優惠，為了企業更好的發展，我們可以適當進行企業清算，重新設立新的企業進而繼續享受有關的優惠政策。例如，企業從事國家重點扶持的公共基礎設施項目投資經營的所得，自項目取得第一筆生產經營收入所屬納稅年度起，第一年至第三年免徵企業所得稅，第四年至第六年減半徵收企業所得稅。當其享受6年減徵或免徵所得

稅期滿後，適時安排將企業解散，通過清算結束企業原有業務，另外註冊一個新的企業享受稅收優惠政策。由於企業設備、員工、廠房都可以通過清算轉讓給即將設立的新企業，故原有企業所有者的持續經營不會受到多大的影響。

但是，運用這一方法進行稅收籌劃時，應特別關注國家的反避稅措施，國家為了堵塞稅收漏洞，財政部和國家稅務總局於2006年1月下發了《關於享受企業所得稅優惠政策的新辦企業認定標準的通知》（財稅〔2006〕1號），明確規定了享受企業所得稅定期減稅或免稅的新辦企業必須符合三個條件：一是須按照國家法律、法規以及有關規定在工商行政管理部門設立登記新註冊成立的企業；二是新辦企業的權益性出資人（股東或其他權益投資方）的實際出資中固定資產、無形資產等非貨幣性資產的累計出資額占新辦企業註冊資金的比例不得超過25%；三是新辦企業在享受企業所得稅定期減稅或免稅優惠政策期間，從權益性投資人及其關聯方累計購置的非貨幣性資產超過註冊資金25%的，將不再享受相關企業所得稅的減免稅政策優惠。

2006年7月，國家稅務總局又下發了《關於繳納企業所得稅的新辦企業認定標準執行口徑等問題的補充通知》（關稅發〔2006〕103號），對符合財稅〔2006〕1號文件認定標準的新辦企業享受所得稅優惠做了更加嚴格的限定，補充了兩個規定：一是對新辦企業利用轉讓定價等方法從關聯企業轉移來的利潤，明確不準其享受新辦企業所得稅優惠；二是如果新辦企業的業務和關鍵人員是從現有企業轉移而來的，則其全部所得均不得享受新辦企業所得稅的優惠政策。

企業在進行稅收籌劃時應當充分關注這些新政策的變化，以便衡量是否採用這種稅收籌劃方法，否則會適得其反。

本章小結：

企業的生命週期包括設立、擴張、重組和清算等階段，每一階段活動對企業納稅具有決定意義，需要精心安排。企業成長的稅收籌劃主要包括以下內容：

企業通過設立組織形式、規模，選擇註冊地點等進行稅收籌劃；通過分公司與子公司的安排，採用創建與收購等方式進行企業擴張的稅收籌劃；通過企業合併、企業分立、企業債務重組等方式對企業重組進行稅收籌劃；通過調整清算日期、調整清算所得、重新設立等方式對企業清算進行稅收籌劃。

關鍵術語：

企業重組　債務重組　股權收購　資產收購　企業合併　企業分立
企業法律形式改變　吸收合併　新設合併　存續分立　新設分立　企業清算

思考題

1. 簡述分公司與子公司在稅收上通常存在的差異。
2. 簡述普通合併的稅務處理。
3. 簡述特殊合併的稅務處理。
4. 簡述與普通合併、特殊合併有關的增值稅、土地增值稅、印花稅、契稅的稅務處理。
5. 簡述普通分立的稅務處理。
6. 簡述特殊分立的稅務處理。
7. 簡述與普通分立、特殊分立有關的增值稅、土地增值稅、印花稅、契稅的稅務處理。
8. 簡述普通債務重組的稅務處理。
9. 簡述特殊債務重組的稅務處理。
10. 簡述企業破產的主要原因。
11. 簡述企業清算的稅收籌劃思路及方法。

第 9 章
企業財務管理中的稅收籌劃

培養能力目標
  （1）掌握企業籌資的稅收籌劃方法；
  （2）掌握企業投資的稅收籌劃方法；
  （3）掌握企業利潤分配的稅收籌劃方法；
  （4）掌握企業會計核算的稅收籌劃方法。

案例導入
  A 公司（非金融企業）擬進行債券投資，現有三種債券可供選擇：
  甲債券為國債，面值 100 元，票面利率為 3%，期限 5 年，一次到期還本付息；
  乙債券為金融債券，面值 100 元，票面利率為 4%，期限 5 年，一次到期還本付息；
  丙債券為企業債券，面值 100 元，票面利率為 5%，期限 5 年，一次到期還本付息。
  現行企業所得稅率為 25%，投資要求的必要報酬率為 3%，上述三種債券的市價均為 95 元。
  工作要求 試分析 A 公司應採用何種投資方式。
  案例解析 見本章的 9.2。

9.1　企業籌資的稅收籌劃

  籌資是企業生產經營活動正常進行的先決條件。企業籌資決策旨在：在可承受的適當風險的前提下，確定最佳資本結構，從而降低資本成本，獲取槓桿利益，促進企業價值最大化或股東財富最大化。雖然不同渠道的籌資同樣能滿足企業對資金的需求，但不同籌資方法的稅收結果不同，這必然影響現金流量，進而影響資金需求量和資金成本，最終影響企業收益。因此，在籌資決策中應充分考慮稅負的影響，進行合理的稅收籌劃，與實現財務管理的目標息息相關。

9.1.1 負債籌資的納稅籌劃

企業要通過再投資擴大自身規模，離不開籌資活動，但是通過自身累積等方式籌資是極其有限的，而採用負債籌資則會有較大的擴張速度。負債一般包括長期負債和短期負債。長期負債融資，一方面債務利息可以抵減應稅所得，減少應納所得稅額；另一方面還可以通過財務槓桿作用增加權益資本收益率。假設企業負債經營，債務利息不變，當利潤增加時，單位利潤的利息就會相對降低，從而使投資者收益有更大幅度的提高，這種債務對投資收益的影響就是財務槓桿作用。

僅僅從節稅角度考慮，企業負債比例越大，節稅效果越明顯。但由於負債比例升高會相應影響將來的融資成本，造成財務風險，因此，並不是負債比例越高越好。長期負債融資的槓桿作用體現在提高權益資本的收益率以及普通股的每股收益額方面，這可以從下面的公式得以反應：權益資本收益率(稅前)＝息稅前投資收益率＋負債/權益資本×(息稅前投資收益率－負債成本率)。因此，只要企業息稅前投資收益率高於負債成本率，增加負債額度，提高負債的比例就會促使權益資本收益率的提高。但這種權益資本收益率提高的效應會被企業的財務風險以及融資的風險成本的逐漸加大所抵消，當二者到一個大體的平衡時，也就達到了增加負債比例的最高限額，超過這個限額，財務風險以及融資風險成本就會超過權益資本收益率提高的收益，也就會從整體上降低企業的稅後利潤，從而降低權益資本收益率。

【例9-1】菸臺大華公司計劃籌資6,000萬元用於一項新產品的生產，為此制訂了五個方案，企業所得稅稅率為25%。其他資料如表9-1所示。

表9-1　　　　　　　　　籌資方案情況　　　　　　　　　單位：萬元

項目	方案 A	方案 B	方案 C	方案 D	方案 C
負債額	0	3,000	4,000	4,500	4,800
權益資本額	6,000	3,000	2,000	1,500	1,200
負債比率	0∶6	1∶1	4∶2	3∶1	4∶1
負債成本率		6%	7%	9%	10.5%
息稅前投資收益率	10%	10%	10%	10%	10%
普通股股數	60	30	20	15	12
息稅前利潤	600	600	600	600	600
利息成本	0	180	280	405	504
稅前利潤	600	420	320	195	96
應納所得稅	150	105	80	48.75	24
稅後利潤	450	315	240	146.25	72

【工作任務】根據不同方案做最優籌劃。

【稅法依據】企業向非金融企業借款的利息支出，不超過按照金融企業同期同類貸款利率計算的數額部分，準予稅前扣除。向投資者支付的股息、紅利等權益性投資收益款項不得在計算應納稅所得額時扣除。

【籌劃思路】企業融資分為股權融資和負債融資。負債融資的財務槓桿效益主要體現在遞減企業所得稅和提高權益資本收益率兩方面，企業可以適當增加負債額度，提高負債比重，以達到節稅和提高權益資本收益率的效果。

【籌劃過程】

（1）方案 B、C、D 稅前、稅後權益資本收益率超過未使用負債方案 A；

（2）負債比例超出一定範圍，權益資本收益率下降，表現為反向槓桿效應，方案 E 的權益資本收益率低於未使用負債的方案 A；

（3）隨著負債總額的增加、負債比率的提高，利息成本呈現上升趨勢；

（4）負債成本具有稅收擋板作用，從方案 A 到 E，隨著負債比例與成本水準升高，納稅負擔逐漸降低，節稅效果顯著；

（5）方案 E 節稅效應最大，但企業所有者權益資本收益率水準最低，導致企業最終利益的損失。

【籌劃結論】籌資的稅務籌劃應以合理的資本結構為前提。充分考慮納稅成本的降低與企業的財務風險和經營風險之間的關係，尋求企業最優負債量，最大限度地降低納稅成本，提升企業價值。

【籌劃點評】負債總額超過臨界點時，風險成本的增加超過節稅利益，企業的所有者權益下降，不符合稅務籌劃的目標。

9.1.2 企業權益籌資的納稅籌劃

權益融資包括通過吸收直接投資，發行股票，利用留存收益來籌集資金。對權益融資進行稅收籌劃，除了考慮接受非貨幣性資產作為投資的稅收問題外，更重要的是考慮負債融資與權益融資間的決策問題的資金。

如：某公司目前有資金 75 萬元，現因生產發展需要準備再籌資 25 萬元。可以利用發行股票來籌集，面值為 1 元，發行價格為 2.5 元/股，也可以利用發行債券來籌集。表 9-2 列出原資本結構和籌資後資本結構變化的情況。

表 9-2   原資本結構和籌資後資本結構變化的情況

籌資方式	原資本結構	增加籌資後資本結構	
		增發普通股	增發公司債
公司債券	10 萬元	10 萬元	35 萬元
普通股	20 萬元	30 萬元	20 萬元
資本公積	25 萬元	40 萬元	25 萬元
保留盈餘	20 萬元	20 萬元	20 萬元

表9-2(續)

籌資方式	原資本結構	增加籌資後資本結構	
		增發普通股	增發公司債
資本總額合計	75 萬元	100 萬元	100 萬元
普通股股數	20 股	30 股	20 股

發行新股時，每股發行價為2.5元，籌資25萬元需發行10萬股普通股。

股票溢價發行的部分計入資本公積金，增加15萬元。

假設該公司投資收益率為20%，則其息稅前利潤為20萬元，設其所得稅率為25%，根據資本結構的變化，分析資本結構對普通股每股收益的影響。

從表9-1可以看出，在息稅前盈餘為20萬元的情況下，利用增發公司債券的形式能使每股盈餘上升較多。導致每股盈餘上升的直接原因是通過債券籌資可以在計算所得稅前列支部分籌集費用，從而享受到所得稅前的好處。

表9-3　　　　　　　增發股票與增發債券比較表　　　　　單位：萬元

項目	增發股票	增發債券
預計息前盈餘	20	20
減利息	0.8	2.8
稅前盈餘	19.2	17.2
減所得稅	4.8	4.3
稅後盈餘	14.4	12.9
普通股股數	30	20
每股盈餘	0.48	0.645

通過以上分析可以看出，權益性籌資和債務性籌資方式的不同會形成納稅上的差異。產生這種差異的根本原因在於稅法規定，債券利息可以計入當期費用在所得稅前列支，普通股股息只能在稅後支付，這兩者在政策上的差別導致了負債和權益資本對企業稅收成本和企業價值的不同影響。

9.2　企業投資的稅收籌劃

投資是企業永恆的主題，對投資主體來說，它既是企業誕生的惟一方式，也是企業得以存續和發展的最重要手段。投資的主要目的就是盈利，因此隨著稅收制度的發展，對盈利的關注必須考慮各種納稅因素。所以，在投資決策中，納稅籌劃日益成為重要的內容。

9.2.1 投資方式的籌劃

投資在方式上可分為兩大類，即直接投資和間接投資。直接投資一般指借助投資實施對企業的生產經營活動進行直接管理和控制，獲取經營利潤的投資；間接投資是指投資主體用貨幣資產購買各種有價證券，以期從持有和轉讓中獲取投資收益和轉讓增值。

9.2.1.1 直接投資的納稅籌劃

對直接投資的綜合評估主要考慮投資回收期、投資的現金流出和現金流入的淨現值、項目的內部報酬率等財務指標。我們需要考慮的納稅因素主要是指影響這些指標的納稅政策，投資者首先要判定其投資項目按照稅法規定應徵收哪些流轉稅，其稅率或費率是多少？這一切都將影響企業的稅費負擔，並因此進一步影響到投資者的稅後純收益。

直接投資更重要的是要考慮企業所得稅的納稅待遇。中國企業所得稅制度規定了很多納稅優惠待遇，包括稅率優惠和稅額扣除等方面的優惠。比如，設在國務院批准的高新技術產業開發區內的高新技術企業，其企業所得稅的稅率為15%，其他諸如第三產業、「三廢」利用企業、「老、少、邊、窮」地區新辦企業等都有企業所得稅的優惠待遇。投資者應該在綜合考慮目標投資項目的各種納稅待遇的基礎上，進行項目評估和選擇，以期獲得最大的投資稅後收益。

9.2.1.2 間接投資的納稅籌劃

目前投資者關注的重點在於投資收益的大小和投資風險的高低，至於被投資企業的經營管理權，則不被十分關注。因此，現在投資理念則更多地關注於間接投資。間接投資因不同的各種投資方式，取得的投資收益的稅收待遇也有所差別。例如中國稅法規定，股息收入必須計繳企業所得稅，而國債庫券利息收入則可以免稅。這樣，投資者在進行間接投資時，除要考慮投資風險和投資收益等因素外，還必須考慮相關的稅收規定，以便全面權衡和合理決策。

9.2.2 投資結構的籌劃

所謂投資結構，就是指社會投資（或企業投資）通過分配過程而在各種特定使用系統中形成的數量比例關係。投資結構可以有不同的表述形式，如：投資地區結構、投資產業結構、投資用途結構、投資項目結構等。為配合國家經濟政策，促進國民經濟健康、有序發展，國家對不同地區、行業、用途、性質的投資項目給予不同的稅收待遇。企業在進行投資決策時，必須充分考慮投資結構對投資效益的影響，充分瞭解各類地區、行業及不同用途、性質項目的各種稅收優惠政策，盡可能選擇具有優惠待遇的地區、行業、項目進行投資，以實現最大限度的投資收益。當然，從分散風險的角度出發，企業不可能也不應該把資金全部投資於某個地區、某個行業，或全部用於某種用途、某類投資項目。因此，這裡就有一個投資結構的優化組

合問題，而不同的投資結構必然形成不同的應稅收益，不同的應稅收益構成又最終影響企業的納稅負擔。

投資結構對企業稅負以及稅後利潤的影響主要體現在三個方面：

（1）稅基寬窄。由於某一課稅對象的法定稅基和實際稅基（有效稅基）的不一致，企業在安排投資結構時，應通過比較不同納稅稅基比重的大小，謀求納稅負擔相對於應稅收益差異量金額最大、比重最低的項目。

（2）稅率高低。稅率高低是影響企業稅負的決定性因素，因而成為企業投資配置過程中進行納稅籌劃必須考慮的問題。從實務看，稅率的差異往往比有效稅基比例高低對企業稅負影響更大。

（3）納稅成本高低。納稅通常會給企業帶來或加重投資扭曲風險、經營風險和納稅支付有效現金不足風險。這些方面的納稅成本損失，往往表現為潛在的機會成本，企業合理安排投資機構時應充分考慮潛在的機會成本。

【例9-2】A公司現擬以6,000萬元對D公司投資，投資後占D公司股份的55%，目前D公司的淨資產見表9-4。

表9-4　　　　　　　　　　　　D公司的淨資產　　　　　　　　　　單位：萬元

項目	金額
實收資本	7,000
資本公積	6,000
盈餘公積	1,200
未分配利潤	900
合計	15,100

預計D公司未來5年的稅後利潤分別為1,000萬元、1,200萬元、1,400萬元、1,000萬元和1,300萬元。所得稅率均為25%，假定企業在投資期滿按D公司淨資產的帳面價值處置股權（帳面價值與公允價值相等）。A公司對D公司有絕對的控制權。

【工作任務】根據不同的股權投資報酬籌劃方案，計算應納所得稅。

第一方案：不派現金股利，D公司實現的淨利潤作資本累積滯留在公司；

第二方案：按提取10%法定盈餘公積後剩餘利潤的30%分配現金股利；

第三方案：按提取10%法定盈餘公積後剩餘利潤的60%分配現金股利。

【稅法依據】符合條件的居民企業之間取得的股息、紅利等權益性投資收益免徵企業所得稅。

【籌劃思路】利用股息或紅利投資所得的免稅稅收政策，採用高股利支付率股票分配政策，通過現金股利與資本利得的收益轉換，降低轉讓股權的資本利得的所得稅稅負。

【籌劃方案】

稅負分析如下：

第一方案：不派發現金股利。

（1）不派發現金股利，不能享受免稅的優惠政策。

（2）股權投資轉讓的資本利得按25%計算所得稅。

D公司淨資產的帳面價值＝15,100＋1,000＋1,200＋1,400＋1,000＋1,300
＝21,000（萬元）

A公司轉讓的資本利得＝21,000×55%－6,000＝5,550（萬元）

不考慮其他因素，A公司應納所得稅額＝5,550×25%＝1,387.5萬元

A公司累計所得稅稅負為1,387.5萬元。

第二方案：按提取10%法定盈餘公積後剩餘利潤的30%分配現金股利。

（1）按提取法定盈餘公積金後剩餘利潤的30%派發現金股利，則投資後A公司各年的獲得免稅的現金股利分別為：

第一年的現金股利＝1,000×（1－10%）×30%×55%＝148.5（萬元）

第二年的現金股利＝1,200×（1－10%）×30%×55%＝178.2（萬元）

第三年的現金股利＝1,400×（1－10%）×30%×55%＝207.9（萬元）

第四年的現金股利＝1,000×（1－10%）×30%×55%＝148.5（萬元）

第五年的現金股利＝1,300×（1－10%）×30%×55%＝193.05（萬元）

五年累計獲得現金股利876.15萬元，由於投資時間超過12個月，獲得的現金股利免稅。

（2）D公司各年分配後淨資產的帳面價值。

表9-5　　　　　　　公司各年分配後淨資產的帳面價值　　　　　　單位：萬元

時間	實收資本	資本公積	盈餘公積	未分配利潤	合計
第一年	7,000	6,000	1,300	1,260	15,560
第二年	7,000	6,000	1,420	1,690	16,112
第三年	7,000	6,000	1,560	2,196	16,756
第四年	7,000	6,000	1,660	2,556	17,216
第五年	7,000	6,000	1,790	3,024	17,814

（3）A公司第五年轉讓股權獲得的資本利得。

資本利得＝17,814×55%－6,000＝3,797.7（萬元）

應納企業所得稅＝3,797.7×25%＝949.425（萬元）

A公司累積所得稅稅負為949.425萬元。

【籌劃結論】比較三種方案，在戰略投資的情況下，利用股息或紅利投資所得的免稅稅收政策，採用高股利支付率股票分配政策，通過現金股利與資本利得的收益轉換，降低了轉讓股權的資本利得的所得稅稅負，A公司對D公司股權投資累積

企業所得稅負最小。

【籌劃點評】由此可見，通過股權投資所得的轉換，有利於財務管理目標的實現。

【例9-3】導入案例解析

【稅法依據】企業的下列收入為免稅收入：第一，國債利息收入；第二，符合條件的軍民企業之間的股息、紅利等權益性投資收益。

【籌劃思路】免稅的優惠政策會影響方案的收益，可以通過比較方案的到期收益率來選擇最優方案。

【籌劃過程】

1. 債券價值分析

P 甲 =（100+100×3%×5）(P/F,3%,5)= 99.2（元）

P 乙 =（100+100×4%×5）(P/F,3%,5)-4×25%(P/F,3%,5)= 98.93（元）

P 丙 =（100+100×5%×5）(P/F,3%,5)- 5×25%(P/F,3%,5)= 102.1（元）

從單個債券的價值看，每種債券的價值均高於市價，由於金融債券和企業的利息收入需按25%繳納企業所得稅，雖然乙債券和丙債券的利率高於國債的利率，在面值相等的情況下利息所帶來的現金要比國債多，但乙債券的價值要比國債價值低，單從債券價值無法做出正確的判斷。

2. 到期收益率分析

(1) 甲債券的到期收益率。

95 =（100+100×3%×5）(P/F,K,5)

利用試誤法計算：

當 K1 = 3%時,P =（100+100×3%×5）(P/F,3%,5)= 99.2

當 K2 = 5%時,P =（100+100×3%×5）(P/F,3%,5)= 90.11

則 K = 3%+（99.2-95）/（99.2-90.11）×2% = 3.92%

(2) 乙債券的到期收益率。

95 =（100+100×4%×5）(P/F,K,5)-4×25%(P/A,K,5)

利用試誤法計算：

當 K1 = 4%時,

P =（100+100×4%×5）(P/F,4%,5)-4×25%(P/A,4%,5)= 98.93

當 K2 = 5%時,

P =（100+100×4%×5）(P/F,6%,5)-4×25%(P/A,5%,5)= 89.69

則 K = 4%+（98.93-95）/（98.93-89.69）×1% = 4.43%

(3) 丙債券的到期收益率。

95 =（100+100×5%×5）(P/F,K,5)-5×25%(P/A,K,5)

利用試誤法計算：

當 K1 = 5%時,

P =（100+100×5%×5）(P/F,5%,5)-5×25%(P/A,5%,5)= 102.1

當 K2＝6%時，
P＝(100+100×5%×5)(P/F,6%,5)−5×25%(P/A,6%,5)＝87.87
則 K＝5%+(102.1−95)/(102.1−87.87)×1%＝5.5%

【籌劃結論】 從三種債券的收益率看，國債即使免稅也只能獲得3.92%的收益率，而企業債券即使在繳納稅金的基礎上仍能獲得5.5%的收益率。

【籌劃點評】 債券投資不能只看免稅的稅收待遇，還需要考慮其息票利率的因素。

9.3 企業分配的稅收籌劃

企業財務成果分配也稱為利潤分配，是指將一定時期內實現的利潤總額按照有關法律的規定進行合理分配。在企業財務成果的分配過程中，與稅負有關的問題，主要是所得稅歸屬期的籌劃問題。

所謂所得稅歸屬期的籌劃是指利用合理手段將所得歸屬到稅負最低的年度內。

9.3.1 合理選擇收益的結算日

企業繳納稅收的多少取決於企業的收益規模和稅率高低，一般來說，應該列入收入的部分，除另有規定外，通常是指資產銷售，有償或無償的資產轉讓，提供勞務以及其他交易部分，其中最為普遍的是資產銷售。對於企業來說，如何處理資產的計算標準問題，是計算稅收金額的基本事項。在稅收上，銷售收入的計算是以「交貨或交付」為標準的，而交貨或者交付日在不同的場合下有不同的計算標準。對於交貨日或者交付日，稅法並沒有做出詳細的規定。因此收益結算日定得越晚越好，可以得到推遲納稅的好處。

9.3.2 合理調整所得的實現年度

1. 利用稅前利潤彌補以前年度虧損

稅法規定，企業發生的虧損可以利用下一年度的盈餘彌補，彌補不足可以用以後年度的稅前所得利潤彌補，但是延續彌補期最長不超過五年。爭取用稅前利潤彌補以前年度虧損的主要方法有：兼併帳面有虧損的企業，以盈補虧，利用稅法允許的資產計價和攤銷方式的選擇權，以及費用列支範圍和標準的選擇權，多列支稅前扣除項目和扣除金額，再用稅前利潤彌補虧損，在五年期限到來前，繼續造成企業虧損，從而延長享受稅前利潤彌補的時間。

2. 利用稅收優惠政策控制所得實現時間

這種稅收籌劃的基本原理是要盡量把利潤提前或集中於減免稅期間，而把虧損或者支出推遲於徵稅期，或把所得規劃在虧損年度實現，以達到盈虧互抵的目的。

要把利潤提前或集中到減免稅期，盡量縮小減免稅期的成本、費用。如在物價上漲時採用先進先出法進行存貨的計價，這樣會高估利潤，高估期末存貨的價值；又如在選擇折舊方法時，盡量不選用加速折舊法，要綜合平衡，做到在減免稅期少計提折舊計入成本；再如在費用的分攤方面，對於本期應負擔而在以後才發生的費用，應盡可能地通過待攤費用核算，分期計入成本；對於無形資產、遞延資產等應盡量將起攤銷期延長到減免稅期以後。

保留盈餘的稅收籌劃分配中的保留盈餘問題，實際上是股利分配政策問題。中國當前對公司保留盈餘方面沒有稅收約束，個人股東獲取股息紅利要繳納個人所得稅。對資本利得的稅務處理是：公司獲取的資本利得要繳納企業所得稅，個人獲取的資本利得暫不納稅。出於對股東利益的考慮，公司可以不向股東分配或者少分配，而將大部分利潤留存於企業進行發展。

【例9-4】A公司於2015年2月20日以銀行存款800萬元投資於B公司，占B公司股本總額的60%，B公司當年獲得稅後利潤400萬元。A公司所得稅率為25%，B公司所得稅率為15%。A公司2016年度生產經營所得為100萬元。

【工作任務】根據B公司的不同分配方案，計算A公司應納所得稅額，並進行比較。

【稅法依據】稅法規定，符合條件的居民企業之間的股息、紅利等權益性投資收益免徵企業所得稅，但不包括持有居民企業公開發行並上市流通的股票連續時間不超過12個月取得的權益性投資收益。

【籌劃思路】被投資企業保留利潤，不分配，在企業股權欲轉讓時，在轉讓之前將未分配利潤進行分配。這樣做，對投資方來說，可以達到不補稅或者遞延納稅的目的，同時又可以有效避免股息性所得轉化為資本利得，從而消除重複納稅；對於被投資方來說，由於不分配可以減少現金流出，而且這部分資金無需支付利息，等於多了一筆無息貸款，可以獲得資金的時間價值。

【籌劃過程】

方案1：2016年3月，B公司董事會決定將稅後利潤的30%用於分配，A公司分得利潤72萬元，2016年6月，A公司將其擁有的B公司60%的股權全部轉讓給C公司，轉讓價為人民幣1,000萬元，轉讓過程中產生稅費0.5萬元。

生產經營所得應納稅額=100×25%=25（萬元）

股息收入（72萬元）免稅。

轉讓所得=1,000−800−0.5=199.5（萬元）

轉讓所得應納稅額=199.5×25%=49.88（萬元）

A公司2016年合計納稅=25+49.88=74.88（萬元）

方案2：B公司保留盈餘不分配。2016年6月，A公司將其擁有的B公司60%的股權全部轉讓給C公司，轉讓價為人民幣1,072萬元，轉讓過程中發生稅費0.5萬元。

生產經營所得應納稅額=100×25%=25（萬元）

轉讓所得＝1,072−800−0.5＝271.5（萬元）
轉讓所得應納稅額＝271.5×25%＝67.88（萬元）
A 公司 2015 年合計納稅＝25+67.88＝92.88（萬元）

【籌劃結論】方案 1 比方案 2 減輕稅負為 92.88−74.88＝18 萬元。原因在於 A 公司在股權轉讓前進行股息分配，有效避免了重複徵稅。

【籌劃點評】稅收上確認的股權轉讓所得與會計上確認的股權轉讓收益不一樣。在計算股權轉讓所得時，應按照計稅成本計算，而不是按企業帳面反應的「長期股權投資」科目的餘額計算。

9.4 企業會計核算的稅收籌劃

利用企業內部核算進行納稅籌劃，是指依照國家規定所允許的成本核算方法、計算程序、費用分攤、利潤分配等一系列合法要求進行的企業內部核算活動，使成本、貨用和利潤達到最佳值，從而減輕企業的稅負，獲得稅收利益。

9.4.1 存貨計價的納稅籌劃

存貨是指企業在生產經營過程中為銷售或者耗用而儲存的各種資產，如商品、產成品、半成品、在產品以及各類材料、燃料、包裝物、低值易耗品等。存貨是資產負債表中的重要項目，也是利潤表中用來確定構成主營業務成本的一項重要內容。

【例 9-5】某企業存貨 A 的購銷情況如表 9-6。

表 9-6　　　　　　　　　存貨 A 購銷情況表　　　　　　　　　單位：元

2012 年		摘要	收入			發出			結存		
月	日		數量	單價	金額	數量	單價	金額	數量	單價	金額
1	1	期初餘額	−	−	−				100	20	2,000
1	3	購入				80	20	1,600			
1	10	購入	40	25	1,000						
1	20	購入	50	30	1,500						
1	21	購入	40	35	1,400						
1	23	購入				100	60				

【工作要求】請分析不同的存貨成本核算方式對企業所得稅負的影響。

【稅法依據】稅法規定，納稅人各項存貨的發生和領用，其實際成本價的計算方法，可以在先進先出法、加權平均法等方法中任選一種。計價方法一經選用，不得隨意改變。確實需要改變計價方法的，應當在下一納稅年度開始前，報主管稅務機關批准。

【籌劃方案】

方案1：採用先進先出法，如表9-7。

表9-7　　　　　　　　　　　　存貨A 成本明細帳　　　　　　　　　　單位：元

2012年		摘要	收入			發出			結存		
月	日		數量	單價	金額	數量	單價	金額	數量	單價	金額
1	1	期初餘額	–	–	–				100	20	2,000
1	3	銷售				80	20	1,600	20	20	400
1	10	購入	40	25	1,000				20	20	400
									40	25	1,000
1	20	購入	50	30	1,500				20	20	400
									40	25	1,000
									50	30	1,500
1	21	購入	40	35	1,400				20	20	400
									40	25	1,000
									50	30	1,500
									40	35	1,400
1	23	銷售				20	20	400	10	30	300
						40	25	1,000	40	35	1,400
						40	30	1,200			

銷貨收入：80×40+100×60＝9,200（元）
銷貨成本：1,600+400+1,000+1,200＝4,200（元）
銷貨毛利：9,200−4,200＝5,000（元）
應納所得稅：5,000×25%＝1,250（元）

方案2：採用全月一次加權法，如表9-8。

表9-8　　　　　　　　　　　　存貨A 成本明細帳　　　　　　　　　　單位：元

2012年			摘要	收入			發出			結存		
月	日			數量	單價	金額	數量	單價	金額	數量	單價	金額
1	1	1	期初餘額	–	–	–				100	20	2,000
1	3	2	1	購入			80					
1	10	3	3	購入	40	25	1,000					
1	20	9	1	購入	50	30	1,500					
1	21	12	20	購入	40	35	1,400					
1	23	12	23	購入				100				
			期末	130		3,900	180	25.65	4,617	50	25.65	1,283

加權平均單價=(2,000+3,900)/(100+130)=25.65（元）
銷貨收入：80×40+100×60=9,200（元）
銷貨成本：180×25.65=4,617（元）
銷貨毛利：9,200-4,617=4,583（元）
應納所得稅：4,583×25%=1,146（元）
方案3：採用移動加權平均法，如表9-9。

表9-9　　　　　　　　　存貨A成本明細帳　　　　　　　　單位：元

2012年		摘要	收入			發出			結存		
月	日		數量	單價	金額	數量	單價	金額	數量	單價	金額
1	1	期初餘額	-	-	-				100	20	2,000
1	3	購入				80	20	1,600	20	20	400
1	10	購入	40	25	1,000				60	23.33	1,400
1	20	購入	50	30	1,500				110	26.36	2,900
1	21	購入	40	35	1,400				150	28.67	4,300
1	23	購入				100	28.67	2,867	50	28.67	1,433

移動加權平均單價=(上期存貨成本+本期新增存貨成本)/(上期存貨數量+本期新增存貨數量)

銷貨收入：80×40+100×60=9,200（元）
銷貨成本：1,600+2,867=4,467（元）
銷貨毛利：9,200-4,467=4,733（元）
應納所得稅：4,733×25%=1,183（元）

【籌劃結論】
不同存貨成本計價方式對所得稅的影響如表9-10。

表9-10　　　　　存貨計價方式對所得稅的影響分析表　　　　　單位：元

存貨計價方式	銷售收入	銷售成本	銷售毛利	應納所得稅	有利排序
先進先出法	9,200	4,200	5,000	1,250	3
全月一次加權平均法	9,200	4,617	4,583	1,146	2
移動加權平均法	9,200	4,467	4,733	1,183	1

在物價呈上漲趨勢時，先進先出法使得企業銷售成本偏低、利潤偏高，當期支付的所得稅也偏高，這時採用移動加權平均法更好。

【籌劃點評】在企業處於稅法規定的免稅期或者減稅期時，宜採用先進先出法，這時雖然銷售成本偏低，應稅利潤偏高，但可以通過免稅或者減稅政策來抵消，同時期末存貨的價值偏高，則下一年度（徵稅期）的期初存貨價值相應地也被高估，從而抵消該企業的利潤，實現延期繳稅。

9.4.2 折舊計算的納稅籌劃

固定資產在使用過程中，因發生損耗而使價值減少。為了使固定資產由於損耗而減少的價值得到及時補償，應按期間收入與費用配比原則，將其以折舊費用分期計入產品成本和費用。因此，由於折舊都要計入成本費用，直接關係到費用的大小、利潤的高低和納稅額的多少。

折舊計算方法很多，有平均年限法、工作量法、雙倍餘額遞減法和年數總和法等。採用不同的折舊方法對於企業來說會產生不同的稅收影響。

【例 9-6】某企業一臺主要生產設備，原值為 180,000 元，預計殘值為 10,000元，使用年限為 5 年。5 年內企業未扣除折舊的利潤和產量如表 9-11 所示。該企業適用 25% 的所得稅率。

表 9-11　　　　　　　　　　未扣除折舊的利潤表

年限	未扣除折舊的利潤（元）	產量（件）
第一年	100,000	1,000
第二年	90,000	900
第三年	120,000	1,200
第四年	80,000	800
第五年	76,000	760
合計	466,000	4,660

【工作任務】計算企業在不同折舊方法下應繳納的企業所得稅。

【稅法依據】稅法規定，企業固定資產按照直線法或者雙倍餘額遞減法計算的折舊費用準予稅前扣除。

【籌劃方案】

方案 1：採用平均年限法計提折舊。

年折舊額 =（固定資產原值 - 估計殘值）÷ 估計使用年限
　　　　 =（180,000 - 10,000）÷ 5 = 34,000（元）

第一年利潤額為：100,000 - 34,000 = 66,000（元）

應納所得稅為：66,000 × 25% = 16,500（元）

第二年利潤額為：90,000 - 34,000 = 56,000（元）

應納稅得稅為：56,000 × 25% = 14,000（元）

第三年利潤額為：120,000 - 34,000 = 86,000（元）

應納所得稅為：86,000 × 25% = 21,500（元）

第四年利潤額為：80,000 - 34,000 = 46,000（元）

應納所稅得為：46,000 × 25% = 11,500（元）

第五年利潤額為：76,000 - 34,000 = 42,000（元）

應納所得稅為：42,000×25%＝10,500（元）

五年累計應納所得稅額為：16,500＋14,000＋21,500＋11,500＋10,500＝74,000（元）

方案2：採用年數總和法計提折舊。

每年折舊額＝（可使用年數÷使用年數總和）×（固定資產原值-預計殘值）

本例中，使用年數和為：1＋2＋3＋4＋5＝15

第一年折舊額：5÷15×(180,000-10,000)＝56,667（元）

利潤額為：100,000-56,667＝43,333（元）

應納所得稅為：43,334×25%＝10,833（元）

第二年折舊額：(4÷15)×(180,000-10,000)＝45,333（元）

利潤額：90,000-45,333＝44,667（元）

應納所得稅為：44,667×25%＝11,667（元）

第三年折舊額：(3÷15)×(180,000-10,000)＝34,000（元）

利潤額：120,000-34,000＝86,000（元）

應納所得稅為：86,000×25%＝21,500（元）

第四年折舊額：(2÷15)×(180,000-10,000)＝22,667（元）

利潤額：80,000-2,2,667＝57,333（元）

應納所得稅：57,333×25%＝14,333（元）

第五年折舊額為：(180,000-10,000)-(56,667＋45,333＋34,000＋22,667)＝11,333（元）

利潤額為：76,000-11,333＝64,667（元）

應納所得稅為：64,667×25%＝16,167（元）

五年累計應納所得稅為：10,833＋11,667＋21,500＋14,333＋16,167＝74,500（元）

方案3：採用雙倍餘額遞減法計提折舊。

折舊率＝2/使用年限＝2/5＝40%

第一年折舊額：180,000×40%＝72,000（元）

利潤額：100,000-72,000＝28,000（元）

應納所得稅：28,000×25%＝7,000（元）

第二年折舊額：(180,000-72,000)×40%＝43,200（元）

利潤額：90,000-43,200＝46,800（元）

應納所得稅：46,800×25%＝11,700（元）

第三年折舊額：(180,000-72,000-43,200)×40%＝25,920（元）

利潤額：120,000-25,920＝94,080（元）

應納所得稅：94,080×25%＝23,520（元）

第四、第五年的折舊額：(180,000-10,000-72,000-43,200-25,920)÷2＝14,440

（元）

第四年利潤額：80,000－14,440＝65,560（元）

應納所得稅：65,560×25%＝16,390（元）

第五年利潤額：76,000－14,440＝61,560（元）

應納所得稅為：61,560×25%＝15,390（元）

五年累計應納所得稅：7,000＋11,700＋23,520＋16,390＋15,390＝74,000（元）

【籌劃結論】根據表9-12應納稅額的比較表分析。

表9-12　　　　　　　　　　應納稅額的比較表　　　　　　　　　　單位：元

年限	平均年限法	年數總和法	雙倍餘額遞減法
1	16,500	10,833	7,000
2	14,000	11,667	11,700
3	21,500	21,500	23,520
4	11,500	14,333	16,390
5	10,500	16,167	15,390
合計	74,000	74,500	74,000

採用不同的折舊方式，在每一折舊年度對企業所得稅的影響不同。在平均年限法下，計入各期的折舊額相同，從而使各年度之間的損益相對均衡。年數總和法的折舊額是逐年遞減的，前期折舊多，後期折舊少，從而使前期利潤相對減少，後期利潤相對增加。雙倍餘額遞減法與年數總和法基本相似，只是折舊額的遞減速度快於年數總和法，有加速折舊的特徵。如果不考慮其他原因，雙倍餘額遞減法和年數總和法滯後了納稅期，可以獲得遞延納稅的益處。在這種情況下，優化納稅的折舊方法的選取順序依次是雙倍餘額遞減法、年數總和法、直線法。

【籌劃點評】由於未來，期間盈利或者虧損具有一定的不確定性，因此有時候會限制此類納稅籌劃的運用。

本章小結：

財務管理是基於企業再生產過程中客觀存在的財務活動和財務關係而產生的，是組織企業財務活動、處理企業財務關係的一項經濟管理工作，是企業管理的重要組成部分。財務管理包括籌資管理、投資管理、營運資本管理和收益分配管理等內容。加強財務管理對企業納稅具有很重要的意義，需要精心安排。企業財務管理方面的籌劃主要包括：對企業籌資的稅收籌劃通過負債籌資、權益籌資等方面提出籌劃方案；對企業投資的稅收籌劃主要通過對投資方式的選擇、投資結構的安排等方面提出籌劃方案；對企業分配的稅收籌劃主要通過合理選擇收益的結算日、合理調整所得的實現年度等方法提出籌劃方案；對企業會計核算的稅收籌劃主要通過合理

選擇存貨計價、折舊方法等方面提出籌劃方法。

關鍵術語：

負債籌資　權益籌資　直接投資　間接投資　投資結構

思考題

1. 簡述負債籌資與權益籌資成本的稅務處理差異。
2. 簡述投資結構對企業稅負以及稅後利潤的影響。
3. 簡述企業分配的稅收籌劃思路。
4. 簡述直線折舊與加速折舊對企業所得稅的影響。

第 10 章
企業經營的稅收籌劃

培養能力目標
（1）掌握納稅人在採購、生產、銷售、非貨幣資產交換時的涉稅處理方法；
（2）理解並掌握納稅人在經營環節所涉及的稅收籌劃方法；
（3）理解經營過程中不同稅收籌劃方案的區別。

案例導入

代購的稅收籌劃

2017 年，大鵬商貿公司希望南方公司替其代購一批材料，有兩種方案供對方選擇，一是支付手續費方式，手續費率為 10%；另一種是加價代購，加價率為 8%。假設對該批材料，南方公司的採購成本為 100,000 元（不含稅），大鵬公司該月銷售額為 800,000 元（不含稅），同時假設雙方該月皆無其他購銷事項。

工作要求　請對上述業務進行稅收籌劃。
案例解析　見本章的 10.1。

企業的生產經營流程包括採購、生產、銷售和非貨幣性資產交換，每一流程都與稅收息息相關。稅收籌劃不僅僅是企業財會部門的事情，更離不開其他職能部門的積極配合。本章將闡述採購活動稅收籌劃、生產過程稅收籌劃、銷售過程稅收籌劃和非貨幣性資產交換稅收籌劃。

10.1　企業採購活動的稅收籌劃

一般來說，公司在採購活動中要考慮購貨對象的選擇、購貨方式的選擇、購貨時間的選擇以及採購結算時間的選擇。

10.1.1　購貨對象選擇的稅收籌劃

稅金是公司購進貨物以及應稅服務的成本之一，從不同納稅人處購得的貨物及應稅服務，所承擔的稅收負擔是不一樣的，這就為納稅人利用購貨對象以及應稅服務的提供方的選擇進行稅收籌劃提供了可能。從理論上講，在貨物或者服務不含稅

價格不變的情況下，納稅人取得16%、10%、6%、3%的增值稅專用發票和不能取得專用發票時的納稅總額是逐漸遞增的。但這種假設是不現實的，因為貨物及服務不含稅價格相同，小規模納稅人和個體工商戶將無法生存。若要在市場競爭中生存，小規模納稅人和個體工商必然要降低銷售價格，才能與一般納稅人競爭。因此，採購貨物或者購買服務時，無論是從一般納稅人處購進，還是從小規模納稅人處購進，都要計算比較銷售價格及增值稅的影響。

在稅收待遇上，一般納稅人與小規模納稅人有所不同。一般納稅人採用稅額抵扣法，憑增值稅專用發票從當期銷項稅額中抵扣；小規模納稅人採用的是簡易徵收的辦法，其只能開具普通發票，不能領取增值稅專用發票。另外，一般納稅人適用的稅率為16%、10%、6%，小規模納稅人的徵收率為3%。

一般納稅人選擇購貨對象或者選擇應稅（增值稅）服務提供方時，可以借助於含稅價格優惠臨界點進行稅收籌劃，關於臨界點的測算我們已經在第三章第三節簡述了，我們可以借助於價格優惠臨界點進行購貨或提供服務的對象可供選擇。

小規模納稅人從一般納稅人或小規模納稅人購進貨物或接受應稅服務進行籌劃，是比較容易的。小規模納稅人可以獲得增值稅專用發票，但不能進行進項稅額抵扣，只要比較一下購進貨物或應稅服務的含稅價格，從中選擇價格較低的一方就可以了。

10.1.2 委託代購方式的稅收籌劃

公司在生產經營中需要購進大量原材料、輔助材料。但是由於受購貨渠道、地理位置等方面的限制，公司常常需要委託其他公司代購各種原材料。委託代購業務分為受託方只收取手續費和受託方按正常購銷價格與購銷雙方結算兩種形式。兩種形式均不影響公司生產經營，但其會計核算和納稅利益各不相同。作為委託方和受託方，應該選擇哪種方式，應當仔細分析。

甲公司打算購進一批貨物，由於多方面原因，自己不能採購，而是委託乙公司從丙公司購進貨物，假設：第一，甲、乙、丙三家公司均為增值稅一般納稅人，在購銷業務中都能開具相應的增值稅專用發票；第二，貨物適用增值稅稅率為17%。城市維護建設稅稅率為7%，教育費附加徵收率為3%，公司所得稅稅率為25%，其他稅收暫不考慮；第三，甲公司購入後對外銷售的價格為 B，丙公司的銷售價格為 A（以上均為不含稅價）。

方案1：決定選擇收取手續費的方式代購貨物，手續費率為 x，即乙公司代購這批材料，收益為 Ax。

方案2：決定選擇加價銷售的方式代購貨物，加價費率為 y，即乙公司代購這批材料，收益為 Ay。

方案1對於乙公司而言：

乙公司應納增值稅額 $= Ax \times 6\%$

應納城市維護建設稅及教育費附加 $= Ax \times 6\% \times (7\% + 3\%) = Ax \times 6\% \times 10\%$

應納企業所得稅 = $[Ax-Ax\times6\%\times10\%]\times25\%$

稅後利潤 $R_1 = [Ax-Ax\times6\%\times10\%]\times(1-25\%)$

對於甲公司而言：

應納增值稅額 = $B\times16\%-A\times16\%-Ax\times6\% = (B-A)\times16\%-Ax\times6\%$

應納城市維護建設稅及教育費附加 = $[(B-A)\times16\%-Ax\times6\%]\times(7\%+3\%)$
$= [(B-A)\times16\%-Ax\times6\%]\times10\%$

應納企業所得稅 = $\{B-A-Ax-[(B-A)\times16\%-Ax\times6\%]\times10\%\}\times25\%$

稅後利潤 $R_2 = \{B-A-Ax-[(B-A)\times16\%-Ax\times6\%]\times10\%\}\times(1-25\%)$

方案 2 對於乙公司而言：

乙公司應納增值稅額 = $(A+Ay)\times16\%-A\times16\% = Ay\times16\%$

應納城市維護建設稅及教育費附加 = $Ay\times16\%\times(7\%+3\%) = Ay\times16\%\times10\%$

應納企業所得稅 = $[Ay-Ay\times16\%\times10\%]\times25\%$

稅後利潤 $R_3 = [Ay-Ay\times16\%\times10\%]\times(1-25\%)$

對於甲公司而言：

應納增值稅額 = $B\times16\%-(A+Ay)\times16\% = (B-A-Ay)\times16\%$

應納城市維護建設稅及教育費附加 = $(B-A-Ay)\times16\%\times(7\%+3\%)$
$= (B-A-Ay)\times16\%\times10\%$

應納企業所得稅 = $[B-A-Ay-(B-A-Ay)\times16\%\times10\%]\times25\%$

稅後利潤 $R_4 = [B-A-Ay-(B-A-Ay)\times16\%\times10\%]\times25\%\times(1-25\%)$

當乙公司選擇方案 1 時，$R_1 > R_3$，則

$[Ax-Ax\times6\%\times10\%]\times(1-25\%) > [Ay-Ay\times6\%\times10\%]\times(1-25\%)$ (10.1)

將式 (10.1) 整理得 $x \div y > 0.990$。

當乙公司選擇方案 2 時，$x \div y < 0.990$。

當甲公司選擇方案 2 時，$R_2 > R_4$，則

$\{B-A-Ax-[(B-A)\times16\%-Ax\times6\%]\times10\%\}\times(1-25\%) >$
$[B-A-Ay-(B-A-Ay)\times16\%\times10\%]\times25\%\times(1-25\%)$ (10.2)

將式 (10.2) 整理得 $x \div y < 0.990$。

當甲公司選擇方案 2 時，$x \div y > 0.990$。

從上面分析可以看出，甲公司和乙公司只有在手續費與加價率之比等於 0.990 時，兩者選擇的方案可以保持一致，即選擇方案 1 或方案 2，兩者稅後利潤相同。當手續費與加價率之比低於 0.990 時，甲公司選擇方案 1，乙公司選擇方案 2；反之，當手續費與加價率之比高於 0.990 時，甲公司選擇方案 2，乙公司選擇方案 1。如果雙方之間都有利益上的爭議，決定權在於雙方之間的協商，以達到雙方利益均衡。

【例 10-1】導入案例解析

【稅法依據】現行稅法規定：代購貨物行為，凡同時具備以下條件的，不論企

業的財務和會計帳務如何處理，均屬於現代服務業，按照現代服務業徵收增值稅。第一，受託方不墊付資金；第二，銷貨方將增值稅專用發票開具給委託方，並由受託方將該發票轉交給委託方；受託方按代購實際發生的銷售額和增值稅額與委託方結算貨款，並另收取手續費。

【籌劃思路】對於南方公司應當選擇代購行為，選擇現代服務業的增值稅繳納，可以按照6%的增值稅稅率計算繳納增值稅。

【籌劃過程】

測算出其手續費率與加價率之比為1.25（10%÷8%＝1.25），大於0.990，所以應選擇獲得手續費的方式代購材料，才符合大鵬商貿公司和南方公司雙方的利益最大化的目標。

方案1：支付手續費銷售。

南方公司應繳納增值稅＝100,000×10%×6%＝600（元）

南方公司應繳納城建稅及教育費附加＝600×(7%+3%)＝60（元）

南方公司應繳納企業所得稅＝(100,000×10%−60)×25%＝2,485（元）

南方公司稅後利潤＝(100,000×10%−60)×(1−25%)＝7,455（元）

大鵬商貿公司應繳納增值稅＝800,000×16%−100,000×16%−600＝111,400（元）

大鵬商貿公司應繳納城建稅及教育費附加＝111,400×(7%+3%)＝11,140（元）

大鵬商貿公司應繳納企業所得稅＝(800,000−100,000−11,840)×25%
　　　　　　　　　　　　　　＝172,215（元）

大鵬商貿公司稅後利潤＝(800,000−100,000−11,140)×(1−25%)＝516,645（元）

方案2：加價銷售。

南方公司應繳納增值稅＝100,000×(1+8%)×16%−100,000×16%＝1,280（元）

南方公司應繳納城建稅及教育費附加＝1,280×(7%+3%)＝128（元）

南方公司應繳納企業所得稅＝(100,000×8%−128)×25%＝1,968（元）

南方公司稅後利潤＝(100,000×8%−128)×(1−25%)＝5,904（元）

大鵬商貿公司應繳納增值稅＝800,000×16%−100,000×(1+8%)×16%
　　　　　　　　　　　　＝110,720（元）

大鵬商貿公司應繳納城建稅及教育費附加＝110,720×(7%+3%)＝11,072（元）

大鵬商貿公司應繳納企業所得稅＝[800,000−100,000×(1+8%)−11,072]×25%
　　　　　　　　　　　　　　＝170,232（元）

大鵬商貿公司稅後利潤＝[800,000−100,000×(1+8%)−11,072]×(1−25%)
　　　　　　　　　　＝510,696（元）

【籌劃結論】比較兩方案，可以看出，南方公司傾向於選擇方案1，大鵬公司也傾向於選擇方案1，因為符合雙方的利益最大化目標。

【籌劃點評】南方公司選擇支付手續費銷售時，必須按照稅法規定，一定要同

時滿足代購的基本條件，否則只能按照加價銷售處理。

10.1.3 購貨運費的稅收籌劃

從 2014 年 1 月 1 日起，在全國範圍內開展鐵路運輸「營改增」試點。增值稅一般納稅人提供貨物運輸服務，使用增值稅專用發票和增值稅普通發票，在開具發票時應將起運地、到達地、車種車號以及運輸貨物信息等內容填寫在發票備註欄中，如內容較多可以另附清單。

「營改增」後，一般納稅人外購貨物和銷售貨物所支付的運輸費用，可以根據運輸企業按照規定開具的增值稅專用發票註明的稅金進行進項稅額抵扣。因此，納稅人不論是選擇自備車輛提供運輸服務，還是選擇自備車輛設立獨立的運輸公司，若該納稅人都是一般納稅人，則稅負水準保持一致；若自備車輛設立獨立的運輸公司為小規模納稅人，由於小規模納稅人不能抵扣稅額，在物耗金額比較多的情況下，選擇自備車輛提供運輸服務可以抵扣更多的進項稅額，從而降低公司增值稅稅負。

10.1.4 購貨時間的稅收籌劃

公司在滿足材料及時供應的前提下，根據生產經營需要，可以選擇適當的購貨時間，以盡可能降低公司稅收負擔。在安排購貨時間時，可以從以下幾個方面考慮。

首先，可以利用商品供求關係進行稅收籌劃。公司在不影響正常生產的情況下，選擇供大於求時進行採購，購進方往往可以大幅度壓價，容易實現稅負轉嫁。

其次，關注稅制的變化，利用稅制變化進行稅收籌劃。稅制改革往往會採用過渡方式，過渡措施的存在為利用稅制變化進行稅收籌劃提供了空間，對於納稅人來講，及時掌握各類商品稅收政策的變化，比如徵稅範圍、稅率等的變化，就可以在購貨時間上做出相應的籌劃安排，進而減輕稅負。

最後，關注稅制的規定，利用稅款抵扣時間差以減輕當期稅收負擔。增值稅一般納稅人購進貨物主要用於增值稅應稅項目，但也有一部分用於集體福利或者個人消費的情況，根據《中華人民共和國增值稅暫行條例》規定，進項稅不得從銷項稅額中抵扣，僅指「用於」，也就是在領用的時候要轉出進項稅額，不「用於」時就無須轉出。在一般情況下，貨物在購進和領用之間存在一定的時間差，公司能充分利用貨物購進和領用的時間差，進行相應的涉稅處理，也可以減輕公司稅收負擔，獲得可觀的經濟效益。

10.1.5 購貨時間的稅收籌劃

公司在購進貨物時是採購方，在銷售產品時又是銷售方。面對不同的事項，由於公司扮演的角色不同，決定了它完全可能會做出在形式上相互矛盾甚至相反的稅收籌劃。結算方式的稅收籌劃可以分為採購結算方式的稅收籌劃和銷售結算方式的稅收籌劃。

納稅人在購進貨物所採用的方式主要有兩種：一種是現金採購，另一種是賒銷。無論採用哪種結算方式，作為採購方的稅收籌劃的基本思路就是在稅法允許的範圍內，盡量採取有利於本公司的結算方式，延緩付款，為公司贏得更多的時間價值。具體而言，實務中應注意到這幾個方面：貨款未付，先取得對方開具的發票；說服供應方接受託收承付與委託收款的結算方式，盡量讓對方先墊付稅款；採取賒購和分期付款的方式，使供應方墊付稅款；盡可能少用現金。

10.1.6 購貨合同的稅收籌劃

在進行購貨合同籌劃時應注意以下幾個問題：明確合同性質，是屬於商業性合同還是其他類型的合同；對合同涉及的任何內容，包括交貨時間、結算方式、違約責任等，都應分析清楚，使籌劃的內容能夠對號入座；文字規範，用詞準確；充分利用合同保障己方的權益。

在進行購貨合同籌劃時應注意防範稅收陷阱。採購合同中出現的如下條款：「全部款項付完後，由供貨方開具發票」。這種條款就有一定的稅收陷阱。因為在實際生活中，由於質量、標準等方面的原因，採購方往往不能完全正確付款，而根據合同將導致購貨方無法取得發票，不能進行抵扣，從而影響稅負。購貨方只要將合同條款改為「根據實際支付金額，由供貨方開具發票」，就不會存在這樣的問題了。

10.2　企業生產的稅收籌劃

10.2.1　公司生產方式的稅收籌劃

公司生產主要有自行生產和委託加工兩種方式。自行生產是指公司自行購進原材料，自行組織生產產品的行為；委託加工是委託方提供原料及主要材料，受託方按照委託方的要求製造貨物並收取加工費的業務。

《中華人民共和國消費稅暫行條例》規定：委託加工的應稅消費品，由受託方在向委託方交貨時代收代繳稅款。委託加工的應稅消費品，委託方用於連續生產應稅消費品的，所納稅款準予按規定抵扣。

《中華人民共和國消費稅暫行條例實施細則》規定：委託加工的應稅消費品，是指由委託方提供原料和主要材料，受託方只收取加工費和代墊部分輔助材料加工的應稅消費品。對於由受託方提供原材料生產的應稅消費品，或者受託方先將原材料賣給委託方，然後再接受加工的應稅消費品，以及由受託方以委託方名義購進原材料生產的應稅消費品，不論納稅人在財務上是否做銷售處理，都不得作為委託加工應稅消費品，而應當按照銷售自製應稅消費品繳納消費稅。委託加工的應稅消費品直接出售的，不再徵收消費稅。

公司自行生產與委託加工，其稅收待遇是不一樣的，納稅人應進行有效的稅收

籌劃，以獲得較好的稅收利益。

【例10-2】某化妝品生產公司欲將50萬元的化妝品原料加工成化妝品銷售。現有兩個方案：方案1，委託某協作廠加工，付加工費37.5萬元；方案2，企業自行生產，據測算，自行生產的人工費及分攤費用也為37.5萬元。假設兩種方案生產的化妝品品質沒有差異，對外銷售都可以實現銷售收入200萬元（不含稅）。化妝品消費稅稅率為30%。

【工作要求】請對上述公司業務進行納稅籌劃。

【稅法依據】《中華人民共和國消費稅暫行條例》規定：委託加工的應稅消費品，由受託方在向委託方交貨時代收代繳稅款。委託加工的應稅消費品，委託方用於連續生產應稅消費品的，所納稅款準予按規定抵扣。委託加工的應稅消費品，是指由委託方提供原料和主要材料，受託方只收取加工費和代墊部分輔助材料加工的應稅消費品的行為。

【籌劃思路】分析方案1和方案2的公司的納稅和盈利情況，進而進行選擇。

【籌劃過程】

方案1：該廠向受託方支付加工費的同時，向其支付代收代繳的消費稅。

消費稅組成計稅價格＝（50+37.5）／（1-30%）＝125（萬元）

應納消費稅＝125×30%＝37.5（萬元）

收回的化妝品直接對外銷售時，不再繳納消費稅。假設不考慮其他期間費用，則這筆業務的利潤＝200-50-37.5-37.5＝75（萬元）

方案2：自行生產的應稅消費品對外銷售時，計算繳納消費稅。

應納消費稅＝200×30%＝60（萬元）

這筆業務的利潤＝200-50-37.5-60＝52.5（萬元）

【籌劃結論】在各相關因素相同的情況下，企業自行生產應稅消費品較之委託加工應稅消費品稅負較重、利潤較少。本例中，自行生產方式比委託加工方式多繳消費稅22.5萬元（60-37.5＝22.5萬元），利潤隨之也減少22.5萬元（75-52.5＝22.5萬元）。故公司應選擇方案1。

【籌劃點評】委託加工的應稅消費品與自行生產應稅消費品計算消費稅的稅基不同。委託加工方式下，由受託方代收代繳稅款，稅基為組成計稅價格（相當於委託加工成本）或受託方同類產品的銷售價格；自行生產方式下，於對外銷售時計算繳納消費稅，稅基為對外銷售價格。一般情況下，委託方收回委託加工的應稅消費品要以高於委託加工成本的價格對外銷售，並且消費稅應稅消費品的利潤率一般都比較高，就是說，同等條件下，自行生產的應稅消費品對外銷售價格大大超過委託加工成本，由此造成兩種加工方式下稅負的差距，進而導致利潤差距的產生。但是，按照委託加工應稅消費品計徵消費稅，必須滿足委託加工應稅消費品的條件。

由於消費稅是價內稅，由公司在所得稅稅前承擔，其大小直接影響公司的利潤水準，稅收籌劃時一定要考慮這種稅的稅收負擔。如果其他因素相同，在委託加工

應稅消費品與自行生產應稅消費品之間，企業選擇委託加工應稅消費品可以節省稅收，增加盈利。

10.2.2 公司合理確定勞動力規模與結構的稅收籌劃

公司應該在充分考慮國家稅收政策的前提下，根據自身的實際生產和營運能力來確定勞動力規模與結構。在招聘員工時，公司要善於利用稅法中的稅收優惠政策進行稅收籌劃。目前，中國為了解決殘疾人員、轉業軍人、下崗人員的就業問題，中國稅法中規定了公司雇傭上述人員的稅收優惠政策，而且優惠力度很大。因此，公司可以根據公司用人性質，並結合稅法上的優惠規定，盡量聘用那些稅法給予優惠的員工，以降低公司的整體稅負。

根據《中華人民共和國企業所得稅法》第三十條規定，安置殘疾人員及國家鼓勵安置的其他就業人員所支付的工資，可以在計算應納稅所得額時加計扣除。根據《中華人民共和國企業所得稅法實施條例》第九十六條的規定，企業安置殘疾人員所支付的工資的加計扣除，是指企業安置殘疾人員的，在按照支付給殘疾職工工資實際扣除的基礎上，按照支付給殘疾職工工資的100%加計扣除。殘疾人員的範圍適用《中華人民共和國殘疾人保障法》的有關規定。企業安置國家鼓勵安置的其他人員所支付的工資的加計扣除辦法，由國務院另行規定。

假定某公司的安置符合《中華人民共和國殘疾人保障法》規定的殘疾人員就業，如果公司支付的月工資為3,000元，則公司在計算應納稅所得額時，不僅可據實扣除2,000元，還可以另外再多扣除3,000元。也就是說，在適用稅率為25%的情況下，公司每安置一名殘疾人員就業，將可以享受到750元的企業所得稅稅收減免優惠。如果公司支付給該類職工更高的工資，其所獲得的稅收優惠就更多。

同時，根據《國家稅務總局關於發布〈促進殘疾人就業增值稅優惠政策管理辦法〉的公告》（國家稅務總局公告2016年第33號）的規定，自2016年5月1日起，納稅人享受安置殘疾人增值稅即徵即退的優惠政策。

月應退增值稅額=納稅人本月安置殘疾人員人數×本月最低工資標準的4倍

那麼，在實施稅收籌劃時，應當注意以下幾點：

第一，必須保證所有業務的真實性，不能為了節稅而開展一些與合同內容截然不同的業務，即形式上符合享受稅收優惠政策的條件但實質內容不符合享受稅收優惠政策。這是違法行為。

第二，招用可以享受稅收優惠政策的人員，必須經過相關部門認定，根據相關規定操作。例如，《財政部 國家稅務總局關於安置殘疾人員就業有關企業所得稅優惠政策問題的通知》（財稅〔2009〕70號）規定，企業享受殘疾職工工資100%的加計扣除應同時具備以下條件：

（1）依法與安置的每位殘疾人簽訂一年以上（含一年）的勞動合同或服務協議。

（2）為安置的每位殘疾人按月足額繳納基本養老保險、基本醫療保險、失業保險、工傷保險和生育保險等社會保險。

（3）通過銀行等金融機構向安置的每位殘疾人按月支付不低於納稅人所在區縣適用的、經省人民政府批准的月最低工資標準的工資。

（4）具備安置殘疾人上崗工作的基本設施。

第三，是否選擇上述稅收籌劃方案，以及選擇哪種方案，還必須考慮公司的歷史狀況、市場環境以及公司以後的發展。

10.3　企業銷售的稅收籌劃

10.3.1　銷售方式的稅收籌劃

公司在產品的銷售過程中競爭日益激烈，要想在產品同質化程度高的環境中脫穎而出，就必須不斷改進促銷模式，以促進公司持續健康發展。可以採取的促銷模式多種多樣，比如打折、滿減、買贈、滿額贈、返券、抽獎、返現等方式。然而在不同促銷方式下，公司取得的銷售額是不同的，與之相關的稅負也有差異。所以，公司應根據自身的實際情況，選擇適當的促銷方式，在不違反國家稅收政策的前提下，盡量減輕公司稅負。

10.3.1.1　銷售折扣的稅收籌劃

《企業會計準則》規定：現金折扣，是指債權人為鼓勵債務人在規定的期限內付款而向債務人提供的債務扣除。銷售商品涉及現金折扣的，應當按照扣除現金折扣前的金額確定銷售商品收入金額。現金折扣在實際發生時計入當期損益。商業折扣，是指企業為促進商品銷售而在商品標價上給予的價格扣除。銷售商品涉及商業折扣的，應當按照扣除商業折扣後的金額確定銷售商品的收入金額。

《中華人民共和國增值稅若干具體問題的規定》（國稅發〔1993〕154號）規定：納稅人採取折扣方式銷售貨物，如果銷售額和折扣額在同一張發票上分別註明的，可按折扣後的銷售額徵收增值稅；如果將折扣額另開發票，不論其在財務上如何處理，均不得從銷售額中減除折扣額。

《中華人民共和國國家稅務總局關於企業銷售折扣在計徵所得稅時如何處理問題的批覆》（國稅函發〔1997〕472號）規定：納稅人銷售貨物給購貨方的銷售折扣，如果銷售額和折扣額在同一張銷售發票上註明的，可按折扣後的銷售額計算徵收所得稅；如果將折扣額另開發票，則不得從銷售額中減除折扣額。納稅人銷售貨物給購貨方的回扣，其支出不得在所得稅前列支。

【例10-3】2017年，某百貨商場是一家服裝專業零售企業，是增值稅一般納稅人。公司以名牌服裝零售為主，上年實現銷售收入35,000萬元，在當地擁有一定的知名度。公司銷售部決定在當年國慶節黃金週期間展開一次促銷活動，以提升該公

司的盈利能力。

對於這項活動，公司管理層提出不同的促銷方案：

（1）董事長認為，目前人們越來越講實惠，如果採用返還現金的方式進行促銷，一定能夠吸引更多的顧客。

（2）公司總經理認為，採用贈送貨物的促銷方式，可以減少公司的存貨，同時也可以刺激銷售。

（3）市場部經理認為，採用贈送優惠券的方式可以增加商品銷售的吸引力，不僅可銷售更多的商品，而且可以為公司帶來更多的利潤。

（4）財務部主管認為，採用折扣銷售方式，可以減少稅收負擔。

各方從不同角度考慮，而且都有道理，彼此互不相讓，最後沒有達成一致意見。於是決定通過稅務籌劃，測算出哪種方案更能達到利潤最大化的目的。

以銷售額 10,000 元、平均成本 6,000 元為基數，提出四個操作方案。

方案 1：購物就在商品原價的基礎上打 7 折。

方案 2：購物滿 100 元贈送價值 30 元的商品（贈品成本 18 元）。

方案 3：購物滿 100 元贈送購物券 30 元（不可兌換現金，下次購物可代幣結算）。

方案 4：購物滿 100 元返還 30 元現金。

上述商品銷售額與成本均為含稅價，僅考慮增值稅、企業所得稅和個人所得稅，因城市維護建設稅和教育費附加對計算結果影響較小，忽略不計。假定各種促銷方式消費者都能接受，消費者在當月實現所有購買行為。

【工作要求】請對上述公司業務進行稅收籌劃。

【稅法依據】第一，《中華人民共和國增值稅暫行條例》（國務院 1993 年 12 月 13 日頒布，國務院令〔1993〕第 134 號，2008 年 11 月 5 日國務院第 34 次常務會議修訂通過）。第二，《中華人民共和國增值稅暫行條例實施細則》（財政部 國家稅務總局第 50 號令，根據 2011 年 10 月 28 日《關於修改〈中華人民共和國增值稅暫行條例實施細則〉的決定》修訂）。第三，《國家稅務總局關於確認企業所得稅收入若干問題的通知》（國稅函〔2008〕875 號）。第四，《關於企業促銷展業贈送禮品有關個人所得稅問題的通知》（財稅〔2011〕50 號文件）。

【籌劃思路】計算分析上述四種方案的納稅情況，進而根據納稅情況進行決策。

【籌劃過程】

方案 1：此方案為折扣銷售。

稅法規定，如果銷售額和折扣額在同一張發票上分別註明，按折扣後的銷售額計徵增值稅；如果折扣額另開發票，不論其在會計上如何處理，均不得從銷售額中扣除折扣額，須全額計徵增值稅。

假定 1：該商場未將銷售額和折扣額開在一張發票上，則

應納增值稅 = 10,000÷(1+17%)×17% − 6,000÷(1+17%)×17% = 581.20（元）

應納企業所得稅=[7,000÷(1+17%)-6,000÷(1+17%)]×25% =213.68（元）

稅後利潤=7,000÷(1+17%)-6,000÷(1+17%)-213.68=641.02（元）

納稅合計數=581.20+213.68=794.88（元）

假定2：該商場將銷售額與折扣額開在同一張發票上,則

應納增值稅=7,000÷(1+17%)×17%-6,000÷(1+17%)×17%=145.30（元）

應納企業所得稅=[7,000÷(1+17%)-6,000÷(1+17%)]×25%=213.68（元）

稅後利潤=7,000÷(1+17%)-6,000÷(1+17%)-213.68=641.02（元）

納稅合計數=145.30+213.68=358.98（元）

在稅後利潤相同的情況下，該商場會選擇納稅合計數最小的假定2的做法。

方案2：企業以買一贈一的方式組合銷售本企業商品的，不屬於捐贈，應將總的銷售金額按各項商品的公允價值的比例來分攤確認各項的銷售收入。因此

應納增值稅=[10,000÷(1+17%)×17%-6,000÷(1+17%)×17%-1,800÷(1+17%)×17%]=319.66（元）

應納企業所得稅=[10,000÷(1+17%)-6,000÷(1+17%)-1,800÷(1+17%)]×25%
=470.09（元）

稅後利潤=10,000÷(1+17%)-6,000÷(1+17%)-1,800÷(1+17%)-470.09
=1,410.25（元）

納稅合計數=319.66+470.09=789.75（元）

方案3：該種方式其實質就是商場贈送給消費者價值3,000元的商品。稅法規定，該方式視同銷售處理。企業在向個人銷售商品（產品）和提供服務的同時給予贈品，不再徵收個人所得稅。

應納增值稅=[10,000÷(1+17%)×17%-6,000÷(1+17%)×17%]+[3,000÷(1+17%)×17%-1,800÷(1+17%)×17%]
=755.56（元）

應納企業所得稅=[10,000÷(1+17%)-6,000÷(1+17%)]×25%=854.7（元）

稅後利潤=10,000÷(1+17%)-6,000÷(1+17%)-1,800+(1+17%)-854.7
=1,025.64（元）

納稅合計數=755.56+854.7=1,610.26(元)

方案4：當企業採取這種促銷方式時，表明企業並沒有對其所出售的商品進行降價，所以消費者有權要求企業按照購買商品的實際價格開具發票，最終企業必須就發票上開具的100元銷售額計稅，同時還要就另行贈送的30元代顧客繳納個人所得稅。顯然，這種做法將大大增加企業的實際成本，降低稅後利潤。實踐中，有些企業採用最後抵扣的辦法最終完成贈送，即消費者在累積消費滿100元後憑購物小票在購買下一件商品時直接抵扣30元，而且該件商品的發票按照扣除30元後的金額開具。實際上這種做法在消費者對開具發票金額沒有異議的情況下是可以實行的，

相當於進行了 30 元的折扣銷售。但是，如果消費者要求必須全額開具該商品的發票，企業也無權拒絕，因為企業並沒有事先說明最後一件商品屬於折扣銷售。所以，如果企業採用這種方式，必須在活動規則中明確說明 30 元的贈送方式以及開具發票的方式，否則會帶來不必要的麻煩。下面的計算僅考慮直接返還現金的方式。

應納增值稅 = 10,000÷(1+17%)×17%−6,000÷(1+17%)×17% = 581.20（元）
應替顧客繳納個人所得稅 = 3,000÷(1−20%)×20% = 750（元）
應納稅所得額 = 10,000÷(1+17%)−6,000÷(1+17%)−750−3,000 = −331.2（元）
因為企業稅後利潤為負數，所以不繳納企業所得稅（即應繳納的企業所得稅為0）。
稅後利潤 = 10,000÷(1+17%)−6,000+(1+17%)−3,000−854.7
　　　　 = −435.9（元）
納稅合計數 = 581.20+854.7 = 1,435.9（元）
將以上 4 個方案計算結果編製比較表如下（見表 10-1）。

表 10-1　　　　　　　　納稅情況與獲利情況比較表　　　　　　　　單位：元

方案		增值稅	企業所得稅	繳稅合計	稅後利潤
折扣銷售	折扣金額未開在一張發票上	581.20	213.68	794.88	641.02
	折扣金額開在一張發票上	145.3	213.68	358.98	641.02
	贈商品	319.66	470.09	789.75	1,410.25
	贈購物券	755.56	854.7	1,610.26	1,025.64
	返現金	581.20	854.7	1,435.9	−435.9

【籌劃結論】從表 10-1 中的數據可以看出，第一，從稅後利潤角度看，在所有方案中，購物返現金是最不可取的，最優方案應是購物贈商品；第二，從納稅合計數來看，納稅數會直接影響企業的現金流出量，折扣銷售（尤其是折扣額與銷售額開在一張發票上）和購物贈商品比較可取，現金流比較小，對企業的生產經營不會造成太大的影響。

【籌劃點評】企業進行促銷的稅務籌劃思路是：第一，購銷差價是稅務籌劃需要考慮的重點問題。如果商品的購進成本較高，採用打折銷售比較好；反之，如果商品的購進成本較低，則採用贈送商品或贈送購物券的方式比較好。贈送商品的價值越低，企業的成本利潤率越高，企業獲利面越大，同時現金流也比較小；贈送購物券，在一般情況下可以擴大銷售量，擴大企業的影響，提高企業的商品的市場佔有率。而且，商品成本越低，折扣優惠越大時，贈送購物券促銷方式的優勢就更加明顯，同時企業也不用擔心稅後是否會虧損。第二，個人所得稅代扣代繳問題影響企業的經營業績。如果促銷商品需要代扣代繳個人所得稅，而個人所得稅的適用稅率較高，對企業的經營成果就會產生較大的影響。第三，進行促銷活動的稅務籌劃需要關注促銷活動的最終目的。商品零售企業在選擇讓利促銷方式時，切不可只考

慮節稅效益，而要從企業整體的盈利能力加以考慮。對於不同的促銷方式，納稅少並不意味著稅後獲利大。進行讓利促銷方式的選擇，務必從企業的實際情況出發，事先做好籌劃，選擇較優的促銷方式，這樣才能確保企業利益最大化。

10.3.1.2 一般業務中混合銷售與兼營行為的稅收籌劃

如果一個企業既涉及貨物又涉及服務，就可能發生混合銷售行為和兼營行為。而根據《營業稅改徵增值稅試點實施辦法》第三十九條的規定，納稅人兼行銷售貨物、勞務、服務、無形資產或者不動產，適用不同稅率或者徵收率的，應當分別核算適用不同稅率或者徵收率的銷售額；未分別核算的，從高適用稅率。第四十條規定，一項銷售行為如果既涉及服務又涉及貨物，為混合銷售。從事貨物的生產、批發或者零售的單位和個體工商戶的混合銷售行為，按照銷售貨物繳納增值稅；其他單位和個體工商戶的混合銷售行為，按照銷售服務繳納增值稅。本條所稱從事貨物的生產、批發或者零售的單位和個體工商戶，包括以從事貨物的生產、批發或者零售為主，並兼行銷售服務的單位和個體工商戶在內。

【例10-4】2017年9月，某商場銷售空調1,000臺，取得不含稅銷售額250萬元，購進空調當月可抵扣進項稅額40萬元。商場下設的安裝部門為客戶提供上門安裝空調業務，取得安裝費23.4萬元，與之相關的可抵扣進項稅額為0.1萬元。該商場有以下兩種籌劃方案可供選擇：一種是該商場的安裝部門為非獨立核算部門；另一種是該商場成立獨立核算的安裝部門提供安裝業務。

【工作要求】請對商場銷售業務進行稅收籌劃。

【稅法依據】第一，《中華人民共和國增值稅暫行條例》（國務院1993年12月13日頒布，國務院令〔1993〕第134號，2008年11月5日國務院第34次常務會議修訂通過）。第二，《中華人民共和國增值稅暫行條例實施細則》（財政部 國家稅務總局第50號令，根據2011年10月28日《關於修改〈中華人民共和國增值稅暫行條例實施細則〉的決定》修訂）。第三，《營業稅改增值稅試點實施辦法》。

【籌劃思路】在進行稅務籌劃時，主要應比較混合銷售行為和兼營行為下稅負的高低，選擇低稅負的行為。

【籌劃過程】

方案1：該商場的安裝部門為客戶提供上門安裝空調業務。

根據稅法的規定，上述行為屬於混合銷售行為，安裝部門取得的安裝費為23.4萬元，應並入空調的價款繳納增值稅，則

該商場應納增值稅額 = $\{[250+23.4 \div (1+17\%)] \times 17\% - 40 - 0.1\}$ = 5.8（萬元）。

方案2：該商場成立獨立核算的安裝部門。

根據稅法的規定，上述行為屬於兼營行為，空調的安裝費屬於「營改增」後的建築服務中的安裝服務，應按銷售服務繳納增值稅。

若獨立核算的安裝部門被認定為一般納稅人，則

該商場總共應納增值稅額 = $250 \times 17\% - 40 + 23.4 \div (1+11\%) \times 11\% - 0.1$ = 4.72

（萬元）。

若獨立核算的安裝部門被認定為小規模納稅人，則

該商場總共應納增值稅額＝250×17%−40+23.4÷（1+3%）×3%＝3.18（萬元）。

【籌劃結論】方案2比方案1少繳稅為5.8−4.72＝1.08元或少繳稅為5.8−3.18＝2.62元。所以，商場應選擇方案2。

【籌劃點評】兼營行為的產生有兩種可能：一是增值稅的納稅人為加強售後服務或擴大經營範圍，涉足應稅服務的徵稅範圍，提供應稅服務；二是提供應稅服務的納稅人為增強獲利能力，轉而銷售增值稅的應稅商品或提供增值稅的應稅勞務。在進行該項稅務籌劃時，還應注意：第一，銷售行為是否屬於混合銷售，需要主管稅務機關認定。如果希望通過混合銷售的稅務籌劃來節稅，必須得到稅務機關的認可；第二，必須考慮籌劃對象的成本變化，同時考慮產品售價的定價是否合理。

10.3.1.3 還本銷售的稅收籌劃

還本銷售是指納稅人在銷售貨物後，到一定期限由銷售方一次或分次退還給購貨方全部或部分價款。這種方式實質上是一種籌資，是以貨物換取資金的使用價值，到期還本不付息的方法。《增值稅若干具體問題的規定》（國稅發〔1993〕154號）規定：納稅人採取還本銷售方式銷售貨物，不得從銷售額中減除還本支出。

【例10-5】2017年，甲公司以還本銷售方式銷售貨物，價格為300萬元（含稅），規定5年內每個月還本60萬元，該貨物的市場價格為100萬元（含稅）。假定該企業當期允許抵扣的進項稅額為0元。

【工作要求】請對上述公司還本銷售業務進行稅收籌劃

【稅法依據】《增值稅若干具體問題的規定》（國稅發〔1993〕154號）規定：納稅人採取還本銷售的方式銷售貨物，不得從銷售額中減除還本支出。

【籌劃思路】甲公司按照正常的市場價格100萬元銷售貨物，然後向購買方借款200萬元，利率為10%，規定5年內每年還本付息60萬元。

【籌劃過程】

方案1：還本銷售方式。

由於還本銷售的銷售額就是貨物的銷售價格，不得從銷售額中減除還本支出，則

甲公司應繳納增值稅額＝300÷（1+17%）×17%＝43.59（萬元）。

方案2：甲公司按照正常的市場價格100萬元銷售貨物，然後向購買方借款200萬元，利率為10%，規定5年內每年還本付息60萬元。

5年中每年還本付息＝200÷5+200×10%＝60（萬元）

5年歸還本息共計＝60×5＝300（萬元）

甲公司應繳納增值稅額＝100÷（1+17%）×17%＝14.53（萬元）

【籌劃結論】方案2比方案1少納稅29.06萬元（43.59−14.53＝29.06萬元）。

【籌劃點評】任何稅收籌劃都需要相應的平臺，如果購買方不答應借款給甲公

司，上述籌劃是不行的。因此，關鍵在於借款的利息如何確定，若利息過低，購買者不同意，利息過高會導致甲公司適得其反。所以購銷雙方應當協商合適的借款利率，同時要考慮借款利息的個人所得稅問題。

10.3.1.4 代銷方式的稅收籌劃

代銷就是委託銷售，一般發生在工業企業與商業企業之間。工業企業委託他人為自己代銷商品，而商業企業為他人代銷。對商業企業來說，採用代銷方式銷售商品是一種明智的選擇，本身能減輕銷售等方面的風險，同時又可以獲得一定的經營利潤；對於工業企業來說也可以通過此次委託適當降低行銷成本，同時迅速拓寬銷售市場。

根據稅法規定，代銷行為分為以下兩種：

第一種是視同買斷的代銷行為。委託方根據簽訂的協議價格將貨物交付受託方，受託方自行確定實際售價。貨物售出後，委託方按協議價收取價款，受託方獲得實際售價與協議價的差額。雙方比照銷售進行增值稅會計處理，分別按不含稅協議價和不含稅實際售價計量收入，確定銷項稅額。受託方同時將委託方收取的增值稅作為進項稅額予以抵扣。

第二種是收取手續費的代銷行為。委託方按雙方簽訂的協議確定代銷貨物的售價，受託方按其定價代銷，並按售價的百分比收取手續費。雙方同樣按不含稅售價計算銷項稅額，委託方將其銷售貨物的價款記作收入，受託方則記作應付帳款；受託方將委託方開來的專用發票上的進項稅額用於抵扣，同時收到手續費時，按手續費金額的多少計算應納增值稅。

【例10-6】2017 年，A 公司與 B 公司簽訂一項代銷協議，由 B 公司代銷 A 公司的產品，不論採取何種代銷方式，A 公司的產品在市場上均以 1,000 元/件的價格銷售。城建稅稅率為 7%，教育費附加徵收率為 3%。

【工作要求】請對上述 A、B 公司之間的代銷行為進行稅收籌劃。

【稅法依據】根據國務院令 2008 年第 538 號《中華人民共和國增值稅暫行條例》以及《營業稅改增值稅試點實施辦法》的相關規定。

【籌劃思路】分析比較視同買斷的代銷行為和收取手續費的代銷行為的納稅情況，進而進行決策。

【籌劃過程】

方案 1：採取視同買斷方式。假設在納稅期，B 企業代銷 A 公司產品共 200 件，該產品在 A 公司與 B 公司的協議價為 800 元/件，同時 A 公司當期允許抵扣的進項稅額為 20,000 元。

A 公司：收入增加為 800×200＝160,000 元，應繳增值稅為 160,000×17%－20,000＝7,200 元，應繳城建稅及教育費附加為 7,200×（7%＋3%）＝720 元，A 公司應繳流轉稅合計為 7,200+720＝7,920 元。

B 公司：收入增加為 1,000×200＝200,000 元，成本增加 160,000 元，應繳增值

稅為 200,000×17%-160,000×17%=6,800 元，應繳城建稅及教育費附加為 6,800×（7%+3%）=680 元，B 公司應繳流轉稅合計為 6,800+680=7,480 元。

A 公司與 B 公司應繳流轉稅=7,920+7,480=15,400（元）

方案 2：採取收取手續費的方式。假設在納稅期，B 公司代銷 A 公司產品 200 件，同時根據代銷數量，B 公司向 A 公司收取 20%的代銷手續費 40,000 元，A 公司當期允許抵扣的進項稅額為 20,000 元。A 和 B 公司均向對方開具了增值稅專用發票。「營改增」後，手續費代銷方式屬於增值稅徵稅範圍中的商務輔助服務。

A 公司：收入增加 1,000×200=200,000 元，同時收到 B 公司開具的增值稅專用發票，應交增值稅為 200,000×17%-20,000-40,000×6%=11,600 元，應交城建稅及教育費附加為 11,600×（7%+3%）=1,160 元，A 公司應交流轉稅合計為 11,600+1,160=12,760 元。

B 公司：銷售貨物增值稅銷項稅額與進項稅額相等，相抵後，該項業務的應交增值稅為零，但 B 公司採取收取手續費的代銷方式，應繳納增值稅為 40,000×6%=2,400 元，應交城建稅及教育費附加為 2,400×（7%+3%）=240 元，B 公司應交流轉稅合計為 2,400+240=2,640 元。

A 公司與 B 公司應交流轉稅=12,760+2,640=15,400（元）

【籌劃結論】兩種代銷方式的比較：從整體稅負來看，視同買斷方式下的代銷方式與收取手續費方式的代銷方式的稅收負擔相同。但在現實銷售過程中，在視同買斷方式下，A 公司節約 12,760-7,920=4,840 元，B 公司多交 7,480-2,640=4,840 元。因此，A 公司可以考慮採取補償的方式，來鼓勵 B 公司接受視同買斷的代銷方式。

【籌劃點評】任何稅收籌劃都需要相應的平臺，由於 A 公司少繳納稅收，而 B 公司多繳納了稅收。因此，A 公司應考慮採取補償的方式，來鼓勵 B 公司接受視同買斷的代銷方式。

10.3.2 銷售結算方式的稅收籌劃

銷售結算方式通常有直接收款、委託收款、托收承付、賒銷或分期收款、預收款銷售、委託代銷等。對於不同的銷售方式，其納稅義務發生的時間是不相同的。銷售結算方式的籌劃就是在稅法允許的範圍內，盡量採取有利於本企業的結算方式，推遲納稅時間，獲得納稅期的遞延，或者打時間差，避免納稅稅額過於集中，減輕企業資金的壓力。比如，稅法規定，賒銷和分期收款的結算方式都是以合同約定日期為納稅義務發生時間，因此，企業在產品銷售過程中，在應收貨款一時無法收回或部分無法收回的情況下，可以選擇賒銷或分期收款結算方式。再如，稅法規定，委託代銷商品是委託方將商品交付給受託方，受託方根據合同要求，將商品出售後開具銷貨清單並交給委託方，這時委託方才能確認銷售收入的實現。因此，如果企業產品銷售對象是商業企業，並且產品以商業企業再銷售後的付款結算方式銷售，

則可以採用委託代銷的結算方式，根據實際收到的貨款分期計算銷項稅額，從而延緩納稅時間。案例詳見【例 3-10】。

10.3.3 銷售價格的稅收籌劃

與籌劃有關的企業定價策略包括兩種表現形式：一種是與關聯企業間合作定價，目的是減輕企業間的整體稅負；另一種是主動制定一個稍低的價格，以獲得更大的銷量，從而獲得更多的收益。

10.3.3.1 利用轉讓定價技術籌劃稅收

轉讓定價又稱「轉移定價」，是指在經濟活動中，有經濟聯繫的企業各方（可為兩方或多方）為均攤利潤或轉移利潤而在產品交換或買賣過程中，不依照市場買賣規則和市場價格進行交易，而是根據其共同利益或最大限度地維護其收入，進行產品或非產品轉讓。這是稅收籌劃的一種基本方法。

在這種產品的轉讓中，產品的轉讓價格根據雙方的意願，可高於或低於市場上供求關係決定的價格，以達到少納稅甚至不納稅的目的。轉讓定價的操作方法是：當甲企業所得稅稅率高於乙企業時，甲企業採取低價出貨、高價進貨的方式，使乙企業實現更多利潤，減少所得稅稅額。轉讓定價必須合理，否則遭到稅務機關的特別納稅調整，納稅人可與稅務機關達成預約定價協議，一勞永逸地避免稅務機關調整。

《中華人民共和國企業所得稅法》及實施條例規定：企業與其關聯方之間的業務往來，不符合獨立交易原則而減少企業或者其關聯方應納稅收入或者所得額的，稅務機關有權按照合理方法調整。

關聯方，是指與企業有下列關聯關係之一的企業、其他組織或者個人：
（1）在資金、經營、購銷等方面存在直接或者間接的控制關係；
（2）直接或者間接地同為第三者控制；
（3）在利益上具有相關聯的其他關係。

獨立交易原則，是指沒有關聯關係的交易各方，按照公平成交價格和營業常規進行業務往來遵循的原則。

轉讓定價具有雙重性，有積極的一面，也有消極的一面。關聯企業之間的內部交易價格可以採取與市場正常價格不同的價格，這是企業定價自主權的體現。但若僅僅出於稅收上的動因，在價格上做文章，不正常地抬高或壓低價格以達到少納稅的目的，則可能被稅務機關認定為避稅行為，從而導致價格的調整。因而對轉讓定價行為，在具體操作時，應該確保調整後的價格與市場交易價格有一定差距，以降低稅收遵從成本。

企業可以向稅務機關提出其與其關聯方之間業務往來的定價原則和計算方法，稅務機關與企業協商、確認後，達成預約定價安排。預約定價安排，是指企業就其未來年度關聯交易的定價原則和計算方法，向稅務機關提出申請，與稅務機關按照

獨立交易原則協商、確認後達成的協議。案例詳見【例3-9】。

10.3.3.2 主動調整商品價格的籌劃稅收

企業在制定價格時，應該特別注意價格的高低對企業稅負可能造成的影響。在現實生活中，產品的銷售價格提高，會導致銷量減少，有可能導致總收入下降。同時，考慮到稅收徵管中的臨界點因素，價格過高可能會導致稅負大幅增加。因此，根據企業的經營情況靈活調整商品價格是進行銷售價格籌劃的主要方式。

【例10-7】某房地產開發公司主要從事房地產的開發與銷售，現開發普通住宅一批，在制定銷售價格時面臨兩種方案：第一，若以每平方米11,800元的價格售出，可扣除項目金額為每平方米10,000元；第二，若以每平方米12,100元的價格售出，可扣除項目金額也為每平方米10,000元。

【工作要求】請對房地產開發公司的銷售定價方案進行籌劃分析。

【稅法依據】根據《中華人民共和國土地增值稅暫行條例》（國務院1993年12月13日頒布，國務院令〔1993〕第138號）的有關規定。

【籌劃思路】比較上述兩種方案的獲利情況進行決策。

【籌劃過程】

方案1：若每平方米的價格為11,800元，可扣除的項目金額為每平方米10,000元，則

增值率＝（11,800-10,000）÷10,000＝18%

因為增值率小於20%，可以免繳土地增值稅。

每平方米銷售淨收入＝11,800-10,000＝1,800（元）

方案2：若每平方米的價格為11,800元，可扣除的項目金額也為每平方米10,000元，則

增值率＝（12,100-10,000）÷10,000＝21%

應納土地增值稅＝（12,100-10,000）×30%＝630（元）

每平方米銷售淨收入＝12,100-10,000-630＝1,470（元）

【籌劃結論】雖然方案1中售價較低，但因為規避了土地增值稅，反而比方案2中每平方米多獲利1,800-1,470＝330元。所以房地產開發公司應選擇方案1。

【籌劃點評】可見，企業只有合理利用銷售價格的適當選擇權，才可以達到節稅的目的，但同時要注意規避降低價格的誤區。

10.3.4 銷售地點的稅收籌劃

企業發展到一定規模以後，基於穩定供貨渠道、開闢新市場或方便客戶服務的考慮，不可避免地需要在銷售業務相對集中的地區設立業務聯絡點。聯絡點的形式大致有兩種：一是辦事處，二是分公司。分公司可以從事經營活動，而辦事處一般只能從事總公司營業範圍內的業務聯絡活動。分公司、辦事處的稅收待遇不同，主要體現在流轉稅和企業所得稅上。

從增值稅上看，辦事處由於不從事經營活動，所以在當地無須繳納增值稅，而分公司的經營活動必須在當地繳納增值稅。

　　從企業所得稅看，辦事處由於不能從事經營活動，沒有業務收入，不存在利潤，也就沒有應納稅所得額，無須繳納企業所得稅。對於分公司而言，企業所得稅可以在分公司所在地的稅務機關繳納，也可以匯總後由總公司集中繳納。對於由總公司匯總繳納的，由總公司所在地國稅局開具企業所得稅已在總機構匯總繳納的證明，分公司憑此證明到所在地國稅局辦理相關手續。一般來說，匯總納稅優於獨立納稅，因為總公司和分公司的盈虧可以互相彌補。

　　同時，也必須看到，國家為了鼓勵某些地區的發展，在稅法上體現出地區傾斜政策而導致的地區性稅負差別，以及不同國家之間稅收政策的差異，這也是銷售地點籌劃的存在依據。從國內看，中國的稅收政策在區域上的差別主要體現在所得稅方面，其中有經濟特區的稅收優惠、經濟開發區的稅收優惠、沿江開發區的稅收優惠、沿邊開發區的稅收優惠、民族自治區的稅收優惠和中國西部開發的稅收優惠等。在這些區域開辦的企業，一般情況下，不僅能夠享受到稅收上的優惠，而且能享受到當地政府有關稅費減免或者財政返還上的優惠。特別是設立具有獨立生產經營職能的分公司。國稅發〔2008〕28號文件第十條規定，總機構設立具有獨立生產經營職能的部門，且具有獨立生產經營職能部門的經營收入、職工工資和資產總額與管理職能部門分開核算的，可將具有獨立生產經營職能的部門視同一個分支機構，就地預繳企業所得稅。具有獨立生產經營職能的部門與管理職能部門的經營收入、職工工資和資產總額不能分開核算的，具有獨立生產經營職能的部門不得視同一個分支機構，不就地預繳企業所得稅。案例詳見【例3-6】。

10.4　企業非貨幣資產交換的稅收籌劃

　　非貨幣性資產交換，是指交易雙方主要以存貨、固定資產、無形資產和長期股權投資等非貨幣性資產進行的交換。該交換不涉及或只涉及少量的貨幣性資產（即補價）。貨幣性資產，是指企業持有的貨幣資金和將以固定或可確定的金額收取的資產，包括現金、銀行存款、應收帳款和應收票據以及準備持有至到期的債券投資等。非貨幣性資產，是指貨幣性資產以外的資產。

　　《中華人民共和國企業所得稅法實施條例》規定：企業發生非貨幣性資產交換，以及將貨物、財產、勞務用於捐贈、償債、贊助、集資、廣告、樣品、職工福利或者利潤分配等用途的，應當視同銷售貨物、轉讓財產或者提供勞務，但國務院財政、稅務主管部門另有規定的除外。通過捐贈、投資、非貨幣性資產交換、債務重組等方式取得的固定資產，以該資產的公允價值和支付的相關稅費為計稅基礎。通過捐贈、投資、非貨幣性資產交換、債務重組等方式取得的無形資產，以該資產的公允

價值和支付的相關稅費為計稅基礎。

10.4.1 非貨幣性資產交換的增值稅籌劃

10.4.1.1 以舊換新
以舊換新是指納稅人在銷售自己的貨物時，有償收回舊貨物的行為。

根據《增值稅若干具體問題的規定》（國稅發〔1993〕154號）規定：納稅人採取以舊換新的方式銷售貨物，應按新貨物的同期銷售價格確定銷售額。

10.4.1.2 以物易物
以物易物是一種較為特殊的購銷活動，是指購銷雙方不以貨幣結算，而是以同等價款的貨物相互結算，實現貨物購銷的一種方式。

根據稅法規定，以物易物雙方都應作購銷處理。《關於增值稅若干徵管問題的通知》（國稅發〔1996〕155號）規定：對商業企業採取以物易物、以貨抵債、以物投資方式交易的，收貨單位可以憑以物易物、以貨抵債、以物投資的書面合同以及與之相符的增值稅專用發票，確定進項稅額，經過認證予以抵扣。

以物易物的雙方可以通過採用非等價的物物交易或協商以低價出售的方式進行籌劃，達到降低增值稅稅負或解決資金緊張的目的。

【例10-8】2017年，甲公司為生產棉布的一般納稅人，乙公司為生產服裝的一般納稅人。由於未來市場上的棉布價格處於上升趨勢，而服裝價格處於下降趨勢，乙公司預測未來市場以棉布加工的休閒裝利潤較高，欲大批購置棉布，但目前資金緊張，因此與甲公司協商以積壓服裝換取棉布。甲公司考慮到該批服裝可以作為本廠職工的工作服，同意與乙公司簽訂物物交易協議，甲公司以成本為240,00元，市價為360,000元，作價為400,000元的棉布置換乙公司積壓的成本為360,000元，市價為440,000元，作價400,000元的服裝。

【工作要求】請對上述公司發生的以物易物行為進行稅收籌劃。

【稅法依據】《關於增值稅若干徵管問題的通知》（國稅發〔1996〕155號）規定：對商業企業採取以物易物、以貨抵債、以物投資方式交易的，收貨單位可以憑以物易物、以貨抵債、以物投資的書面合同以及與之相符的增值稅專用發票，確定進項稅額，經過認證予以抵扣。

【籌劃思路】甲乙雙方可以通過採用非等價的物物交易或協商以低價出售的方式進行籌劃，達到降低增值稅稅負或解決資金緊張的目的。

【籌劃過程】
甲公司增值稅的計算：
換出的棉布的銷項稅額＝360,000×17%＝61,200（元）
換入商品的進項稅額＝440,000×17%＝74,800（元）
該業務應納增值稅額＝61,200－74,800＝－13,600（元）
乙公司增值稅的計算：

換出商品的銷項稅額＝440,000×17%＝74,800（元）
換入商品的進項稅額＝360,000×17%＝61,200（元）
該業務應納增值稅額＝74,800－61,200＝13,600（元）

【籌劃結論】對於甲公司而言，降低了增值稅稅負 13,600 元；乙公司為了解決資金緊張，增加了增值稅稅負 13,600 元，由於資金成本率為 13,600/360,000×100%＝3.78%，低於銀行同期貸款利率 5.58%，對於乙公司而言，比向銀行貸款更為有利。

【籌劃點評】對於以物易物雙方而言，一方滿足了需要，同時又降低了稅負；一方減少了貨物積壓，同時又獲得了較銀行貸款利率更低的資金。但是，在以物易物時，雙方應注意價格的確定，否則會適得其反。

10.4.2 非貨幣性資產交換的消費稅籌劃

《消費稅若干具體問題的規定》規定：納稅人用於換取生產資料和消費資料、投資入股和抵償債務等方面的應稅消費品，應當以納稅人同類應稅消費品的最高銷售價格作為計稅依據計算消費稅。

【例 10-9】某化妝品生產企業，當月對外銷售同型號的化妝品共有 3 種價格，以 4,000 元的單價銷售 50 件，以 4,500 元的單價銷售 10 件，以 4,800 元的單價銷售 5 件。該企業當月以 20 件同型號的化妝品與 A 公司換取原材料，雙方按當月的加權平均價格確定化妝品的價格。該化妝品適用的消費稅稅率為 30%。

【工作要求】請對上述公司業務進行納稅籌劃。

【稅法依據】《消費稅若干具體問題的規定》規定：納稅人用於換取生產資料和消費資料、投資入股和抵償債務等方面的應稅消費品，應當以納稅人同類應稅消費品的最高銷售價格作為計稅依據計算消費稅。

【籌劃思路】化妝品企業可以採用先銷售化妝品給 A 公司後再購買 A 公司的原材料的方式，這樣避免按照同類應稅消費品的最高銷售價作為計稅依據，達到減輕稅負的目的。

【籌劃過程】
方法一，化妝品企業用 20 件化妝品直接與 A 公司換取原材料。
化妝品企業應納消費稅額＝20×4,800×30%＝28,800（元）
方法二，化妝品企業先銷售化妝品給 A 公司後，再購買 A 公司的原材料。
化妝品企業銷售的 20 件化妝品可按照當月加權平均銷售價格計稅，則：
當月加權平均銷售價格＝(4,000×50＋4,500×10＋4,800×5)÷(50＋10＋5)
　　　　　　　　　　＝4,138.46（元）
化妝品企業應納消費稅額＝20×4,138.46×30%＝24,830.76（元）

【籌劃結論】通過籌劃，化妝品公司節省消費稅為 28,800－24,830.76＝3,969.24 元。

【籌劃點評】在實際操作中，當納稅人用應稅消費品換取貨物或者投資入股時，

一般是按照雙方的協議價或評估價確定，而協議價往往是市場的平均價。納稅人可以採用先銷售後入股（換貨、抵債）的方式，避免按照同類應稅消費品的最高銷售價作為計稅依據，達到減輕稅負的目的。

10.4.3 非貨幣性資產交換的契稅籌劃

《中華人民共和國契稅暫行條例》規定：國有土地使用權出讓、土地使用權出售、房屋買賣，為成交價格；土地使用權贈與、房屋贈與，由徵收機關參照土地使用權出售、房屋買賣的市場價格核定；土地使用權交換、房屋交換，為所交換的土地使用權、房屋的價格的差額。

《中華人民共和國契稅暫行條例細則》規定：土地使用權交換、房屋交換、交換價格不相等的，由多交付貨幣、實物、無形資產或者其他經濟利益的一方繳納稅款。交換價格相等，免徵契稅。土地使用權與房屋所有權之間相互交換，按照前面的規定徵稅。

【例10-10】居民張某原擁有一套舊住房（普通住房），市價為500,000元。為改善居住條件，打算賣掉舊房，購買一套價值1,000,000元的新住房（普通住房）。當地政府規定的契稅稅率為4%。

【工作要求】請為張某進行納稅籌劃。

【稅法依據】根據《關於調整房地產市場若干稅收政策的通知》（財稅字〔1999〕210號）規定：個人購買自用普通住宅，暫減半徵收契稅。

【籌劃思路】張某與房地產開發公司商定，雙方進行房地產置換，張某向房地產開發公司支付房屋差價款500,000元。這樣可以降低張某繳納的契稅。

【籌劃過程】

方案1：張某直接購買一套新住房，則

應納契稅＝1,000,000×4%/2＝20,000（元）

方案2：張某與房地產開發公司商定雙方進行房地產置換，張某向房地產開發公司支付房屋差價款500,000元，則

應納契稅＝（1,000,000－500,000）×4%/2＝10,000（元）

【籌劃結論】通過籌劃，張某節約契稅20,000－10,000＝10,000元。

【籌劃點評】如果納稅人先賣出房屋，再買進另一房屋，則要按買進價格全額計算繳納契稅。如果進行房屋交換，則只按多交付的差額即補價計算繳納契稅，從而節省契稅。

本章小結：

企業的生產經營流程包括採購、生產、銷售和非貨幣性資產交換，每一流程都與稅收息息相關。稅收籌劃不僅僅是企業財務部門的事情，更離不開其他部門的積

極配合。企業經營過程的稅收籌劃主要包括：企業採購活動的稅收籌劃應當考慮購貨對方的選擇、購貨方式的選擇、購貨時間的選擇以及採購結算時間的選擇；企業生產的稅收籌劃應考慮生產方式、生產規模和生產結構等方面的選擇；企業銷售的稅收籌應考慮銷售方式、混合銷售與兼營、銷售價格等方面的因素；非貨幣性資產交換下應考慮不同涉稅稅種的稅收籌劃。

關鍵術語：

代購　　賒銷　　自行生產　　委託加工　　現金折扣　　商業折扣
折扣銷售　　還本銷售　　代銷　　轉讓定價　　獨立交易原則
預約定價安排　　非貨幣性資產交換　　以物易物

思考題

1. 簡要回答代購的基本條件。
2. 簡述購貨時間的稅收籌劃的基本思路。
3. 簡述利用購貨合同的稅收籌劃應注意的問題。
4. 簡述利用殘疾人稅收優惠政策進行稅收籌劃時應注意的問題。
5. 簡述折扣銷售的稅務處理。
6. 簡述企業進行促銷的稅務籌劃思路。
7. 簡述混合銷售的稅務處理。
8. 簡述視同買斷的代銷行為的稅務處理。
9. 簡述收取手續費的代銷行為的稅務處理。

第 11 章
企業財務成果分配的稅收籌劃

培養能力目標
(1) 理解企業財務成果的相關概念；
(2) 理解企業收入組織的稅收籌劃方法；
(3) 熟悉收益分配順序的稅收籌劃；
(4) 掌握保留盈餘的稅收籌劃思路以及股息與資本利得的稅收籌劃。

案例導入

甲公司應如何轉讓股權

甲公司於 20×7 年 2 月 20 日以銀行存款 900 萬元投資於乙公司，占甲公司股本總額的 70%，甲公司當年生產經營所得為 100 萬元，乙公司當年獲得稅後利潤 500 萬元。關於乙公司稅後利潤分配及甲公司股權轉讓有以下兩種方案。（甲公司所得稅稅率為 25%，乙公司所得稅稅率為 15%）

方案 1，20×8 年 3 月，乙公司董事會在 20×8 年 4 月決定將 20×7 年的稅後利潤的 30% 用於分配。20×8 年 5 月，甲公司將其擁有乙公司 70% 的股權全部轉讓給丁公司，轉讓價為 1,000 萬元，轉讓過程中產生稅費 0.5 萬元。

方案 2：乙公司保留盈餘不分配。20×8 年 5 月，甲公司將其擁有乙公司 70% 的股權全部轉讓給丁公司，轉讓價為 1,105 萬元，轉讓過程中產生稅費 0.5 萬元。

工作要求 請為甲公司籌劃並做出決策。
案例解析 見本章的 3.3。

11.1 收入組織的稅收籌劃

公司進行收入的組織就是將商品或產品銷售出去並取得收入的過程安排。根據稅收法規的規定，納稅人（公司）每一納稅年度的收入總額減去準予扣除項目後的餘額為應納稅所得額，所得稅按年計算，分月或分季預繳，由納稅人向其所在地主管稅務機關繳納。基於此，公司稅收籌劃應著眼於收入取得的時間、總額構成、納稅地點和準扣項目以及稅收優惠政策等方面的組織，使之達到節稅的目的。

11.1.1 收入控制法

收入控制法是通過對收入的合理控制，相應減少所得，減輕或延遲納稅義務，以減輕企業稅負的節稅方法。合理的收入控制就是根據有關財務會計制度、規定對企業的收入進行財務技術處理或根據稅法的有關規定進行處理，以達到節稅的目的。

一般來說，對企業各項收入、費用、損失的入帳時間，會計制度都有明確的規定，企業本身基本上沒有選擇的餘地。但有時對同一項目的入帳時間與計稅期，會計制度規定與稅法規定有可能存在差異。這時，稅法往往表現出更大的權威性。因此，納稅人可以在稅法規定的範圍內，選擇有關項目的納稅期。運用收入控制法進行企業稅收籌劃，其主要途徑是收入認定時點（收入實現點）的決定與收入計算方法的選擇。

1. 收入認定時點（收入實現點）的決定

在時間上的籌劃可以從收入的時間差異和結算方式的選擇等方面進行。一般情況下，採用權責發生制確認收入時，節稅的可能性較小，但可以進行結算方式的選擇，在實際未收到貨款時作為委託代銷商品處理，收到貨款時才開具發票，以此達到遞延納稅的目的。採用收付實現制確認收入時，其節稅的空間比較大，公司可以採用推遲貨款收回期限來影響利潤，從而實現所得稅支付的節約。中國財務會計制度規定，費用應當按照權責發生制原則，在確認有關收入的期間予以確認。費用攤銷時的確認，一般有三種方法：一是直接作為當期費用確認；二是按其與營業收入的關係加以確認，凡是與本期收入有直接聯繫的耗費，就是該期的費用；三是按一定的方法計算攤銷額予以確認。上述三種不同的費用確認方法，使企業在計算成本時可以選擇對自己有利的方法來節稅。

在會計實務中，由於不同企業的經營活動各有特色，對不同的交易存在不同的處理方法，因而現行會計制度對營業收入的取得按照貨款的結算方式的不同而分別確定。比如：

（1）在交款提貨銷售的情況下，如貨款已收到，發票帳單和提貨單已交給買方，無論商品、產品是否發出，都視為收入已實現；

（2）採用預收貨款銷售商品、產品，在商品、產品發出時視為收入已實現；

（3）採用分期收款結算方式銷售商品的，以合同約定的收款日期作為收入的實現日期；

（4）長期勞務交易以合同約定一次或分次結算作為收入的實現日期。

企業在利用公允的會計方法和財務準則設定適當的收入時點進行稅收籌劃時，應注意幾點。第一，應注意盡量將收入的實現日期安排在納稅期初，接近期末的收入應設法推遲到下一個納稅期的期初。這樣，可以抑減當期的收入，從而減輕當期企業所得稅稅負，起到延期納稅的作用。第二，如在納稅期期末時購入存貨，增加當期進項稅額，適當安排支出，也可以起到延遲繳納所得稅和增值稅的作用，特別

是購入存貨如能先驗收入庫後付款，使更多的貨幣資金留在企業的資金循環體內，稅收籌劃的效果就更加明顯。

2. 收入實現地點的確定

改變收入的地點也可以達到節稅的效果。公司可以利用地區性的稅負差別，在稅負較低的地區設立分公司或子公司，將貨物調撥到分公司銷售；或採用轉讓定價法，以等於成本的價格將商品銷往低稅區的子公司，並以等於市場的價格從子公司購進商品或原材料，實現收入的轉移，以達到節約稅負的目的。

11.1.2 費用分攤法

費用的分攤方法不同，會擴大或縮小企業的成本費用總額，從而影響利潤和企業的納稅額。在利用不同的費用分攤方法進行稅收籌劃時，應注意和解決兩個主要問題：一是如何實現費用的最小支付；二是在攤入成本費用時怎樣實現最大攤入。

企業的費用種類很多，分為管理費用、財務費用、銷售費用三類，各類費用又包括眾多內容。在進行稅收籌劃時，除了要弄清各種費用所包含的具體內容外，特別應注意的是：第一，如何將各種合理的費用最大限度地攤入成本，以減輕企業稅負；第二，如何能及時或盡早地將費用攤入成本費用總額，以達到延遲企業稅負的目的。

在生產經營過程中如何具體地選用費用分攤法來調整當期的損益，應注意以下幾點：

（1）盡量把應由本期負擔而在以後發生的各項費用計入預提費用，並分攤計入各期成本。把應由本期負擔的費用盡可能全面地計入本期的成本，從而達到最大限度地抵消當期利潤、降低當期稅負的目的。

（2）對於那些數額較小的、在本期發生並在以後各期受益的費用，應直接計入當期成本，盡量不通過待攤費用核算，這樣可以達到延期納稅的目的。

（3）設立各種準備金制度，按照一定標準預提各種準備金計入費用，從而可達到抵消當期利潤、減輕稅負的目的，實現延期納稅。

（4）盡量縮短各種待攤費用分攤計入成本的期限和各種無形資產、遞延資產分攤計入費用的期限，這樣可以達到延期納稅的目的。

11.2 收益分配順序的稅收籌劃

在利潤分配順序上進行稅收籌劃，主要表現為以下三個方面：一是公司通過兼併虧損企業，以公司所獲得的稅前利潤彌補虧損，減少所得稅支出。二是在稅法許可的條件下，利用公司在資產計價方法、資產攤銷方法、費用開支範圍、費用開支標準以及存貨計價方法等方面的選擇權，增加應稅所得額的扣除項，以實現所得稅

支出的減少。三是在實行累進所得稅稅率的條件下，在利潤分配上，公司在稅法允許的前提下可以先分後稅，將利潤分散給投資者去適用較低的所得稅稅率。在實行區域性稅收優惠政策的情況下，公司在利潤分配上是先分後稅還是先稅後分，要視公司與投資者的所得稅率差別而定。如果公司適用的所得稅率高於投資者適用的所得稅率，宜採用先分後稅的形式；反之，則宜採用先稅後分的形式進行利潤分配。

11.2.1　合理選擇收益的結算日

企業繳納稅收的多少取決於企業的收益規模和稅率的高低。一般來說，應該列入收入的部分，除另有規定外，通常是指產品銷售、有償或無償的資產轉讓、提供勞務以及其他交易部分，而其中最為普遍的是產品銷售。對於企業來說，如何處理產品的計算標準問題，是計算稅收金額的最基本的事項。在稅收上，銷售收入的計算是以「交貨或交付」為計算標準的，也就是說，商品及其他銷售收入應計入交貨或交付所在的年度。而交貨或交付日在不同的場合下有不同的計算標準。但是對於交貨或交付日，稅法並未做出詳細規定。因此，收益結算日定得越晚越好，可以得到推遲納稅的好處。故從企業的角度來看，應盡量地在得到許可的情況下，從幾個可被視為交貨日或交付日的日期中，選取一個最合適的、最晚的日期作為計算稅款的標準。

11.2.2　銷售收入計算截止日的選擇

一般地，在企業營業執照和章程裡，通常把營業年度的結束日定為某月的月末，也就是說，根據營業年度開始之日的月初到營業年度結束之日的月末之日期間來計算企業的收入。但是，從企業的實際情況來說，可能並不完全是這樣。國際上有些國家的稅法規定，如果企業的內部計算能保持連續性，同時其計算對稅收沒有明顯的弊端，也允許企業根據商業習慣以及其他不能成立的理由，將作為營業年度的有關收入及支出計算基礎的截止日提前到各營業年度結束之日之前的十天左右。將剩餘的最後十天的銷售款和銷售成本做相應的調整之後，進行年度損益計算。這樣一來，對企業來說，儘管沒有因此而減少稅金支出，卻可以獲得與某種存款利率相同的利益。

11.2.3　合理調整所得實現的年度

（1）合理提前所得年度。根據《中華人民共和國公司法》166條第二款中的規定：公司的法定盈餘公積金不足以彌補以前年度虧損的，在提取法定盈餘公積金之前，應當先用當年利潤彌補虧損。《中華人民共和國企業所得稅法》及《中華人民共和國企業所得稅法實施條例》規定：企業每一納稅年度的收入總額，減除不徵稅收入、免稅收入、各項扣除以及允許彌補的以前年度虧損後的餘額，為應納稅所得額。虧損是指企業依照企業所得稅法和本條例的規定將每一納稅年度的收入總額減除不徵稅收入、免稅收入和各項扣除後小於零的數額。企業納稅年度發生的虧損，

準予向以後年度結轉，用以後年度的所得彌補，但結轉年限最長不得超過五年。五年內不論是盈利還是虧損，都作為實際彌補期限計算。企業在匯總計算繳納企業所得稅時，其境外營業機構的虧損不得抵減境內營業機構的盈利。所以，企業有必要利用合理手段將規定期限以後的利潤提前到規定期限以內，以減少所得稅。詳見【例8-6】企業清算的稅收籌劃。

（2）合理推遲所得年度。在同樣的會計年度之內，如果企業前虧後盈，可以用以後年度的盈利彌補，而如果前盈後虧，就只能用虧損以後年度的利潤彌補。這樣，在同樣的會計年度內，稅前利潤累計一樣，而稅後利潤卻不一樣。所以，企業若能合理地推遲所得納稅年度，也可以緩繳所得稅。

（3）利用稅前利潤彌補以前年度虧損。對企業發生的年度虧損，稅法允許用下一年度的稅前利潤彌補。下一年度利潤不足以彌補的，可以逐年延續彌補。但是，延續彌補期最長不得超過五年。爭取用稅前利潤彌補以前年度虧損的主要方法有：兼併帳面上有虧損的企業，將盈補虧，可以達到免繳企業所得稅的目的；利用稅法允許的資產計價和攤銷方法的選擇權，以及費用列支範圍和標準的選擇權，多列稅前扣除項目和扣除金額，在用稅前利潤彌補虧損的五年期限到期前，繼續造成企業虧損，從而延長享受稅前利潤補虧這一優惠政策的期限。

（4）利用稅收優惠政策控制所得實現時間。這種稅收籌劃的基本原理是要盡量把利潤提前或集中於減免稅期，而把虧損或支出推遲於徵稅期，或把所得規劃在虧損年度實現，以達到盈虧互抵的目的。要把利潤提前或集中到減免稅期，用成本費用調整法進行反向操作即可，即盡量縮小減免稅期的成本、費用。如在物價持續上漲時，採用先進先出法進行存貨的計價，這樣就會高估當期利潤，高估期末存貨價值；又如在選擇折舊方法時，盡量不選用加速折舊的方法，綜合平衡，做到在減免稅期少提折舊計入成本；再如，在費用的分攤方面，對於本期應負擔而在以後才產生的費用，數額較小的，可以不預提計入成本，而對於減免稅期發生的應由以後負擔的費用，應盡可能地通過待攤費用核算，分期計入成本；對於各種需要攤銷的無形資產、遞延資產，應盡量將其攤銷期延長到減免稅期以後；在減免稅期應盡可能少建或者不建立準備金制度，待以後發生時，直接計入成本。這些做法都可以使企業的利潤提前或集中到減免稅期。

（5）合理確定獲利年度。對於享受限期減免所得稅優惠的新辦企業，獲利年度的確定也是企業稅收籌劃的一項內容。國家為鼓勵在一些特定地區或行業舉辦新企業，一般規定新辦企業在獲利初期享受限期減免所得稅的優惠。正常情況下，由於新企業產品初創，市場佔有率相對較低，獲利初期的利潤水準也較低，因此，減免所得稅給企業帶來的利益也相對較小。為了充分享受所得稅限期減免的優惠，企業可以通過適當控制投產初期產量以及增加廣告費用等方式，一方面推遲獲利年度，延長免稅期；另一方面提高產品知名度，提高潛在市場佔有率，以提高減免稅期內的利潤水準，從而獲取更大的節稅利益。

11.3 保留盈餘的稅收籌劃

11.3.1 保留盈餘的稅收籌劃思路

利潤分配中的保留利潤問題，實際上是股利分配政策問題。公司在保留利潤上留存有多少，直接影響到股利分配的多少。國際上有些國家（如印度）對公司保留利潤總額超過其以總收入額減去已納稅收入和稅法允許扣除的各項金額後的餘額的一定比例時，要對其不合理保留利潤徵收未分配利潤稅。中國當前對公司保留利潤方面還沒有稅收約束，個人股東獲取的股息、紅利要繳納個人所得稅（存在經濟性重複徵稅）。對資本利得的稅務處理是：公司獲取的資本利得繳納公司所得稅；個人獲取的資本利得暫不納稅。出於對股東利益的考慮，公司可以不向股東分配或少分配稅後利潤，而將大部分利潤留存於公司進行發展，促進股票市價提高；股東雖然失去了即期的現金收益，卻可以獲得個人所得稅的節稅收益和完整的資本利得收益。

11.3.2 股息與資本利得的差異與節稅籌劃

目前，納稅人開展股權投資業務已很普遍，投資人從被投資企業獲得的收益主要有股息（包括股息性所得）和資本利得。根據目前中國企業所得稅方面的相關法規的規定，企業股權投資取得的股息與資本利得的稅收待遇不同。

股息性所得是投資方從被投資單位獲得的稅後利潤，屬於已徵收企業所得稅的稅後所得，原則上應避免重複徵稅。新企業所得稅法規定：符合條件的居民企業之間的股息、紅利等權益性投資收益為免稅收入，不徵收企業所得稅。但不包括持有居民企業公開發行並上市流通的股票連續時間不超過 12 個月取得的權益性投資收益。

《關於股權投資業務所得稅若干問題的通知》還規定，被投資企業對投資方的分配支付額，如果超過被投資企業的未分配利潤和累計盈餘公積金而低於投資方的投資成本，被視為投資回收，應衝減投資成本；超過投資成本的部分，被視為投資方企業的股權轉讓所得，應並入企業的應納稅所得額，依法繳納企業所得稅。因此，在進行轉讓之前分配股息時，其分配額應以不超過可供分配的被投資單位未分配利潤和盈餘公積的部分為限。

資本利得是投資企業處理股權的收益，即企業收回、轉讓或清算處置股權投資所獲的收入減除股權投資成本後的餘額。這種收益應全額並入企業的應納稅所得額，依法繳納企業所得稅。納稅人可以充分利用上述政策差異進行籌劃。例如，如果被投資企業是母公司下屬的全資子公司，則沒有進行利潤分配的必要。但是，由此引發的問題是，如果投資方企業打算將擁有的被投資企業的全部或部分股權對外轉讓，

則會造成股息所得轉化為股權轉讓所得。因為，企業保留利潤不分配，將導致股權轉讓價格增加，使得本應享受免稅或僅補稅的股息性所得轉化為應全額並入所得額徵稅的股權轉讓所得。因此，除非保留利潤一直到轉讓投資前分配或清算，否則保留利潤不分配導致的股息與資本利得的轉化對企業是不利的。

因此，正確的做法是被投資企業保留利潤不分配，在企業股權欲轉讓時，在轉讓之前再將未分配利潤進行分配。這樣做，對投資方來說，可以達到不補稅或遞延納稅的目的，同時又可以有效地避免股息性所得轉化為資本利得，從而消除重複納稅；對於被投資企業來說，由於不分配可以減少現金流出，而且這部分資金無須支付利息，等於增加了一筆無息貸款，因而可以獲得資金的時間價值。

【例11-1】導入案例解析

【稅法依據】根據《中華人民共和國企業所得稅法》的有關規定，符合條件的居民企業之間的股息、紅利等權益性投資收益屬於免稅收入；被投資企業將股權（票）溢價所形成的資本公積轉為股本的，不作為投資方企業的股息、紅利收入，投資方企業也不得增加該項長期投資的計稅基礎。

【籌劃思路】比較上述兩種方案的甲公司應納企業所得稅的多少，進而進行決策。

【籌劃過程】

方案1：

甲公司20×7年生產經營所得應納企業所得稅＝100×25%＝25（萬元）

20×8年4月股息收益＝500×70%＝105（萬元），屬於免稅收入，免繳納企業所得稅。

20×8年5月轉讓股份所得應納企業所得稅＝(1,000－900－0.5)×25%＝24.87（萬元）

所以，甲公司投資乙公司淨所得＝105＋(1,000－900－0.5)－24.87＝179.63（萬元）

方案2：

甲公司20×7年生產經營所得應納企業所得稅＝100×25%＝25（萬元）

20×8年5月轉讓股份所得應納企業所得稅＝(1,105－900－0.5)×25%＝51.13（萬元）

所以，甲公司投資乙公司淨所得＝1,105－900－0.5－51.13＝153.37（萬元）

【籌劃結論】方案1較方案2，甲公司投資乙公司淨所得多179.63－153.37＝26.26萬元。其原因在於，甲公司在股權轉讓之前進行股息分配，有效地避免了重複徵稅，因此甲公司應選擇方案1。

【籌劃點評】稅收上確認的股權轉讓所得與會計上確認的股權轉讓收益不同。在計算股權轉讓所得時，應按計稅成本計算，而不能按企業會計帳面反應的「長期股權投資」科目的餘額計算。

本章小結：

　　企業的財務成果是指企業在一定時期內全部經營活動所取得的利潤或發生的虧損。財務成果分配亦即利潤分配，是指將企業在一定時期內實現的利潤總額按照有關法規的規定進行合理的分配。企業實現利潤在進行相應調整後，依法繳納所得稅。企業稅後利潤按規定順序進行分配。財務成果的分配，不僅關係到企業投資者的利益和企業未來的發展，而且關係到企業稅負。在企業財務成果分配過程中，與稅負有關的問題，主要是收益分配的順序和保留盈餘的問題。企業財務成果的稅收籌劃主要包括收入組織的稅收籌劃、收益分配順序的稅收籌劃、保留盈餘的稅收籌劃。

關鍵術語：

　　收入控制法　　費用分攤法　　管理費用　　財務費用　　銷售費用
　　資本利得　　　股息性所得

思考題

1. 簡述利用費用分攤法來調整當期的損益應注意的問題。
2. 簡述收益分配順序的稅收籌劃的基本思路與方法。
3. 簡述股息與資本利得的差異與節稅籌劃。

參考文獻

[1] 蓋地. 稅務籌劃學 [M]. 5版. 北京：中國人民大學出版社, 2017.

[2] 莊粉榮. 納稅籌劃實戰精選百例 [M]. 6版. 北京：機械工業出版社, 2016.

[3] 翟繼光. 新稅法下企業納稅籌劃 [M]. 4版. 北京：電子工業出版社, 2016.

[4] 翟純塏. 營改增實戰與籌劃必讀200案例 [M]. 北京：中國市場出版社, 2016.

[5] 馬澤方. 企業所得稅實務與風險防控 [M]. 北京：中國市場出版社, 2016.

[6] 尹音頻. 稅收籌劃 [M]. 2版. 成都：西南財經大學出版社, 2008.

[7] 賀飛躍. 稅收籌劃理論與實務 [M]. 2版. 成都：西南財經大學出版社, 2008.

[8] 計金標. 稅收籌劃 [M]. 6版. 北京：中國人民大學出版社, 2016.

[9] 梁文濤. 納稅籌劃 [M]. 2版. 北京：中國人民大學出版社, 2017.

[10] 蓋地. 稅務籌劃理論研究 [M]. 北京：中國人民大學出版社, 2013.

[11] 徐泓. 企業納稅籌劃 [M]. 2版. 北京：中國人民大學出版社, 2014.

[12] 王虹, 章成蓉. 稅法與稅務籌劃 [M]. 北京：經濟管理出版社, 2012.

[13] 蔡昌. 增值稅轉型與納稅操作實務 [M]. 北京：中國財政經濟出版社, 2009.

國家圖書館出版品預行編目（CIP）資料

稅收籌劃理論與實務 / 龍敏, 陳永智 主編. -- 第一版.
-- 臺北市：財經錢線文化, 2019.05
　　面；　公分
POD版

ISBN 978-957-680-335-2(平裝)

1.稅務 2.稅收 3.中國

567.92　　　　　　　　　　　　　　　108006740

書　　名：稅收籌劃理論與實務
作　　者：龍敏、陳永智 主編
發 行 人：黃振庭
出 版 者：財經錢線文化事業有限公司
發 行 者：財經錢線文化事業有限公司
E - m a i l：sonbookservice@gmail.com
粉 絲 頁：　　　　　　網　址：
地　　址：台北市中正區重慶南路一段六十一號八樓 815 室
8F.-815, No.61, Sec. 1, Chongqing S. Rd., Zhongzheng Dist., Taipei City 100, Taiwan (R.O.C.)
電　　話：(02)2370-3310　傳　真：(02) 2370-3210
總 經 銷：紅螞蟻圖書有限公司
地　　址：台北市內湖區舊宗路二段 121 巷 19 號
電　　話：02-2795-3656 傳真：02-2795-4100　網址：
印　　刷：京峯彩色印刷有限公司（京峰數位）

　　本書版權為西南財經大學出版社所有授權崧博出版事業股份有限公司獨家發行電子書及繁體書繁體字版。若有其他相關權利及授權需求請與本公司聯繫。

定　　價：500元
發行日期：2019 年 05 月第一版
◎ 本書以 POD 印製發行